U0536661

吴小如文集·讲稿编三

吴小如 吴同宾 编著

中国文史
工具资料书举要

中国书籍出版社
China Book Press

图书在版编目（CIP）数据

吴小如文集．讲稿编．三 / 吴小如，吴同宾编著．
— 北京：中国书籍出版社，2022.3
ISBN 978-7-5068-8903-2

Ⅰ．①吴… Ⅱ．①吴… ②吴… Ⅲ．①吴小如—文集
②中国文学—文学评论—文集 Ⅳ．① C53 ② I206-53

中国版本图书馆 CIP 数据核字（2022）第 022737 号

吴小如文集·讲稿编三
吴小如　吴同宾　编著

图书策划	武　斌　崔付建
责任编辑	马丽雅
特约编辑	罗路晗
责任印制	孙马飞　马　芝
装帧设计	鸿儒文轩·书心瞬意
出版发行	中国书籍出版社
地　　址	北京市丰台区三路居路 97 号（邮编：100073）
电　　话	（010）52257143（总编室）　（010）52257140（发行部）
电子邮箱	eo@chinabp.com.cn
经　　销	全国新华书店
印　　刷	三河市华东印刷有限公司
开　　本	710 毫米 ×1000 毫米　1/16
字　　数	160 千字
印　　张	20
版　　次	2022 年 3 月第 1 版
印　　次	2022 年 3 月第 1 次印刷
书　　号	ISBN 978-7-5068-8903-2
定　　价	68.00 元

版权所有　翻印必究

出版说明

吴小如先生在中国文学史、古文献学、俗文学、戏曲学、书法艺术等方面都有很高的成就和造诣,被认为是"多面统一的大家"。吴小如先生以各种方式著述并出版的著作有几十种,多为单册或少量结集,本着尽可能全方位、多角度呈现吴小如先生毕生学养的出版目的,此次编纂、出版《吴小如文集》主要兼顾体量和质量的统一性,共选择吴小如先生代表性著述二十余种,分别是:《吴小如讲〈孟子〉》《吴小如讲杜诗》《古文精读举隅》《古典诗文述略》《古典小说漫稿》《小说论稿合集》《中国文史工具资料书举要》《今昔文存》《旧时月色——吴小如早年书评集》《莎斋笔记》《莎斋闲览——吴小如八十后随笔》《吴小如学术丛札》《心影萍踪》《书廊信步》《常谈一束》《霞绮随笔》《红楼梦影——吴小如师友回忆录》《诗词札丛》《莎斋诗剩》《台下人语》《鸟瞰富连成》《京剧老生流派综说》《吴小如戏曲随笔》等,基本涵盖了吴小如先生广博而精深的学术成就与多元造诣。

文集在编辑体例上以文体和内容分卷,分为讲稿编(3卷)、笔记编(3卷)、诗词编(1卷)、散文编(1卷)、戏曲编(2卷),共十卷。每卷中所收著作,有的保持原貌,有的进行了一定调整,大体情况如下:

讲稿编一收入《吴小如讲〈孟子〉》《吴小如讲杜诗》《古典诗文述略》。

讲稿编二收入《古文精读举隅》《古典小说漫稿》《小说论稿合集》。

讲稿编三收入《中国文史工具资料书举要》。

以上三卷所收著作,有的文章是吴小如先生多年来从事教学工作的讲稿,如《吴小如讲杜诗》;有的文章是在讲稿基础上整理成文的,如《古典诗文述略》等;有的是以讲稿的形式写成的,如《吴小如讲〈孟子〉》,故编为讲稿编。

笔记编一收入《吴小如读书笔记》《莎斋笔记》。

笔记编二收入《莎斋闲览——吴小如八十后随笔》。

笔记编三收入《吴小如学术丛札》。

笔记编收入的是吴小如先生读书、治学的札记、笔记。其中，《吴小如读书笔记》选自《今昔文存》《心影萍踪》《书廊信步》《旧时月色——吴小如早年书评集》中的相关篇目。《吴小如学术丛札》初版时名为《读书丛札》，书名由吴玉如先生题写。此次出版在笔记编三卷前影印了吴玉如先生的题签。

诗词编收入《诗词札丛》《莎斋诗剩》。其中，《诗词札丛》为吴小如先生学诗、读诗的心得，《莎斋诗剩》为吴先生的诗词作品。

散文编所收篇目选自《心影萍踪》《莎斋笔记》《红楼梦影——吴小如师友回忆录》中怀人、记事的篇章，以《红楼梦影——吴小如师友回忆录》为主，故以《师友回忆录》为书名。

戏曲编一收入《台下人语》《鸟瞰富连成》。

戏曲编二收入《京剧老生流派综说》《吴小如戏曲随笔》。

吴小如先生与人合著的著作，有的保留原署名，如《中国文史工具资料书举要》；有的整理时只收入吴小如先生所著篇目，如《小说论稿合集》。

部分文章曾被收入不同的集子中，为避免重复，整理时择一保留。

原著的序言（或者前言等），一律保留。

除了篇目调整外，此次编辑，更多的是按出版规范要求进行技术处理，尤其是涉及诸多方面的全书规范的统一；当然，也改正了原书存在的极个别的误植或失误。

此次文集的整理、出版，得到了吴小如先生哲嗣吴煜先生的大力支持和帮助，他在著作选择和稿件编排上均提出了宝贵意见，在此表示衷心的感谢！

鉴于水平所限，编辑中难免有偏颇或挂漏之处，审校也会存在疏忽不审，敬请专家和读者批评指正。

中国书籍出版社

2022 年 1 月

目　录

引　言 ·· 001
第一讲　广义的工具书 ·· 004
第二讲　几种检字法 ·· 026
第三讲　一般综合性的字典和辞典 ································ 035
第四讲　查人名的工具书 ·· 060
第五讲　查地名的工具书 ·· 086
第六讲　年表和历表 ·· 104
第七讲　关于文字、声韵、训诂、方言俗谚方面的工具书 ···· 132
第八讲　查古典文学作品词语的工具书 ··························· 186
第九讲　类书和政书 ·· 203
第十讲　书目和索引 ·· 247
后　记 ·· 312

引 言

一　工具书有什么用？

　　工具书包括的范围很广，用处也很多。顾名思义，这一类书籍不是学术研究的对象，而是为了达到某种研究目的所使用的工具。一般工具书大致有这样几种用处：一、提供研究的线索；二、指引读书的门径；三、解决某些有关的疑难问题；四、汇集某些同类的专题材料，供给研究者使用、参考。工具书好像是打开知识宝库大门的钥匙和通向学术研究的桥梁，它们本身不是供阅读用的，而是供翻检用的。

　　中国文史范围以内的工具书，绝大部分是建国前编写的。有些还是古代人的著作。这些工具书无论在内容、观点、方法上，当然都有不同程度的错误和局限。可是在目前，人们不可能把这些工具书全部重新编写，在一定时期内，还得充分利用。这本小书着重介绍有关文史范围工具书的内容和使用方法，给青年文史工作者提供一些线索和门径；对于某些工具书中的一些重大缺点和错误，也提纲挈领地约略谈及。但要想详尽、系统地批判它们的全部错误，就不是这本小书所能承担得了的，只有依靠读者在使用时特别注意鉴别、批判了。

二　文史工作者为什么要重视工具书？

研究中国的文学、历史，自然不可能不接触中国的古典书籍。但我国历史悠久，幅员广大，几千年来积累了极其丰富的社会知识、生产经验和学术资料。虽然印本书籍到宋代才开始出现（雕版印刷术约发明于公元七、八世纪之间，活字印刷术约发明于公元十一世纪），而且历代都有大量书籍遭到损毁、遗失，可是传留到今天的古代文献，数量仍然非常庞大。由于中国长期处于停滞不前的封建社会，学术上缺乏科学性的总结，文献材料也缺乏系统性的整理。文献既多，头绪又纷繁，当然给研究工作造成不少困难。加上在我国古代，特别是先秦、两汉时代，文、史、哲三门学问交互糅杂，密不可分；而我国古代书籍的分类法，又与现在不一样，从隋朝以后，书籍基本上分成"经""史""子""集"四大部类。一般说来，治史学的应该着重研究"史"部书籍，治文学的应该着重读"集"部，治哲学的应该着重读"经"部和"子"部。但实际上，只要研究工作稍一深入，无论研究文、史、哲任何一门学科的人，对于这四大部类的内容都必须普遍地（当然是有选择地）钻研和涉猎。研究历史的人不读"经""子""集"，搞文学的人不懂哲学和历史，都是不可想象的事。即使从事现代文学创作，也需要从古典文献中取得某些借鉴。由此可见，凡是搞文史工作的人，总是要同各个部类的古典书籍打交道的。可是，中国的古籍实在太多了。据初步估计，现存的古书约有七八万种，而每种又分为若干部或若干卷。要想在这一片浩瀚无边的古典文献的海洋里，披沙拣金地、批判地寻求自己所需要的某种材料，不依靠工具书的帮助，是不可能的。

比如，要研究一个专题，应该先读哪些必要的参考书？某些有代表性的著作和文章，应该到哪儿去找？找到了又应该怎样选择？这就得依靠书目提要、索引等工具书来解决。而在研究阅读过程中，一定更会遇到各种各样的疑难问题：比如遇到古代的人名，需要了解他们的生平事迹和时代背景；遇到古代的地名，需要知道它在什么位置，相当于今天的哪省哪县；遇到古代的典章制度，需要了解它们的内容和性质等等。此外，由于我国历史漫长，语言文字的变动很大。先秦、两汉的古籍中，生词僻字很多，需要从声韵、训诂方面去解决问题。魏晋六朝以至唐宋人的著作，则充满了典故史实；而敦煌变文和宋、元、明、清的小说戏曲里，当时的方言俗语、社会风尚，更触目皆是。要想解决这些问题，也都必须去查有关的一些工具书，才能得到答案。

在这本小书的各讲里，笔者就试图帮助读者解决上述的这些疑难。当然，个人的见闻有限，水平不高，谈得片面和罣误的地方在所难免，还要请读者不吝指教。

第一讲 广义的工具书

在我国古籍中有不少大部头的书，像《十三经》《二十四史》《百子全书》《全唐诗》《全宋词》之类都是。这些本不是工具书，而是属于丛书或总集性质。但由于它们的部头太大了，一般并不要求人们从头到尾把它们读完。与其把它们当作阅读的对象，还不如把它们当作翻检材料的对象更合适些，因此它们就有了工具书的性质。现在把这些书称为"广义的工具书"，即通常所谓的"资料书"，以区别于其他专门的工具书。

在这本小书里所介绍的某些专门工具书，有很多都是为查阅或研究这些大部头书籍服务的，例如《十三经索引》《二十五史人名索引》之类。如果只知道《十三经索引》而不了解什么是《十三经》，岂非本末倒置？所以这里我们把几部重要的广义工具书，按照习惯的分类依经、史、子、集四大部类的次序，简单地介绍一下。

一 "经"书——《十三经》

所谓"经"，是指被封建统治阶级推崇为典范，认为应该经常诵读的书籍。自汉武帝罢黜百家、独尊儒术以来，在两千年的封建社会里，儒家所必读的几部书一直被奉为经典，称为"经书"。通常所说的就是《十三经》。

最早的经书，在秦汉时称为"六艺"。班固在《汉书·艺文志》里就把"六经"称作"六艺",列在诸子之首。"六艺"是:《诗》《书》《礼》《乐》《易》《春秋》。其中《乐经》早已失传,只剩下其他五种,这就是所谓的"五经"。"五经"的名称是从汉代以后才确立的。

"五经"之中,《礼》又分为《周礼》《仪礼》《礼记》。《周礼》的主要内容是讲周代的官制,原是战国时代的人所作,由后人整理凑合而成;其中保存了不少周代甚至周代以前的典章制度、社会风俗。《仪礼》记载古代(主要是周代)贵族祭祀、朝拜、宴会以及婚丧、交际时行礼的仪式,内容很像后世的节目单。《礼记》基本上是解释《仪礼》的书,也有一部分阐述封建社会政治制度和文化措施的理论文章,如论音乐的《乐记》、论教育的《学记》等。《礼记》相传是由汉儒戴圣整理记述,然后流传下来的,所以又称《戴记》或《小戴记》。《周礼》《仪礼》《礼记》合称"三礼",加上《诗》《书》《易》《春秋》,就由"五经"演变为"七经"。还有一种说法,"七经"包括《春秋三传》(详下)而无《周礼》《仪礼》。

《易》又叫《周易》,是古代占卦、卜筮的书,也是一部古代唯心主义哲学的文献。由于它成书较早,其中保存了部分周代和周代以前的文化风俗史料。

《诗》是我国第一部诗歌总集[①]。

《书》,又叫《尚书》。"尚",即"上";"尚书",等于说"上代之书",即古代、前代之书的意思。这是我国上古历史文件和部分追述古代事迹的史料汇编。其中保存了殷商时代和西周初期的一些重要历史文献[②]。

[①] 过去中华书局出版的《知识丛书》中,有金开诚著《诗经》一种,介绍有关此书的知识甚详,可以参看。这里从略。

[②] 相传《尚书》是孔子编订成书的,本有百篇。这个说法不甚可靠,因为其中有些关于唐尧、虞舜、夏禹时代的史料,如《尧典》《皋陶(yáo)谟》《禹贡》等篇,显系战国以后儒家所作。还有一部分关于西周初年的史料如《洪范》《金縢》等篇,也是后儒附会写成,并非真正周初史料。西汉初年,传世的《尚书》只有二十八篇,系用当时通行的字体隶书记录下来的,因此叫作《今文尚书》。"今文",即指汉代通行的隶书。另有所谓《古文尚书》,相传是汉武帝末年鲁恭王刘馀在孔子故宅壁中找到的,比《今文尚书》多十六篇,系用战国时

《春秋》是东周时代鲁国官修的历史书,叙述从鲁隐公元年(公元前722年)到鲁哀公十四年(公元前481年)共二百四十二年间的史实(后世遂称这一段时间为"春秋时代"),按年月次序简单记述,其体例类似现在的大事记,是我国第一部编年史①。

到了战国时代,有的学者根据当时的历史和传说,把《春秋》中所记载的简单事实,做出比较详细的叙述和说明,这就成为"传";"传"是注释说明的意思。现在流传下来的"传"共有三家,即《春秋公羊传》《春秋穀梁传》和《春秋左氏传》(简称《左传》),又叫"三传"。《公》《穀》两书叙述事实较少,解释、发挥《春秋》原文的义例居多;《左传》则以叙事为主,是一部历史书,也是先秦时代重要的古典散文作品。

《诗》《书》《易》加上"三礼""三传",就成为"九经"。"九经"之说,是唐代确立的。

唐代又把《论语》《孝经》和《尔雅》列入经书,便成为"十二经"。另有"十一经"之说:一是去掉《尔雅》;一是把《论语》和《孝经》合为一经。

《论语》是孔子及其门徒的言行录。《孝经》大约成于汉儒之手,是宣扬封建宗法制度和封建伦理教条的书。

《尔雅》是读"经"的主要参考书,本身就是工具书,后面再具体介绍。

代的文字写成的,因此叫作《古文尚书》。据说孔子的后人孔安国,汉武帝时人,曾给《古文尚书》作过注解,后世称为《孔安国尚书传》。但这书的传授渊源极为含糊,三国时代即已失传。东晋时,豫章内史梅赜自称发现了《古文尚书》和《尚书传》,把它献了出来。但经过后世学者考订,这两种都是伪造的,因此后世通称它们为《伪古文尚书》和《伪孔传》。现在通行的《十三经注疏》本,已把今、古文两种《尚书》合编在一起。

① 相传《春秋》曾经过孔子整理修订,这个说法基本可信。孔子从维护等级贵族统治立场出发,希望出现一个新的"大一统"时代,把当时诸侯割据的局面统一起来。因此,他在修订《春秋》时,既要为统治阶层讳言一些与其利益相矛盾的东西,又要揭露一些所谓"乱臣贼子"的罪恶,以便使后来的封建统治者懂得怎样才能更好地巩固政权、治理国家,这就形成了"寓褒贬,别善恶"的"春秋笔法",即带有强烈的阶级倾向性的史学观点。这对于中国封建社会的历代史书影响颇大。

到了宋代，把《孟子》（儒家学者孟轲及其门徒的言行录）也列入"经"书，这就是现在常说的《十三经》①。

另外，还有"十四经"之说，是把《大戴礼记》也算进去。"大戴"名戴德，是戴圣（小戴）的叔父。

目前《十三经》的通行版本以《十三经注疏》较便使用。所谓"注"，是指给"经"书原文作注释；"疏"是指给注文作注释。这部书所采辑的注文是唐以前人作的，"疏"是唐、宋人作的。由清人阮元汇刻成书，后面附有阮氏自撰的《十三经校勘记》。商务印书馆和开明书店各出版过一种《十三经》白文本。开明所印的一种和《十三经索引》的页数相适应，更便于翻检。

二 史 书

1 《二十四史》

《二十四史》是记载我国自黄帝至明代史实的书，共三千二百四十卷。其中《史记》《汉书》《后汉书》和《三国志》，习惯统称"前四史"，是私家著述；其他诸史，都是官修的历史书②。现将《二十四史》的书名、卷数和作者姓名开列于下：

一、《史记》一三〇卷　西汉　司马迁

二、《汉书》一二〇卷　东汉　班固

---

① 南宋时代，朱熹给《论语》《孟子》作注（名《论语集注》和《孟子集注》），又把《礼记》中相传为曾参（孔子的弟子）所作的《大学篇》和相传为孔伋（字子思，孔子的孙子）所作的《中庸篇》抽出来，一并作了注（名《大学章句》和《中庸章句》），合称"四子书"，又叫"四书"，实际上这些内容已包括在《十三经》以内。

② 这是概括的说法。实际上如《魏书》，虽由当时皇帝委派了好几个人修撰，实成于魏收一人之手；又如欧阳修的《五代史记》，原是私人著述，写成后才由皇帝指定为官书。

三、《后汉书》一三〇卷　南朝　宋　范晔

四、《三国志》六五卷　西晋　陈寿

五、《晋书》一三〇卷　唐　房玄龄等

六、《宋书》一〇〇卷　南朝　梁　沈约

七、《南齐书》五九卷　南朝　梁　萧子显

八、《梁书》五六卷　唐　姚思廉

九、《陈书》三六卷　唐　姚思廉

一〇、《魏书》一三〇卷　北齐　魏收

一一、《北齐书》五〇卷　唐　李百药

一二、《周书》五〇卷　唐　令狐德棻等

一三、《隋书》八五卷　唐　魏徵等

一四、《南史》八〇卷　唐　李延寿

一五、《北史》一〇〇卷　唐　李延寿

一六、《旧唐书》二〇〇卷　五代　后晋　刘昫等

一七、《新唐书》二二五卷　宋　欧阳修等

一八、《旧五代史》一五〇卷　宋　薛居正等

一九、《新五代史》（原名《五代史记》）七四卷　宋　欧阳修

二〇、《宋史》四九六卷　元　脱脱等

二一、《辽史》一一六卷　元　脱脱等

二二、《金史》一三五卷　元　脱脱等

二三、《元史》二一〇卷　明　宋濂等

二四、《明史》三三二卷　清　张廷玉等

《二十四史》中除几部私家著述外，其他各史的作者实际上都是名义上的主编者或主要撰写人，有的只是领个虚衔，并没有做什么具体工作，更谈不到独立完成任务了。因此学术价值也以"前四史"为较高。

"前四史"外，唐代加上《晋书》《宋书》《南齐书》《梁书》《陈书》（以上南朝），《魏书》《北齐书》《周书》（以上北朝），《隋书》等九部书，称为《十三史》。到了宋代，又将《南史》《北史》《新唐书》《新五代史》列入，便成为《十七史》。这个名称比较常见，南宋末年的文天祥曾说过"一部十七史不知从何说起"的话，指的就是这十七部史书。

元代修成《宋史》《辽史》《金史》，合称《二十史》[①]。明代加上《元史》，就是《二十一史》。这个名词也比较普通，明朝人总是这样说的。

清代修成《明史》后，就有了《二十二史》。到乾隆年间，才把《旧唐书》《旧五代史》列入，共为《二十四史》。《二十四史》的名称是这时才确立的。

清代学者对于史学很下功夫，写了不少专门著作，如王鸣盛的《十七史商榷》，赵翼的《廿二史劄记》，钱大昕的《廿二史考异》等[②]。如果我们知道《二十四史》的积累过程，对这些书所涉及的范围，就可以理解了。

辛亥革命以后，在北洋军阀统治时代，曾由赵尔巽等主持，编了一部《清史稿》，共五百三十六卷，目录五卷[③]。1928年曾少量印行。后来运往关外，又增入保皇党首脑康有为、复辟罪魁张勋等人的传记，在抗日战争期间曾印行过一种精装缩印本，称为"关外本"，但印数也不多。这书编撰草率，疏漏甚多。所以后来开明书店印行的《二十五史》，并未把《清史稿》包括在内。

目前《二十四史》的通行版本有这样几种：一种是所谓"殿本"，乾隆四年（1739）刊行。一种是"同文本"，实即根据"殿本"缩印，清末由同文书局刊行。"同文本"又有两种，老版清楚些（俗称"老同文本"），新版印得比较粗糙（俗称"新同文本"）。新、老"同文本"都比较常见。另一种是"百衲

---

① 陈垣有《二十史朔闰表》，所包括的"二十史"与此不同。见本书第六讲。
② 钱大昕所谓的《廿二史》，有《续汉书》而无《明史》。《续汉书》，晋司马彪作。书已失传，只剩下八篇"志"。保存在今本范晔的《后汉书》中。
③ 关于纂修《清史稿》过程的有关资料，可参阅朱师辙《清史述闻》(1957年三联书店出版)。

本",由商务印书馆影印出版。"衲"是僧衣,由各色的布补缀而成,所以叫"百衲"。"百衲本"的意思指原书底本不是一套,而是由很多不同的版本凑成的。但所选用的底本比较珍贵难得,刊刻较精,学术价值更高些。这种版本解放后有精装缩印本问世。

抗日战争以前,开明书店印过一种《二十五史》,是精装铅字排印本,装订得比较经济。但由于字体过小,只宜于翻检,不便于阅读。不过这书还是有它的特点:一、在《二十四史》之外增加了一部柯劭忞著的《新元史》;二、在每部史书后面附有详尽的参考书目,对初学者很有用。开明书店另外还出版了一部《二十五史补编》,广搜历代有关二十五史的著作,对专门研究史学的人用处较大。《补编》曾由中华书局用旧纸型重印过。

从1958年开始,中华书局在北京、上海两地聘请全国史学专家,分别对《二十四史》进行了校勘、整理和标点工作,把这部书陆续重印出版。到1978年,历时二十年,已全部出齐。这次刊印,汇集了各种版本,做了大量工作,是目前最便于阅读、最有学术价值的本子。目前中华书局正在编纂这部新印本《二十四史》的人名索引,以便于读者翻检阅读。与此同时,《清史稿》亦已经过校勘标点,由中华书局重新排印出版。

2 《中国近代史资料丛刊》

建国以来,史学界在整理我国近代史料方面做出了一定贡献。中国史学会主编的《中国近代史丛刊》就是一部很有史料价值的资料汇编。这部丛刊已出十种:

一、《鸦片战争》六册,1957年7月上海人民出版社新一版。

二、《太平天国》八册,1957年6月上海人民出版社新一版。

三、《捻军》六册,1957年5月上海人民出版社新一版。

四、《回民起义》四册,1952年12月神州国光社初版。

五、《中法战争》七册,1957年9月上海人民出版社新一版(以下都是上海人民出版社新版印行的）。

六、《中日战争》七册，1957年9月新一版。

七、《戊戌政变》四册，1957年5月新一版。

八、《义和团》四册，1957年6月新一版。

九、《洋务运动》八册，1961年4月初版。

十、《辛亥革命》八册，1957年7月初版。

这部资料丛刊的特点是：照录史料原文，分段加以标点，不作任何改动。每件史料都注明来源，所采用的书籍一律注明版本；如果是稿本或钞本，以及较难得的印本，更注明收藏者，以便覆核。对于史料或录全文，或选录一部分。每部专书都附有书籍解题，供读者做进一步研究之用。

三 子 书

"子"书，一般指的是哲学著作，不过古代把"小说家"也包括在"子"的范围之内。所以像《山海经》《穆天子传》等神话、传说，《燕丹子》等野史，《世说新语》《西京杂记》等志人小说，《搜神记》《述异记》等志怪小说，以及一些笔记、杂录等，都被列入"子"部。此外，清代编《四库全书》，把古代的"类书"如《艺文类聚》《北堂书钞》《太平御览》等，也都列入"子"书项下。至于"道藏""佛经"等有关宗教方面的书籍，自然更是属于"子"书的范畴了。

关于"子"书内容分类的原始情况，这里简单介绍一下：

一、《史记·自序》中引录了一篇《论六家要旨》，是司马迁的父亲司马谈写的。里面谈到先秦的思想家有儒家、阴阳家、墨家、名家、法家和道德家，即所谓"六家"。

二、班固在《汉书·艺文志》里沿用了西汉末年刘歆所作的《七略》一书的说法，把"子"分为"十家九流"，即：一、儒家者流，如孟子、荀子；二、道家者流，如老子、庄子、列子；三、阴阳家者流，如邹衍、容成子；四、法家者流，如韩非子；五、名家者流，如惠施、公孙龙子；六、墨家者流，如墨子；七、纵横家者流，如苏秦、张仪；八、杂家者流，如吕不韦、淮南王刘安，吕有《吕氏春秋》，刘安有《淮南子》；九、农家者流，如董安固、氾胜之；十、小说家，如《青史子》。

1 《百子全书》和《诸子集成》

后世对于"子"书的概念，基本上没有离开《汉书·艺文志》所划分的范围。为了适应阅读的需要，清末光绪元年（1875）湖北崇文书局编印了一部《百子全书》，把历代"子"书汇刻为大部头的总集。其中包括儒家类二十三种，如魏王肃伪撰的《孔子家语》《荀子》、扬雄的《法言》等；兵家类十种，如《孙子兵法》等；法家类六种，如《商君书》《韩非子》等；农家类一种，《齐民要术》；术数类二种，《太玄经》《易林》；杂家类二十八种，包括《墨子》（原属墨家）、《公孙龙子》（原属名家），以及《吕氏春秋》《淮南子》《风俗通》等；小说家杂事类三种，《燕丹子》《玉泉子》《金华子》等；小说家异闻类十三种，如《山海经》《穆天子传》《搜神记》《博物志》等；道家类十四种，如《庄子》《列子》《抱朴子》等。

这部书的优点是内容搜罗比较完备，用起来方便；很多不易找到的"子"书都可以从这里找到。缺点是编辑者的目的只为谋利，采用的版本很不讲究，只把一些单行本草率地凑集在一起，既无校勘、注释，编排上也缺乏谨严的系统性，影响学术价值。辛亥革命后，扫叶山房书店把原本略加校勘，添上句读，重新石印出版。但始终没有从根本上改变原来面目。

抗日战争以前，世界书局出版过一部《诸子集成》，建国后中华书局据原纸型重印。此书虽不及《百子全书》完备，但内容选择较精，还尽量选印了有学术价值的注释本，如清刘宝楠的《论语正义》，清焦循的《孟子正义》等，用起来便利多了。但因系排印本，最初的校订工作做得不够仔细，仍有误字或断句错误的地方，重印时也未加校改。

2 宋元明清《四朝学案》及其他

唐代佛教和道教很盛行。北宋以来，正统儒家哲学受佛、老思想的影响，大肆鼓吹"性理之学"，同时又强调儒家的"道统"。于是出现了宋明以来的"理学家"和"道学家"。清代治"经"的风气很盛，又出现许多"经学家"。"经学家"中，有的推崇汉儒，有的信仰宋儒，于是又有所谓"汉学"和"宋学"之分。这些人大都是唯心主义哲学思想家，无疑是要分析批判的。但要想对这些人的思想和著作有个大致了解，除系统地阅读哲学史、思想史外，《宋元学案》《明儒学案》一类的书还是便于提供原始资料的线索的。

《宋元学案》一百卷，《明儒学案》六十二卷，都是明末学者黄宗羲（号梨洲）编著的，后来清代的全祖望又有所修订。清人江藩写了《汉学师承记》八卷（附有"经师经义目录"）和《宋学渊源记》二卷（另有"附记"八篇），对清儒中的汉学家、宋学家作了系统的介绍。又有清人撰《清学案小识》十四卷，书后附"卷末"和《后序》，也是模仿黄氏的书写成的。以上诸书，是研究宋元明清四朝各派学者哲学思想的基本材料，书中既有历朝理学家、道学家和经学家们的传记，又涉及他们的思想和著述，在今天看来，完全可以做为工具书使用。

1936年3月，世界书局曾把上述五书汇编在一起，题为《宋元明清四朝学案》，排印出版，性质和《诸子集成》相类似。书后附有张明仁编的《四朝学案人名索引》，把上述五书所涉及的人名按姓氏笔画多寡排列，并注明原书的卷数和篇名，每个人名下面还注有简历，以便查检。

此外，徐世昌从清代各种传记材料中搜辑了一千一百六十九个清代学者的生平传略及其著作篇目，编成二百零八卷《清儒学案》，有清末刊本，也可以作为查找清代学者思想和著述的工具书。但这书所用材料更为间接，学术价值和史料价值都不很高。

关于佛教、道教的大部头书籍，有佛教的《大藏经》和《续藏经》，共一万五千余卷，道教的《道藏》五千二百卷。商务印书馆编印的《四部丛刊》初二三编中有《弘明集》《广弘明集》《大唐西域记》《翻译名义集》《法苑珠林》《景德传灯录》等佛教书籍；又有《云笈七签》，是道教书籍，比较普通。关于历代僧人的传记，有《高僧传》（汉至梁）、《续高僧传》（梁至唐）、《补续高僧传》《宋高僧传》《明高僧传》等。关于佛经中的名词术语的解释，丁福保曾编《佛学大辞典》十六册，上海医学书局排印本。因过于专门，这里就不详细评述了。

本书第十讲中也略举了一两种有关佛、道两藏的书目，供需要寻检的读者参考，不另专门介绍了。

四　有关古典散文、诗歌、词曲、戏曲、小说等方面的资料书

所谓"经""史""子""集"四大部类中的"集"部，指的是古代作家诗文词曲的结集。作为广义的工具书，这里不谈一般选本和个人的别集，只介绍几种有代表性的文学总集和选集。

中国最早的诗歌总集是《诗经》和《楚辞》，还有一部有代表性的诗文选集《文选》（梁昭明太子萧统编选，故又称《昭明文选》）。这三部书都不能算工具书。比较有代表性的广义工具书，大致有以下几种：

1　《文苑英华》

《文苑英华》是一部诗文总集。宋太宗太平兴国七年（982）由李昉、徐铉、宋白等开始编辑，后由苏易简、王祐等参加，至雍熙四年（987）成书，历时六年。

这部书收录的诗文，上续《文选》。《文选》中的作品止于六朝的梁初，此

书则起自梁末，迄于唐代，采录诗文共两万零三百馀篇（首），凡一千卷。其分类编辑体例，也与《文选》相似，先按文体分类，如赋、诗、杂文、表、檄、论等；每类文体下又按其内容分出若干子目，如"赋"的下面又分天象、宫室、军旅、人事、草木等，比《文选》有所增加。本书保存了大量的六朝、隋、唐诗文，为后世许多诗文总集如《古诗纪》《全唐诗》《全唐文》等取材的重要来源。像《全唐文》在纂辑时，就是把《文苑英华》当作主要底本的。不过《文苑英华》的宋刻本仅存残本，后来只有明代隆庆年间（1567—1573）的刻本。1966年5月，中华书局据宋刻残本和明刻本影印出版，共六册，后附"辨证""辨证拾遗"，以及按四角号码编排的作者人名索引，每一作者名下列有篇名页数，便于寻检。

2 《汉魏六朝百三名家集》

《汉魏六朝百三名家集》（《四库全书总目提要》题作《汉魏六朝一百三家集》），明末张溥编，共一百十八卷。在此书以前，明嘉靖时冯惟讷辑有《古诗纪》一百五十六卷，汇集了汉魏六朝以至隋代的诗歌；与此同时，梅鼎祚辑有《历代文纪》二百零三卷（据《四库全书总目提要》说，梅氏所辑，本不止此数，但清初已无传本），汇集了上古、秦、汉、魏、晋，六朝以至隋末的文章；另有万历时张燮所辑的《七十二家集》，汇集了汉魏六朝的诗文遗集。张溥在《七十二家集》的基础上，选取《古诗纪》和《历代文纪》里面作品较多的作家，自汉代贾谊至隋代薛道衡，共一百零三人，按人分集，将其诗文汇为一编，并有所补充。各集之前，都有张溥对于作家、作品的评述。但由于纂辑时贪多务得，在分类编排和考证评论各方面，都难免有疏漏之处。

以上两书，是唐以前的诗文总集。

3 《全上古三代秦汉三国六朝文》

这是一部古代文章总集，清严可均编。全书七百四十六卷，上起上古，下迄隋代，按时代编次，分为十五集。每一朝代内的文章按作者时间先后排列，佚名作者的文章则列于每一朝代之末。全书共收作者三千四百多人。每一作者前，附有小传。每篇文章下面都注明它是从什么地方搜辑来的。对于唐代以前的各体散文，这书收集得相当完备（当然不包括严氏身后地下出土的文献资料）。建国以前，丁福保在上海医学书局曾刊印此书；建国后，中华书局即用此种刊本缩小影印，并加断句，分订为精装四册，便于检读。

4 《全唐文》

《全唐文》一千卷，清嘉庆十九年（1814）董诰等编。以《文苑英华》《唐文粹》等书为蓝本，按作者分编作品，依时间先后排列，共收唐、五代作家三千馀人，文一万八千四百多篇。每个作者都附有小传。其所收文章体裁、类目的编次，大致和《文苑英华》相同，而又有所增益。《全唐文》收集文章比较完备（但也有缺陷，如李邕所撰《云麾李秀碑》即据石刻残本收入，而未收全文），刊行时代较近，又是官修的书，所以比《文苑英华》流通广泛。但毕竟是间接汇集的材料，校勘上也有疏漏之处。

以上是从上古到唐代的散文总集。

5 《全汉三国晋南北朝诗》

《全汉三国晋南北朝诗》，丁福保编。全书五十四卷，依时代先后分为十一集。抗日战争前上海医学书局出版，建国后中华书局重新排印问世。这书用冯惟讷《古诗纪》为蓝本，取其正集中自汉至隋的诗歌，又参照清人冯舒的《诗纪匡谬》，加以增订而成。收入作品不少，但没有注明材料来源，校勘也不够精密。

6 《全唐诗》

《全唐诗》九百卷，清康熙四十六年玄烨命令"诸词臣"，根据明代胡震亨编的《唐音统签》和清初内府藏的所有唐人诗集，"参互校勘，搜补缺遗"，增订而成。校阅刊刻的主持者是曹寅。

这书共收唐、五代诗四万八千九百馀首，作者两千二百馀人。书前有目录十二卷，书末附补遗六卷，及唐、五代词十二卷。全书按作家时间先后排列，每个作家都附有小传。但在一般诗人之前，先列"诸帝""后妃""宗室诸王""公主妃嫔"唐代最高统治集团的作品;其次录"郊庙乐章"(是宫庭中祭祀、宴乐之类的作品)和"公私常奏之曲",总名"乐府";然后才是一般诗人的作品。这种编排体例充分体现了封建社会的时代特征。

唐代诗歌在中国文学史上占有重要地位。《全唐诗》收集的作品比较完备,是研究唐诗的重要参考资料[①]。除旧刻殿本和同文书局的石印缩本外,中华书局曾就原书加以整理重新排印,书末并附作者姓名索引,按姓氏笔画排列,便于检查。

以上是从汉代到唐代的诗歌总集。

7 《全宋词》及其他

《全宋词》三百卷,附录二卷,唐圭璋编。建国前商务印书馆出版。这书蒐辑宋代词人一千多家的作品二万馀首,断章残句也多收录。体例仿《全唐诗》,按照作家的时间先后编次。辑录时还参考了各种版本加以订正。建国后,作者又在原书基础上重新加以订补,并作了校勘和断句,由中华书局重新出版。全书共五册,书末附作者人名索引。

此外,明代毛晋编的《宋六十名家词》,清末王鹏运辑的《四印斋所刻词》,朱孝臧(彊邨)辑的《彊邨丛书》,也是比较流行适用的词总集。其中以《彊邨丛书》收集的材料较富,校勘也较精审。

8 《全元散曲》和《散曲丛刊》

《全元散曲》,隋树森编,1964年中华书局重印出版。这书从各种散曲总集、选集、别集以及曲谱、曲话中广为搜辑,共收小令三千七百六十馀首,套曲四百一十馀套,是目前最完备的元代散曲总集。

全书的校勘工作也比较认真,根据不同版本,对字句详加订正;并将作品的材料来源注明出处。

---

① 《全唐诗》所收的作品是有遗漏的,比如宋王安石编的《唐百家诗选》,其中就有为《全唐诗》所未收的诗。近人王重民据敦煌遗书又补辑了将近一百首唐诗,见《中华文史论丛》第三辑(1963年出版),题为《补〈全唐诗〉》,亦为《全唐诗》所不载。

《散曲丛刊》，任中敏辑，1931年中华书局出版。这书收录元人散曲选集二种、专集四种，明人散曲专集五种，清人散曲选集一种，连同有关散曲的理论著作三种，共十五种，所以又名《散曲丛刊十五种》。

这部书订正了原来曲本某些含糊错误的地方，并将全部曲文按谱断句，以便阅读。不过断句也有失误之处。在每一种集子前后都有序、跋、提要或附录。对于十五种原著的体例、版本，作者的生平、派别，也有若干考订、辨析。这对读者都有一定的启发作用和参考意义。

以上是宋、元以后的词曲总集。

9 《历代诗话》及其他

《历代诗话》，清何文焕辑。共收历代有关诗歌评论的著作二十八种，起自梁代锺嵘的《诗品》，终于宋代欧阳修的《六一诗话》，末附何氏自己作的《历代诗话考索》。丁福保续辑宋、金、元、明以来诗话共二十八种，以补《历代诗话》之不备，名为《历代诗话续编》。后来丁氏又专门搜辑《清诗话》共四十二种，汇为一编。清人诗话数量很多，远不止这四十二种，但重要著作已大致包括在《清诗话》里面了。

以上三书，抗日战争前都由上海医学书局出版。丁辑《清诗话》，曾由中华书局重新排印出版。

关于词话的总集，以唐圭璋编的《词话丛编》（商务印书馆排印出版）为比较完备。全书共辑录自宋代以来各种词话著作六十馀种，颇便于参考查阅。虽然如清徐釚的《词苑丛谈》、清末况周颐的《蕙风词话》等，都是比较有用的书，而没有被收入，但一般重要著作大都网罗在内了。

以上是有关历代诗词评论的总集。

10 《元曲选》《元曲选外编》及其他

《元曲选》，又名《元人百种曲》，明臧懋循（晋叔）编选。明代万历四十四年（1616），臧氏根据自己所藏的杂剧秘本，又参照宫庭中钞录出来的"内府藏本"，加以校订选择，从二百多种剧本中选出一百种，汇编成《元曲选》。这是数百年来流传最广的元代杂剧剧本总集。但其中有少数几种是明初作家的作品。所收剧本除唱词（曲文）经过加工整理外，科白也都相当完整，很接近当时舞台演出的记录本。每一折后面还附有僻字注音，以便阅读。这书是研究古典戏曲的重要参考资料，先后有商务印书馆影印原刻本，中华书局四部备要排印本和世界书局平装排印本。后来中华书局又据世界书局原纸型重印，错字较多，断句也偶有错误。

截至目前为止，见于书面记载的元代杂剧剧目约有七百馀种，实际还不止此数，而《元曲选》中所收的剧本，比当时实际演出的剧本数量就差得更多。隋树森根据近几十年来陆续发现的材料，如元刻本《古今杂剧》、明刻本《古名家杂剧》，以及明代赵琦美所藏的《脉望馆古今杂剧》（后归清代钱曾收藏，所以又名《也是园古今杂剧》）等，把《元曲选》未收入的元代杂剧共六十二种收集在一起，按照作者时间先后，汇为一编，名《元曲选外编》。1959 年由中华书局排印出版。书中所收如关汉卿的《单刀会》《拜月亭》《调风月》以及罗贯中的《宋太祖龙虎风云会》、杨景贤的《西游记》等，都比较珍贵。

除《元曲选》《元曲选外编》外，还有商务印书馆排印的《孤本元明杂剧》。这是从《脉望馆古今杂剧》中选出的结集，共收录元、明两代杂剧剧本一百四十四种。其中有一百四十种是外间罕见的手钞本，是研究元明戏曲的重要资料。中国戏剧出版社曾据原纸型重印出版。

明代的杂剧总集，还有明末沈泰（林宗）编刊的《盛明杂剧》初、二集，每集各收剧本三十种，共六十种，包括从明初到明末的几个重要杂剧作家如康海、徐渭、汪道昆、陈与郊、叶宪祖、许潮等人的作品。中国戏剧出版社曾据诵芬室翻刻本影印出版。

《杂剧三集》原名《杂剧新编》，清初人邹式金编，共收明末清初戏曲作家吴伟业、尤侗、郑瑜（目录误作"郑无瑜"）等人所撰杂剧剧本三十四种。这书是继《盛明杂剧》初、二集之后编成的，所以名《杂剧三集》。已由中国戏剧出版社据原刻本影印出版。

以上是常见的元、明、清各朝的杂剧总集。

11 《六十种曲》

《六十种曲》，明毛晋编，又名《汲古阁六十种曲》。除收元王实甫《北西厢》杂剧一种外，共收辑了明代传奇剧本五十八种和改编本一种。其中如高明《琵琶记》，明初四大传奇"荆、刘、拜、杀"(《荆钗记》《白兔记》《幽闺记》《杀狗记》)，以及汤显祖的《玉茗堂四梦》(《紫钗记》、《还魂记》即《牡丹亭》、《邯郸记》、《南柯记》)等都是比较流行的著名作品。这是一部流传最广的明传奇总集。开明书店曾出版一种线装排印本，后由中华书局据原纸型重印出版，精装十二册。

12 《缀白裘》

《缀白裘》十二集，四十八卷，清玩花主人编选，钱德苍续选。这是一种折子戏的选本，共收乾隆时流行的戏曲散出剧本四百八十九出，其中昆曲四百三十出，弋阳腔、高腔、梆子腔、乱弹等五十九出。本书最大的特点是：所收的剧本大都是当时演员的演出本，唱词、科白都比原来的文学剧本有所丰富。有些剧本已经和近年来传统剧目的舞台演出本十分接近。缺点是：这些单出剧本大都是从完整的长篇传奇剧本中割裂出来的，有的支离破碎，残缺不全；有的原来同属一个剧本，结果却分散于各集，互不连贯，检读时很不方便。除原刻本和石印本外，中华书局有平装排印本，较为普及。

13 《古本戏曲丛刊》及其他

《古本戏曲丛刊》是从1953年开始，由中央文化部主持，成立编刊委员会，搜求各种稀见的珍本、善本、钞本以及通行刻本，加以甄选、整理、汇编、印行的古典戏曲剧本总集。

这部丛刊的性质是为了保存原始资料，专供文学、戏曲研究工作者阅读使用，所以对于所收剧本，一概不进行加工删订，只按照所采录的原本分批影印出版；已出前四集和第十二集。等全部出齐后，这将是集我国古典戏曲剧本之大成的一部总集。

建国以后，祖国戏曲事业飞跃发展。各种戏曲剧本和有关戏曲资料的总集，出版很多。其中全国性的戏曲剧本总集有《中国地方戏曲集成》（分省汇辑）；按区域或剧种汇编的有《华东地方戏曲丛刊》《京剧丛刊》《京剧汇编》《评剧丛刊》等。此外如四川、福建、湖南、湖北、河北、山西各省，都有本省的戏曲剧本结集，这里就不一一介绍了[①]。

关于戏曲理论，中国戏曲研究院编有《中国古典戏曲论著集成》，由中国戏剧出版社出版，共十集。每集收录重要的戏曲理论著作一种或数种（自宋代至清代）。在每种著作之前，都附有提要和简括评述，帮助读者阅读。

以上是关于戏曲方面的总集。

14 《太平广记》

我国最早的一部小说总集是《太平广记》。这书是宋太宗太平兴国三年（978）由李昉等编纂的。全书五百卷，另目录十卷。按内容性质分为九十二大类，如神仙、异人、精察、俊辩、权幸、豪侠、伎巧、博戏、诙谐、酷暴、妖妄、灵异、畜兽、水族等，一百五十多小类，汇集了自汉、魏至宋初的小说、笔记、野史等五百多种古籍的资料。有的片段摘引，有的整篇钞录，很多散佚的古籍，往往赖以保存。不但可以阅读，也可供查检、征引材料之用，因此也具有类书性质。已由中华书局整理重新排印出版。

15 《说郛》

《说郛》一百卷，明陶宗仪编。原书已经散佚，只有残缺钞本。现在通行的一百二十卷本，是清初陶珽增订的，其中错误较多。

《说郛》是笔记小说总集，选录范围很宽泛，上起汉魏，下至宋元，经、史、子、集、野史、杂录，无不涉及，搜辑书籍达六百馀种。其中少数作品，如《老学庵续笔记》《事始》等，都是已经失传的珍本，只靠《说郛》才得流

[①] 关于戏曲剧本的总集、选集和专著，以及各种集子里的子目，可参考作家出版社 1958 年出版的《中国近世戏曲史》，日本青木正儿著，王古鲁译。书后所附的《曲学书目举要》，凡 1958 年以前出版的各种剧本，大都收入。

传。不过这书的缺点很严重：引书虽多，但每种书往往只摘引寥寥数节，甚至三言五语，断章截句，随处可见。阅读既无兴趣，查检材料也不方便。加以卷帙浩繁，流通始终不广。

1927年，张宗祥根据明钞残本加以校订，仍分为一百卷，由商务印书馆排印出版，比一百二十卷本稍优。

16 《古小说钩沉》《唐宋传奇集》及其他

我国隋唐以前的小说专集，大半散佚，只有零星片段保存在一些类书和其他古籍里。鲁迅先生从《太平御览》《太平广记》《法苑珠林》等类书和专著中广为搜辑，并参照各本详加校订，共辑出自先秦至隋末的古典小说三十六种，题为《古小说钩沉》。其中包括久已失传的先秦古籍《青史子》，以及魏晋南北朝时代的《裴子语林》《列异传》《述异记》《齐谐记》《幽明录》等。尤以题为"东汉班固撰"的《汉武故事》，原文残缺甚多，经鲁迅先生逐字逐句地凑辑缀补，现已成为比较完善的传本。这书是研究古典小说的重要参考资料。鲁迅先生生前未及出版，后来收入《鲁迅三十年集》和《鲁迅全集》。现有单行本，查检材料很方便。

除《古小说钩沉》外，鲁迅先生还从《文苑英华》《太平广记》《说郛》《百川学海》《青琐高议》《琳琅秘室丛书》等总集和丛书中，采录唐、宋两朝单篇的传奇小说四十八篇，编成《唐宋传奇集》八卷。本书采辑的体例，只收单独行世的篇目，不录已经收入某种传奇专著的作品。像裴铏的《昆仑奴》《聂隐娘传》已收入《传奇》，袁郊的《红线传》已收入《甘泽谣》，虽然都是唐代著名的传奇小说，这书也未予收录。

这书取舍十分谨严，唐人作品从宽，宋人作品从严，所以唐代传奇占百分之六十以上。编纂时根据可靠底本，又参照不同版本，选择审慎，校订精详，是一部完善的传奇总集。书后附有《稗边小缀》一卷，辑录有关唐宋传奇作家、作品的资料，说明出处，并加以考证，也可以作为文学史研究者的参考资料。

《唐宋传奇集》有北新书局排印本（鲁迅先生生前所印）和《鲁迅全集》本[①]。

关于古小说的选集，主要是指文言小说，包括志怪、传奇和笔记小说等。另有《旧小说》一书流行较广。《旧小说》是吴曾祺所编辑，1914年商务印书馆出版。原是平装排印本，共二十册，选录自汉魏至明清各代的文言小说。后来收入《万有文库》，则把元、明、清三朝的作品删去，共十三册。1957年据《万有文库》纸型重印，合并为四册。全书按朝代编次，在将近三百种著作中，采录历代小说共约两千八百三十馀篇。但取材比较驳杂，除有情节的故事、传说、轶闻、寓言外，很多博物知识也被收录在内。有些篇章为《太平广记》所未收，可以补其不足。

以上是古代小说的总集。

17 《晚清文学丛钞》和《中国近代反侵略文学集》

《晚清文学丛钞》和《中国近代反侵略文学集》是阿英（钱杏邨）所编的两部新型丛书，由中华书局出版。这两部丛书搜罗宏富，为研究近代文学史提供了大量的、系统的原始资料，对近代史、近代文艺理论、近代翻译文学的研究也有一定帮助。晚清各种文学作品，大都散见于当时报刊杂志，而这些报刊杂志又非常难找；有些作品又无单行本；有些作家的诗文专集也不易得到——这都给研究者带来不少困难。这两部丛书即专门从事晚清文学作品的辑录。两书在内容上尽可能不重复，基本上解决了近代文学资料方面的问题。

《晚清文学丛钞》共分十二卷，目录如下：

　　文学论卷（未出版）
　　小说戏曲研究卷（一册）
　　诗词卷（未出版）

[①] 另有汪辟疆校录的《唐人小说》，也是一部便于使用的唐代传奇小说集。

说唱文学卷（二册）

传奇杂剧卷（二册）

小说一、二、三、四卷（每卷二册）

俄罗斯文学译文卷

域外文学译文卷

散文与杂文卷（未出版）

每卷开端都有一篇"叙例"，给书中内容做了简明扼要的介绍和评价，对读者有一定帮助。

《中国近代反侵略文学集》共分六集，已出五集。每集所收，都是反映当时社会、历史面貌的各种体裁的文学作品。计有：《鸦片战争文学集》《中法战争文学集》《甲午中日战争文学集》《庚子事变文学集》《反美华工禁约文学集》。另有《中国近代反侵略文学集补编》，尚未出版。

18 《古典文学研究资料汇编》

随着学术研究发展的需要，从 1959 年开始，中华书局着手纂辑了一套《古典文学研究资料汇编》。这是一种新型工具书。这套《汇编》蒐辑了历代有关古典文学作家、作品研究、评论的资料，包括关于作品思想、艺术的评论，以及作家生平、作品考证等。如果研究某一作家的问题，就可以翻检这套《汇编》中所蒐辑的有关资料，从而省去研究者很多时间、精力上的浪费。已经出版的有下列几种：

一、《陶渊明卷》上下编，上编为北京大学、北京师范大学中文系教师同学合编，下编为北京大学中文系教师同学编。上编是综合评论，下编是作品的单篇分析。

二、《杜甫卷》上编，唐宋之部，三册，华文轩编。

三、《白居易卷》，陈友琴编。

四、《柳宗元卷》，吴文治编。

五、《黄庭坚和江西诗派卷》二册，傅璇琮编。

六、《陆游卷》，孔凡礼、齐治平编。

七、《杨万里范成大卷》，湛之编。

八、《红楼梦卷》二册，一粟编。

第二讲　几种检字法

检字法是使用工具书的方法，要想熟练地使用工具书，必须先熟悉几种常用的检字法。

汉字的检字法大体可以归纳为两大类：一、按照字形检字；二、按照字音检字。

按照字形检字的，主要有这样几种：

一　部首检字法

这是汉字检字法中历史最久、应用最广的一种。常用的工具书如《康熙字典》《中华大字典》、旧本《辞源》《辞海》等，都使用这种检字法。

汉字有单体字与合体字之分。单体字（也叫独体）叫"文"，合体字叫"字"。单体字本身，可能就是一个独立的部首，如"一""人""文""水"等。合体字就要看它的偏旁是什么，如"锄""错"属"金"部；"桃""李"属"木"部；"江""河"属"水"（氵）部；"烤""灼"属"火"部；"地""埋"属"土"部等。把同一部首的字，归并为一类；同类部首的字，再按笔画多少顺序排列，这就是部首检字法。这个方法虽然沿用已久，但并不太科学，也不够方便。既要查部首，又要数笔画，而且时常会遇到这样一些问题：

一、有些合体字偏旁很明显，一看就知道是什么部首，如前面所举诸例都是。但有些字就比较麻烦，有的看似单体字，其实是合体字；有的明知是合体字，但又很难断定属于什么部首。如"民"字在"氏"部，"夜"字在"夕"部，"東"字在"木"部，"平"字在"干"部，"者"字在"老"部，"闷"字在"心"部，"全"字在"人"部等。

二、有的字虽是合体字，本身却自成部首，如"青""音""鼓""鼻""黄"等。

三、有的字是多体合成，本身又不是部首，一时很难分辨属于什么部类。如"碧"字在"石"部，"臨"字在"臣"部，"唐"与"哭"在"口"部，"蠶"与"蠹"在"虫"部，"號"字在"虍"部等。

这些问题一方面要靠字典上的难字检查表（一般字典辞典简称为"检字"）来解决，一方面要养成勤翻勤检的习惯，熟练以后，才能摸到门径。另外查字时还要注意两个问题：

一、有些偏旁是经过简化或变形的，对这些偏旁部首，要熟悉它们的原来形体，否则即无从下手。主要的简化偏旁有这样一些：

偏旁	亻	刂	忄	小	扌	攵	氵	灬	爫	牜	犭	王	礻
原字	人	刀	心		手	攴	水	火	爪	牛	犬	玉	示

偏旁	罒 ⺲ ⺷	羊	月	艹	艹	衤	辶	阝（在右）	阝（在左）	镸	飠
原字	网	羊	肉	艸		衣	辵	邑	阜		長	食

二、查单字的笔画时，须先除去部首的笔画。例如查"木"部的"株"字。"株"字共计十画，除去"木"字的四画，"朱"字是六画。所以"株"字要到"木"部的六画里去找。

《康熙字典》《中华大字典》、旧本《辞源》和《辞海》，都把部首按照笔画的多少，依照地支的顺序编入子、丑、寅、卯、辰、巳、午、未、申、酉、戌、亥十二集，以利翻检。为了便于记忆，介绍一个口诀："一二子中寻（一画、二画的部首都在子集里），三画问丑寅；四在卯辰巳，五午六未申；七酉八九戌，其馀亥部存。"（部首见附录）

二　笔画检字法

这是根据字的笔画多少顺序排列的检字法。把笔画相同的字都放在一起，在同笔画的字里，再按部首归类。例如"任""仲""伏""字""守""江""池"等字，都属于六画，把它们放在一起，然后按部首先后排列或分开，"任""仲""伏"归"人"部，"字""守"归"宀"部，"江""池"归"水"部。旧的字、辞典中的"检字"，大都是用这种方法排列的。

这种方法和部首检字法的使用次序恰好相反。部首检字法是先查部首，再数笔画；笔画检字法则是先数笔画，再看部首。

这种检字法的缺点是：有很多字的笔画不容易数得准确。例如："考"字是六画，"咒"字是八画，"鼎"字是十三画，"龜"字是十六画等。笔画数不准，查起来就比较麻烦。

三　笔顺检字法

这是根据写字时下笔的顺序分类的，又名笔形检字法。汉字书写时，起笔一般有七种：

"丶"（点），"一"（横），"㇇"（横折），"丨"（直），"㇄"（直折），"丿"（撇），"乙"（撇折）。归纳起来，成为五笔。顺序是：

"丶"（点）

"一"（横）

"丨"（直）

"丿"（撇）

"¬"（折，包括横折、直折、撇折。）

所以这种检字法又称为"五笔检字法"。也有只归纳为"、""一""丨""丿"四笔的。使用起来又有几种不同的用法：

一、先按字的笔画分类，在同笔画的字里，再按笔顺的次序分类。例如：立、正、田、禾，都是五画字，"立"字起笔是"点"（、），次序在最前；"正"字起笔是"横"（一），居其次；"田"字起笔是"直"（丨），居第三；"禾"字起笔是"撇"（丿），在最后。如果两字笔画相同，起笔亦同，则按照第二笔的笔顺定其先后。如第二笔亦同，则依第三笔的笔顺。依次类推。

二、先按笔顺分类，在同一笔顺中，再按笔画顺序排列。如"文""立""交"，起笔都是"、"，"文"字是四画，"立"字是五画，"交"字是六画，所以排列的次序是：文，立，交。

三、不问笔画，只看笔顺。如前所举例，"文""立""交"三字第一笔都是"、"，在同一大类；第二笔都是"一"，又同归入一小类；而"立"字第三笔是"、"，所以排在最前；"文"和"交"第三笔都是"撇"（丿），但由于"交"字第四笔是"、"，"文"字第四笔是"㇏"（捺，但与"撇"属于一类），所以"交"字就放在"文"字前面。"文"字笔画虽少，却在最后。以下依此类推。

这种检字法虽然比较细致，但比较烦琐，用起来费事。而且遇到异体字，或是下笔顺序的习惯不同，就发生困难了。

四 四角号码检字法

汉字的写法，大概都是方块形，所以都有四角。每个字四角的形式不完全相同，归纳起来有十种笔形。下面列表说明。表中1、2、3是单笔，0、4、5、6、7、8、9都是两笔或两笔以上合成的复笔。凡能成为复笔的，必须取复笔，不取单笔。如"亠"应作"0"，不作"3"；"㇅"应作"7"，不作"2"等。为了便于记忆,有一首笔画号码对照的歌诀:"横一垂二三点捺,叉四插五方框六,七角八八九是小,点下有横变零头。"

笔形	一⌒	丨亅丿	丶㇏	十乂	扌	口	㇆冂凵厂一	八丷人𠆢	小⺌业个艹
笔形名称	头	横	垂	点	叉	插	方	角	八	小
号码	0	1	2	3	4	5	6	7	8	9

记代号是第一步,其次再记取笔法。每字只取四角的笔形,取笔的顺序是:①左上角,②右上角,③左下角,④右下角。按照每个字四角的笔形和顺序,都可以取出四个号码。例如"颜"字,左上角的笔形是"亠",为"0";右上角的笔形是"一",为"1";左下角是"丿",为"2";右下角是"八",为"8"。四个角的号码顺序取下,就是0128,因此在工具书里,要查"颜'字,就查0128号。

汉字虽是方形,但并不那样规矩,有的字上部或下部,只有一笔(或一复笔),很难恰好把一个字分为均衡的四个单位。遇到这样的字,就有另外的取法。字的上部或下部只有一笔可取,只能算左角,而把它的右角算作"0"。例如"直"字的上部只能取一复笔"十"(叉),即左上角的号码是"4";右上角就算做"0"。所以"直"字的前两个号码是40(^{4}直^0)。再如"首"字上部只能取一复笔"丷"(八),即左上角的号码是"8",其右上角的号码就算做"0",所以"首"字的前两个号码是80(^{8}首^0)。再如"冬"字,下部只能取一笔"丶"(点),即左下角的号码是"3",其右下角的号码,就算做"0",所以"冬"字的后两个号码是30($_3$冬$_0$)。

还有一个规则:每笔只能用一次,如用过一次后再充他用,也算做"0"。例如"干"字,第一笔"一"(横),是"1",横贯左右两角,因为已用于左上角，再用于右上角时，即算作"0"。"直"字的末笔也是如此。所以"干"字的前两个号码和"直"字的后两个号码都是10，即 ^{1}干^0，$_1$直$_0$。

以上是四角号码检字法的主要规则。此外，在取笔形、取角时，还有很多应该注意的繁细规则。这种方法完全凭字形检字，可以弥补部首和笔画检字法之不足，有其优点。但这方法也并不十分科学，其缺点是：一、规则太多，不便记忆；二、使用方法复杂，不易熟悉；三、取笔方法不够缜密精确，例外很多，有时需要死记。

以上是按照字形检字的四种方法。另外还有过去哈佛燕京学社引得编纂处发明的一种"庋撷（音诡洁）法"，是根据四角号码的办法加以变化而成的。凡该社出版的各种"引得"（Index），都是用这种检字法来检字的，现在早已不通用了。该社所编各种"引得"的全部书目，附在本书第十讲的末尾，关于这种检字法的说明，在那些"引得"的篇首均有介绍。其中清规戒律很多，繁缛琐碎，不便记忆和理解，而且有些地方根本不合理，因此这里就不详细介绍了。

按照字音检字的方法，主要有下面几种。

一　按声部分类

所谓"声部"，指的是古代声母。唐末僧人守温，根据唇牙齿舌喉各个发声部位的不同发声方法，归纳出三十个字母，宋人又增订为三十六个字母，这就是后世沿用的三十六个古声母，又称为"守温三十六字母"。现按照发声部位和相应的汉语拼音字母，分列如下：

见溪群疑：牙音　　（相当于 j、q、x、g、k、h）
端透定泥：舌头音 ⎫舌
知彻澄娘：舌上音 ⎭音　（相当于 d、t、n）
　　　　　　　　　　（相当于 zh、ch、sh、n）

帮滂并明：重唇音│唇音（相当于b、p、m）
非敷奉微：轻唇音│（相当于f、v）
精清从心邪：齿头音│齿音（相当于z、c、s）
照穿床审禅：正齿音│（相当于zh、ch、sh）
晓匣：浅喉音│喉音（相当于o、y、w、h）
影喻：深喉音│
来日：半齿、半舌音（相当于l、r）

由于当时历史条件和语言科学水平的局限，这三十六个字母所属的发声部位，与口腔内的实际发声部位不尽吻合，与现在颁布的汉语拼音字母及建国前通行的注音字母所规定的声母，发声也有些出入。

古代的某些工具书，把书中的词目或单字，按照其所属声部汇集在一起，以供检查，这就是按声部归类的检字法。清代王引之的《经传释词》和他的追随者所编的这类工具书，用的就是这种检字法。

由于使用太不方便，这种检字法早已不通行了。

二 按韵部归类

所谓"韵部"，指的是古代韵母。我国按韵部分类、检字的旧工具书为数不少。其方法一般是将所收词目的第一字或末一字，按照所属韵部汇集在一起，再依平上去入四声，分类排列，以便检查。例如清代汪辉祖编的《九史同姓名略》，是按姓氏第一个字的韵部排列，如"吴"字在"虞"韵，就入"虞"部；"汪"字在"阳"韵，就入"阳"部。再如清李兆洛的《历代地理志韵编今释》，是按照地名的末一字所属的韵部分类排列，如"中""戎"两字都在"东"韵，"汉中""和戎"这两个地名就分别列入"东"韵的"中"部和"戎"部；"溪"字在"齐"韵，"玉溪""辰溪"等地名就列入"齐"韵的"溪"部。在现代的拼音字母没有行世以前,这种分类检字法,还是比较科学的。

韵部划分的根据主要是《广韵》和《诗韵》:

一、《广韵》类:《广韵》是在隋代陆法言的《切韵》、唐代孙愐的《唐韵》的基础上发展起来的。共分二百零六个韵部(见附录二)。由于韵部太多,分韵方法也比较烦琐,检查不便,所以用《广韵》韵部分类检字的方法,已不通用。

二、诗韵类:诗韵又称"平水韵",渊源于《礼部韵略》一书的分韵法。《礼部韵略》是宋代丁度等奉诏编纂的,并《广韵》二百零六韵为一百零七韵,韵部大大减少,这在声韵学上是一大进步。南宋末年,平水人刘渊又把此书增修刊印行世,所以"诗韵"(指一〇七韵)又称"平水韵"。但刘渊的书今已失传,现在只有金人王文郁的《平水新刊礼部韵略》行世,又删去一个韵部,所以目前一般通行的诗韵,只有一百零六个韵部。

元代阴时夫、中夫兄弟作《韵府群玉》,仍沿用这一百零六个韵部,即为现在某些工具书用来分部归类的依据。而诗韵之所以能够广泛流行,则是由于清初官书《佩文韵府》的纂辑成书并作为科举时考试帖诗的准绳的结果。

诗韵共分一〇六部(见附录三),分上下平、上、去、入五部。上平声、下平声各分十五部;上声分二十九部;去声分三十部;入声分十七部。平声因为字多韵多,所以分为上下,有人认为上平、下平就是阴平、阳平,这完全是误解。为了查工具书,主要应该记住上下平和入声的韵部。如果对韵部不熟悉,可以先查旧本《辞源》《辞海》,检出单字所属的韵部,再查以韵部检字的工具书。

三 注音字母检字法

在汉语拼音方案公布以前,用注音字母的顺序作为检字的方法,是比较科学的。注音字母共四十个,二十四个声母,十六个韵母。声母中的

"万""兀""广",在北方语音里没有,早已废止不用了。所以一般按北京音系(普通话)注音检字的工具书,实际只用三十七个字母。其排列的顺序是:

ㄅ、ㄆ、ㄇ、ㄈ、ㄉ、ㄊ、ㄋ、ㄌ、ㄍ、ㄎ、ㄏ、ㄐ、ㄑ、ㄒ、ㄓ、ㄔ、ㄕ、ㄖ、ㄗ、ㄘ、ㄙ、ㄚ、ㄛ、ㄜ、ㄝ、ㄞ、ㄟ、ㄠ、ㄡ、ㄢ、ㄣ、ㄤ、ㄥ、ㄦ、一、ㄨ、ㄩ

在"ㄙ"以前,是二十一个声母;"ㄚ"以后是十六个韵母。汉字是由声母、韵母结合拼音而成,按照字母的顺序,就可查到需要寻检的汉字。

四 汉语拼音字母检字法

用汉语拼音字母的顺序检字,在目前是比较科学的检字法。拼音字母共有二十六个,其中"v"字母只用来拼写外来语及少数民族语言和方言,一般是不用的。韵母"i""u",如果前面没有声母的时候,就用"y""w"代替。所以一般用汉语拼音字母检字的工具书,实际用作每个字第一音节的字母,只有二十三个。其排列顺序如下:

A、B、C、D、E、F、G、H、J、K、L、M、N、O、P、Q、R、S、T、W、X、Y、Z

按照汉语拼音字母排列的顺序去检寻,即可查到所需要找的汉字。

总之,按字音检字一般比按字形检字科学合理。但在不知字音读法时,这种方法就失去了效用。所以按音序排列的工具书,仍需附有按字形检字的索引,才更便于读者使用。

第三讲　一般综合性的字典和辞典

字典和辞典是最通用的工具书。字典只收单字，主要解决单字的形体、读音和含义的问题。辞典（也写作词典）兼收单字和复词，主要解决词语的问题。字典的来源是古代字书，辞典又是从字典发展而成的。

辞典可分两类，一类是综合性的普通辞典，不仅收有单字和一般词汇，还包括成语典故，名物制度，古今名人名著，一般常见古今地名，以及科技术语等，如《辞源》《辞海》等都是。另一类是专业用的专科辞典，只收某一专科的名词术语，如抗日战争前上海医学书局出版的《佛学大辞典》、建国后出版的《哲学辞典》《音乐辞典》等都是。还有专收人名、地名的辞典如《中国人名大辞典》《中国古今地名大辞典》等。在这一讲里，只介绍几种常用的综合性字典和辞典。

一　《康熙字典》和《中华大字典》

我国最早的一部有系统的字书，是东汉许慎编撰的《说文解字》。比《说文解字》稍后，至今尚存的另一部字书是《玉篇》。这两部字书主要是研究古代汉字、汉语的工具书，与近世的字典有所不同，它们将在本书第七讲里谈到。

我国第一部以"字典"命名，规模和影响较大的字书，是清代的《康熙字典》。

《康熙字典》是清代康熙年间，由清王朝集中人力，在张玉书、陈廷敬等三十余人的主持下，依据明代的《字汇》和《正字通》两书加以增补修订，费时六年（公元1710—1716）编纂而成。清代的法令规定，凡读书人应科举考试，书写字体必须以这部书为标准，因此对学术界影响很大。直到今天，我国从事文史研究工作的人还经常用《康熙字典》做为工具书。但其立场观点显然是有问题的。因此在参考使用时必须严加抉择，持批判的态度。这书共分十二集，从子集到亥集，按地支顺序排列，每集又分上、中、下三卷。其中分别排列二百一十四个部首（据《四库全书总目提要》说，共分一百一十九部，则与今通行本不同），共收四万七千零三十五个字。书前附有"总目""检字""辨似""等韵"各一卷，书后有"补遗"一卷，收冷僻字；"备考"一卷，收不通用的字。

部首和每部中所收的单字，都按笔画多少顺序排列，每个单字之下，先注音，按《唐韵》《广韵》《集韵》《韵会》《正韵》等书列其反切，然后训释字义；再次列别音别义；再次列古音。一般都引用古书来证释，有所考辨，则附在这一条的注末，并加"按"字，以示区别。每字必载古体；其重文、别体、俗书、讹字，则附在注后。现举一条为例加以说明：

器 古文𠾴　《唐韵》《集韵》《韵会》《正韵》并去冀切，䫻去声。《说文》众器之口，犬所以守之。《广韵》器皿。《易·系辞》形乃谓之器。《注》成形曰器。《书·舜典》如五器。《注》器谓圭璧。又《礼·王制》瘖、聋、跛躃、断者、侏儒、百工，各以其器食之。《注》器，能也。《论语》及其使人也器之。《疏》度人才器而官之。又《论语》管仲之器小哉。《注》言其度量小也。又姓，见《姓苑》。又叶欺迄切，音乞。曹植《黄帝三鼎赞》鼎质文精，古之神器；黄帝是铸，以象太乙。《集韵》或作器。《玉篇》俗作器。

从这一条解说可以看出：一、"器"的古体字是"嚣"，即列于本字之下。二、反切根据《唐韵》《集韵》《韵会》《正韵》，并用直音（敧去声）注音。三、引《说文》《广韵》作出简单训释，并引《易》《书》《礼记》《论语》等古书作证释。四、每条证释下面所引的《注》《疏》，指的是原书的注、疏。五、别音"乞"（读入声），引曹植《黄帝三鼎赞》作证。六、"嚣""嚣"是别体、俗写。

再如：

椎　　《广韵》职追切，音锥。木名，似桂。
　　　　○按：与《集韵》木名之椎，应是二种。一似桂，一似栗。

"按"字以后，就是编撰者的考辨。

另有增入之字，各依字画之多少，附列于这一部首中的不同笔画的末尾，用"增"字标明。例如："挓""挥""挖""揉"等字，都是"手"部六画后面的"增"字；"㴄""泩""深""泹"等字，都是"水"部七画后面的"增"字。

《康熙字典》所以能通用到今天，主要由于以下几个特点：一、收字丰富；二、引证详尽；三、不拘泥于古说。如有些古体字废掉了；有些过于古老的分部首的办法改动了，和《说文》的分法不尽相合；有的字分部合理化了，如"颖""颎""颍"等字，不入"页"部，而改入"禾""火""水"部，是符合形声字的原则的。但错误和缺点也实在不少。其主要缺点是：一、互相注音，互相诠释，不解决问题。常有甲音乙，乙音丙，丙又音甲；解释词义也是如此。结果读者兜了个圈子，还是读不出准确的音，或不明白确切的词义。二、解释有时过分简略，有些文字的通俗用法并不加以说明。三、有些部首分得不合理。如"申""由""甲"都入"田"部；"王"字入"玉"部等。而这些分法竟成为定例，后来的字典、辞典也都沿袭使用，很不方便。

尤其因为此书成于众手，校勘粗疏，错误更多。清代王引之曾著有《康熙字典考证》，查出各种错误两千五百八十八条；日本人渡部温著有《康熙字典考异正误》，查出错误达四千七百多条，而且很多条与王引之的《考证》并不重复，可见其疏漏错误之严重。实际的错误还不止此，如"揆"字误入"手"部六画，两书都没有发现。归纳两家所指出《康熙字典》的主要错误，大约有这样几类：

一、引用书名错误：

　　1."位"字条下，"君子思不出其位"，出于《论语》，误为《易经》。
　　2."䰯"字条的解释，"吴人谓赤子曰䛀䰯"，出于《集韵》，误为《方言》。

此外，《汉书》误为《史记》，《后汉书》误为《汉书》等，不一而足。

二、引用经籍诗文篇名错误：

　　1."中"字条下，"宅中图大"出于张衡《东京赋》，误为班固《东都赋》。
　　2."廊"字条下，有《荀子·狄隘篇》，但《荀子》里根本没有《狄隘篇》。
　　3."佔"字条下，"今之教者，呻其佔毕"，出于《礼记·学记》，误为《礼记·乐记》。
　　4."以"字条下，"何其久也，如有以也"，出于《诗·邶风》，误为《诗·卫风》。
　　5."来"字条下，"一往一来，结尾以为事"，出于《荀子·赋篇》，误为《赋论篇》。

尤其以后三种错误——《学记》和《乐记》互混，《诗》的篇名弄错，《赋篇》误为《赋论篇》——这类情况错得最多。

三、引文错误很多。有的可能是誊录时钞错，也有的是由于妄增、妄删、妄节、妄改，以致释义不明。例如：

1."借"字条云：《释名》："艸履为不借。《注》：言贱易有各自置不假借也。"其实应该是："艸履曰不借。《释名》：言贱易有，各自蓄之，不假借人也。"窜改了两个字，文义都不通了。

2."备"字条云："《周礼·春官》：大司乐凡乐则告备。"其实原文是："乐师凡成乐，则告备。"脱落了一个主要动词"成"字，文义变得不通了。

3."厎"字条下，两次重复引用《汉书·梅福传》的"爵禄天下之厎石"，而后面引颜师古《注》："有平去二音。"却是杜撰。颜师古原注中根本没有这一句话。

4."姊"（姉）字条下，引文是："《尔雅·释亲》：男子谓女子先生曰姊。"原文应该是："女子先生为姊。"本来很好懂，多了"男子"两个字，又把"为"字误成"曰"字，反而不好懂了。

5."京"字条下，引文是："扬子《方言》：燕之北齐楚之交凡人之大谓之京。"原文应该是："燕之北鄙，齐楚之郊，凡人大谓之京。"

这一类错误很多。有些字，如"射"字条，引文错误、颠倒、重复，兼而有之，如果不查原文，简直无法理解。

四、错字多，特别是有些错字，恰好是解说中最关键的字。如：

1."伿"字条下，解说是："《说文》：隋也。""隋"是"惰"字之误。

2. "傀"字条下,解说是:"《广韵》:天貌。""天"是"大"字之误。

3. "休"字条下,解说是:"藥名。""藥"是"樂"之误。

4. "令"字条下云:"汉法:县万户以上为令,以二为长。""以二"是"以下"之误。

这些都是失之毫厘、谬以千里的错误。其他一般的错字就更多。如"扁"字一条,即有四处错误:一、《后汉书》误为《汉书》;二、"辰韩"误为"三韩";三、"扁"误为"匾";四、"押"误为"压"。可见校勘工作做得太粗糙了。

五、引文中的年代错误。主要是引用《左传》的年代颠倒错误,例如:

1. "丈"字条,"《左传》昭二十三年",应为"三十二年"。

2. "姑"字条,"《左传》昭二十二年",应为"九年"。

3. "嫡"字条,"《左传》闵元年",应为"闵二年"。

4. "拾"字条,"《左传》昭三年",应为"哀三年"。

六、解释错误。如"堁"字条,引用扬雄的《方言》,解释为"火也"。其实解释为"火"的,应该是"煤"字,不是"堁"字。由于把偏旁弄错,以致张冠李戴了。

七、断句错误。例如:

1. "匡"字条所引《礼·礼器》原文应该是"年虽大杀,众不匡惧。"引文竟误为"年虽大杀众不匡",把"惧"字断得漏掉了。

2. "廡"字条引文云:"《仪礼·士丧礼》:甒礼在服。《注》:古文甒作廡。"其实这句话不出于《士丧礼》,而应出于《士冠礼》。原文是:"侧尊一甒,醴,在服北,……"引文不但把"醴"字误作

"礼",而且截头去尾,把句读完全断错,简直成了笑话。

3."挠"字条引《汉书·刘向传》,原文是"独处守正,不挠众枉"。引文竟作"守正不挠",也是截头去尾,当断不断。

八、笔画误入。如"憭"字应入"心"部十一画,误入十二画;前引"扻"字应入"手"部七画,误入六画。

九、注音错误。例如:

1."蔛"字注为"古胡切,音吾","吾"是"姑"之误。
2."烫"字注为"从郎切,音唐","从郎"是"徒郎"之误。
3."但"字条引《淮南子》注,又音"燕"。实际《淮南子》注的原文是:"但,读燕音,钼同也。"燕是地名。意思是说,燕地方言读"但"如"钼"。因此应该写成"又音钼"才对。编撰者不明句读,以致连注音也标错了。

《康熙字典》在清代有殿本和木刻本行世。晚清时,同文书局曾据殿本铜版影印。辛亥革命前后,扫叶山房、商务印书馆、中华书局和世界书局,都依照同文书局的影印铜版本翻印过。1963年,中华书局又据同文本原版制成锌版重印,书前附有部首页数索引,便于检寻。书后附有王引之的《字典考证》,更是比较有用的材料。

在《康熙字典》以后,规模最大的一部字典是《中华大字典》。这书从清末宣统元年(1909)即开始编纂,历时六年,到1914年成书,参加编订者约四十人。1915年由中华书局出版,后曾略加删节,重印问世,但内容并无改动。

这书编纂的目的是为了纠正《康熙字典》的错误,弥补其不足,力求取而代之。编辑体例大抵同于《康熙字典》,也分为从子到亥十二集,但不再分卷。全书分为二百一十四个部首,不过部首排列次序,与《康熙字典》略有不同。

同一笔画的部首如"手""毛""心""爪"等以物同,"人""入""八""儿""几"等以形近,都排在一起,以便检查。

全书共收四万八千二百余字,比《康熙字典》多一千余字。其中一般字,如"幛"字,《康熙字典》即未收。当时由外文移译过来的新字,或科技部门的译名,如哩、浬、镑、钠、钍、镁、氦、氩、氪、氯等,都收录在内。在解说和注音方面,也较详细,兼采近代的俗语方言。如"囝"字的解说是:"九件切,音蹇,铣韵。儿也。《青箱杂记》:唐顾况有《哀囝诗》。"另外还注明现在方言的各种读法:"闽读给养切;苏浙读六安切;粤、赣、湘、鄂等省,均读若宰。"这些读法都是《康熙字典》所没有的。此外兼收常用词语,如"溜"字收北方俗语"溜达";"怜"字收古典小说中习见俗语"天可怜见";"熊"字收"熊猫",兽名;"门"字收"门司",日本滨海地名等——这些都为近代字、辞典收新词汇开辟了道路。

这书的注音,也是反切和直音兼用,如"中"字,注以"陟隆切,音忠,东韵";"丰"字注以"敷容切,音峰,冬韵""符风切,音冯,东韵"。音切以后起的《集韵》为准,以求与口语接近。书前附有司马光所著《切韵指掌图》,说明反切的来源。

书前还有部首索引、总目和检字表;书后附有补遗和正误表。检字表比较完全,按笔画顺序,注明所在集数和页数。

《中华大字典》的整理工作较《康熙字典》为谨严。其特点是:

一、同形而异训、异音的字,不混在一起,分成若干字加以解说。例如"中"字有两种读法,解释各不相同,即分成两字:甲读平声,"陟隆切,音忠,东韵",下列"和也""方位也""等别也""内也""间也"……等三十六条解释。乙读去声,"陟仲切,音妕,送韵",下列"矢至的曰中""合也""伤也""应也""适也"等八条解释。

又如"区"字有"驱""瓯""钩""丘"等四种读法;"揄"字有"俞""抽""头""徒口切"(上声)、"输""由""遥"等七种读法;解释各不相同。即分成四字和七字，分别注音解说。

二、每一字下，凡是不同讲法、用法的，分别列成若干条加以解说，不相混淆。例如前述"中"字，读平声的解释有三十六种，即分为三十六条，眉目清楚，寻检方便。

三、比《康熙字典》多列出韵部。比如"中"字平声即注明"东韵"。

四、日、月、星辰，以及属于鸟、兽、草、木、虫、鱼、衣冠、钟鼎等类的字，都绘出图形，辅助解说。

《中华大字典》虽然订正了《康熙字典》的若干错误和疏漏①，但其本身仍有很多缺点。例如"木"部五画的"枯"字，第六条解释是："山泽无水曰枯。见《周礼·司马》注'童枯不税'疏。"而原文乃见于《周礼·天官·司书》，郑玄注的原话是"山林川泽童枯则不税"，贾公彦的疏文原话是"川泽无水为枯"，引文从篇目到文字几乎完全错了。又如"竹"部十一画的"簿"字，解释是："筏也。大桴曰簿。见《集韵》。""集韵"是《广韵》之误。又如"八"部六画"典"字第三条解释是："经也。《礼·乐记》：念终始典于学。""乐记"应写作《学记》。"田"部五画"畜"字第二条解释是："犹容也。《左哀二十六年传》：天下谁畜。""哀二十六年"应为"襄二十六年"。而后两条错误所以产生，都是由于照钞清代阮元所编的一部工具书《经籍纂诂》（见本书第七讲）里面的解释而没有校对原书的缘故，结果也跟着以讹传讹，沿袭其误。它如引原文多删节，用旧说而未订正错误，钞古书而不加解释，注释解说自相矛盾，引证书名前后不一致等，也都是一些显著的缺点，实际上仍未突破《康熙字典》的水平②。不过对于研读古典文史书籍的人来说，《中华大字典》在目前仍

---

① 如"秫"字，《康熙字典》"禾""革"两部并收；"辫"字，《康熙字典》"糸""辛"两部并收，《中华大字典》都合并入一部。

② 关于《中华大字典》的各种缺点，可参考戴镏龄《字典简论》一文，载 1935 年第一、二季度出版的《文华图书馆专校季刊》第七卷第一、二期；和刘叶秋《常用字书十讲》第十五至十七页，1964 年 3 月商务印书馆出版。这里从略。

不失为一部比较详备的工具书。

二 《同音字典》和《新华字典》

这两部字典都是建国后编纂成书的，因此内容较好，影响较大。到目前为止，做为普及性质的工具书，还没有比这两部字典更适用的。

《同音字典》，中国大辞典编纂处编，五十年代出版社 1955 年 2 月初版，商务印书馆 1956 年新一版。这是一部为中等文化水平的读者编的中级字典，目的在于辅助语文学习，以掌握普通话的标准读音为纲，从而解决通晓字义、矫正字形、丰富语汇等问题。全书按注音字母顺序（书前有"音序表"备查），以北京音系读音为标准，把同音字加以集中、编排，所以叫作《同音字典》。全书共收一万零五百多单字，三万多语汇。所收字、词除现代汉语中习见、常用的以外，还收了一部分比较冷僻的古代字、词；现在还通用的全国村镇山水名称中的生字；工业、化学、药物等方面的新词、新字等。所收语汇也比较广泛，如古代书面语、成语、现代俗语方言、科技术语、地名、国名等，都兼收并蓄。

这部字典的特点是因声求义。除根据普通话的标准音把每个单字的读音一一注明外，还照顾到各地方音和北京音的差异。如"入声字""闭口韵""尖音字""微纽（V）字""疑纽字"，都标出符号，分别安排。符号的意义如下：1. ◇入声。2. ◇尖音（ㄗ、ㄘ、ㄙ和ㄧ、ㄩ拼成的音）。3. ◇微纽，相当于注音字母的"ㄪ"（汉语拼音字母中的"V"）。4. ◇疑纽开合，相当于注音字母的"ㄫ"，和ㄚ、ㄛ、ㄜ、ㄝ、ㄞ、ㄣ、ㄤ、ㄥ等或和ㄨ相拼的。5. ◇疑纽齐撮，相当于注音字母的"ㄬ"和ㄧ、ㄩ相拼的。6. ◇闭口韵。尽管这些音读在普通话里已不存在，但在古代或现代方音里还是有的。作为字典，标出这些区别，恰好是一种优点。

如果我们只知字形而不知字音，则可查书前所附的"笔画检字表"，每个字下都注有字音，可以先查出字音，再查字义，也很方便。"笔画检字表"的顺序是：先按笔画多少分成"画"，"画"数相同的再按七种起笔的顺序（、一丨丶丿乙）排列。画数少的在前，多的在后。除了用注音字母标音以外，凡能用汉字标音的，都附标汉字，作为直音。

每个单字的字头，都用手写楷体，后附繁体、异体、简体。单字下面，先释字义，然后举出以这个单字组成的例句、短语、复合词等，来补充解说。常用的字、词，解释比较详尽。生僻的字、词，则解释较为简单。一个词的解释，凡属古代用法，或古典小说、词曲中的特殊词义，都分别注明，用 ⊠ 为标帜，以免与现代语相混。解说文字用普通口语，一般都能做到简明扼要，通俗易懂。在解说后面，附有以这个单字组成的语汇，以供参考。语汇如果费解，也加以简单的说明。例如以"ㄍㄠ"注音的同音字，阴平声中，收高、膏、篙、羔、糕、皋、槔、睾、櫜等九个单字。"高""膏""糕"等是常用的单词，解释比较详细，提供的语汇也较多。如："高"字条下就有（1）"高低""高矮"的高；（2）物体从上到下的长度叫"高"；（3）向上长，往起凸出；（4）超过一般；（5）好，优良；（6）指程度较深或等级在上的；（7）声音大；（8）数量大；（9）高悬；（10）姓——共十种解释。每种解释下面，都有说明的例句、短语或复合词；而提供的语汇竟有八十一条之多。其中有成语如"高枕无忧"，有国名如"高棉"，有民族名如"高山族"，有一般名词如"高粱""高才生"等，还有一般复合词。其中"高文典册"这一复合词（也可算成语）不够通俗，就简单地加上注解。至于"櫜"是僻字，就只用"古时装兵器、弓箭等的口袋"一句话来解说。体例比较繁简得当。

《同音字典》的优点很多，比较便于使用。后来因为《新华字典》也是按北京音系编排的另一种"同音"字典，吸取了这本字典的不少长处，同样可以达到因声求义的要求，并且按照汉语拼音字母的顺序排列，更适应社会上新的需要，便逐渐取而代之，这部《同音字典》也就不再重印。但这部字典中的许多优点（如上面所述对古汉语和现代方言都有所兼顾的内容）却也随之消失，而没有被后来的工具书所吸收，这是很可惜的。

《新华字典》，最初在1953年由人民教育出版社出版，1956年曾加修订。1957年改由商务印书馆出版；59年按照汉语拼音字母的顺序改排；1962至65年，在改排本的基础上略加修订，重新排印，仍以汉语拼音字母次第为序。到1971年，又在1965年修订本的基础上进行了一次全面修改。这次修改，原则上不作大的改动和新的增补，只对其中问题较大的注释、例句作了删改；删去后不加解释不清楚的，加了新的注释、例句。附录中不适用的删去，错的更正，并有增补。因此变动不算很大。重版时个别地方又作了一些修改。到目前为止，这是当前国内流行最广、影响最大的一部小型字典。

这部字典书前附有"部首检字表""新旧字形对照表""汉语拼音音节索引"，寻检很方便。新版更附有"四角号码检字表"，为不惯于使用"部首检字表"的读者提供了另一种按字形检字的工具。原来附录有八种，现在新版改为十种，但删去了《普通话声、韵、调发音法》，增加了一些科技方面的知识，对普及科学常识起了良好作用。原版所收单字，包括异体字在内，共计八千左右；新版增加到八千五百字左右。带注解的复音词、词组等，共收三千二百多个。每个单字都依据普通话的语音系统用汉语拼音字母标音，字头标音并附有注音字母。异体字和繁体字都用圆括弧附在字头后面，如：万（萬）、苍（蒼、滄）、麻（蔴）等。

《新华字典》的主要特点有以下这几项：

一、一个字因意义不同而有几个音或几个声调的，就列为几个字头，同时互相注明异读。如"重量"的"重"（zhòng）和"重复"的"重"（chóng）；"方便的"便"（biàn）和"便宜"的"便"（pián）；"好坏"的"好"（hǎo）和"好恶""爱好"的"好"（hào）；"说话"的"说"（shuō）、"游说"的"说"（shuì）和做为"悦"的假借字的"说"（yuè）等。

二、在很多单字的解说中间，都附有用这个单字组成的复合词。读者在识字之外，对于单字、复合词的意义也可以有较全面的了解，这就使读者便于掌握更多的词汇。

三、对于词义的引申用法（如新版"急"字条下，第一义是"焦躁"，引申为"气恼""发怒"），和由比喻形成的意义（如新版"洁"字下"廉洁"当"不贪污"讲），以及由原义、故事、成语等转化而成的意义（如新版"推敲"解释为"斟酌文章字句"），都分别标以"引""喻""转"等字样，有的还引了例句，加以说明。

四、在正文之中附有实物插图，以补充正文的不足。例如新版的"房"字条下，附有一幅非常清楚的房屋构造解剖图。在图的各部位上，详细注明屋脊、脊檩、椽子、梁、山墙、檩、柱子、窗檑、窗户、窗台、檐、门、门槛、门楣、台阶、门框等所有构成房屋骨架的部件名称。又如"轮"字条下，附有"车轮"的插图，图上也明确地标出"辖""辐""轴""毂""辋"等古代车轮上各个部位的专用名称。这些插图可以形象地帮助读者理解字、词的意义，增强读者对于实际事物的知识。

《同音字典》和《新华字典》共同的特点是：由于这两部书都是按音序排列的，凡是音同、形近的单字，都集中在一起，如"復""複""覆""蝮""馥""腹"等，又如"平""评""坪""枰""苹""萍"等。这样，使读者从字音、字形、字义三方面来掌握，可以比较全面地辨析其异同，既便于记忆，也可以少写错别字。

至于它们的共同缺点是：某些字的注音沿袭了《汉语词典》（详下）的错误（当然这与普通话审音委员会规定标准音时不够审慎有关）。如"竣"字应读为 qún 或 quán，现在竟标音读作"俊"（jùn ㄐㄩㄣ）；"屿"字应读为 xǔ（现今在福建的口语中，此字仍读为 xǔ，如鼓浪屿），现在竟标音读作"与"（yǔ ㄩ）。在《新华字典》71年的修订本中，也有把本来解释无误的地方改成模棱两可。如"杼"字原来解释为"织布机上的筘（kòu）"，本很明确（如朱熹《诗集传》引《说文》，实即指筘）；而后人却有把"杼"讲成"梭"的，其实并不正确。而在71年以后的改订本中却在"杼"字条下除保留原有解释外，又加上一句"古代也指梭",这就变成模棱两可,近于以讹传讹了。目前很多读物对字、词的释义和注音(特别是广播用语的读音)都根据《新华字典》为标准,因而这种错误就更不容忽视。

三 《辞源》和《辞海》

《辞源》是我国近代最早编成的一部百科全书性质的辞典。这书由商务印书馆编纂,1915年出版正编,1931年继出《续编》,以补正编的不足。1939年又出版《辞源正续编》合订本。时至今日此书仍旧相当流行。

这部辞典收录词语的范围很广,不仅收有单字、词汇、成语,还包括典故、名物制度、古今名人名著、一般常见的古今地名,以及社会科学、自然科学和工程技术上的一些新名词和翻译名词,总计约七万多条,内容相当丰富。历年积累印数达四百万部,影响是很大的。

全书完全依照《康熙字典》分十二集(从子集到亥集)和二百一十四部首的次序排列,书前有部首索引和检字表,书后有四角号码索引,都可以用来查集数和页数。各部中的单字也按笔画多少排列,每个字单列一条,先用反切注明字音,大部分还用汉字直接标音,同时标明所属韵部;然后再解释字义。在单字后面,再分条列举以这个字为词头的词语。两个字的词语在前,三字、四字、五字的依顺序排列。同字数的词语,再按第二字的笔画多少排列。不过四字、五字以上的词语,排列次序就不那么科学了。例如"日"部五画中的"昭"字,先注明"支妖切,音招,萧韵",再解释字义,计有"光明也""表白也""宗庙之次""姓"等共四条。下面分列"昭山""昭代""昭君""昭容"等二字词语共三十余条。其中"山"字三画,"君"字七画,所以"昭山"在"昭君"之前。二字词语之后,再分列"昭文馆""昭君怨""昭忠祠""昭德舞"等三字词语十余条。"文"字四画,"君"字七画,"忠"字八画,所以"昭文馆"在前,"昭君怨"居其次,"昭忠祠"在后。最后分列"昭明太子""昭代丛书""昭德新编"等四字词语共三条。其中"明"字八画,"代"字五画,而"昭明太子"条反在"昭代丛书"的前面。如按第三字的笔画,则"昭代丛书"的"丛"字笔画最多,却列在"昭德新编"条的前面。如果这里的排列次序是按四个字的笔画总数来计算的,则未免太麻烦了。这是编排体例不够谨严的地方。

《辞源》解释词语的体例,一般是先说明词义,然后征引古书加以证明,也有的是先列引文,后面再附以编者按语或说明的。

《辞源》虽是一部规模较大而影响很久的辞典,但也有不少缺点。归纳起来,不外以下几项:

一、引书不详出处,只引书名,不引篇名和题目。《续编》稍详一些,但也不一律。例如有的引文只注明引自《史记》《汉书》《庄子》等,却不注明这些书的篇名;只注明引自"司马相如赋""潘岳文""韩愈诗"等,而不标明诗文的题目,读者无法进一步核对原文。

二、引书错误。例如"叶公好龙"的故事见于《新序》,而《辞源》误引作见于《庄子》。

三、引文与原书常常不符,有改动、删节而不加说明。

四、有的词义见于单字的解释中,并引了一条成语来说明它,但这个成语却不见于书中,反而引起纠葛。如"线"字下有一条解释是"线索",并引了"草蛇灰线"这个成语,说明这一成语中的"线"就是"线索"之意。但书中却找不到"草蛇灰线"这一条,反给读者带来了问题。

五、有些地方解释错误或释义不清,有些解释用语比原来词语还不易懂。

继《辞源》之后,1937年春天,中华书局编纂的《辞海》一书出版了。最初分上下二册,后来又出合订本,略有修订。这部辞典的内容、体例大致与《辞源》相同,但规模比《辞源》更大,而且在《辞源》的基础上,做了如下的改进:

一、词语收录增多。书名如《暖红室汇刻传奇》《醉翁谈录》等;人名如韦昌辉、石达开、王国维等；曲牌名如"醉花阴""眼儿媚"等；戏曲名如《竹坞听琴》《墙头马上》等，都是《辞源》正、续编所未收而为《辞海》所收入的。其他一般词语和晚出的新名词，《辞海》收录得就更多。

二、引书多注明篇名、出处，如"暧昧"条，《辞源》只说出自《庄子》，《辞海》则注明出自《庄子·徐无鬼篇》。再如"名门"条，《辞源》只说引自"李商隐文"，《辞海》则注明引自李的《为李贻孙上相公启》。

三、矫正了《辞源》的一些错误。

四、观点较《辞源》略新，吸收西洋百科全书的一些优点，编排体例也比较缜密。

五、修订后的合订本，不仅分十二集，而且有总负数。书前增加了部首总页数的索引，查起来比较方便。

六、书后附录"译名西文索引""韵目表""常用字读音表"等，对读者比较方便。

但也有下面这样一些缺点：

一、转钞《辞源》或其他类书，未加校核，沿袭了原书的错误。如"盖棺事定"条，引晋人刘毅语，因而以为这句话出于《晋书·刘毅传》，其实《晋书》中并没有这句话。似应改引《韩诗外传》卷八"故学而已，阖棺乃止"更为确切。有些引文出处仍不够详细，如"言诠"条，只说"朱熹诗"云云，而没有注出是朱熹的哪一首诗，大约也是照钞前人旧文的结果。

二、有的引文任意改动删节而不加以解释说明。如"曲海"条引《扬州画舫录》原文，不但文字有脱落，而且把后面一段整个删掉，以致引文和原文的意义有了出入。

三、照钞古书而不另作解说，对读者来说并不解决问题。如"扶疏"条的第二项，解说是："槃跚貌。《淮南子·脩务》：援丰条，舞扶疏。"用"槃跚貌"来解释"扶疏"，等于没有解释。

总的来说，《辞源》和《辞海》的共同缺点是：

一、由于当时历史条件和编撰者认识水平的局限，两部书解说词语的立场观点，大部分都存在问题，今天只能批判地使用。

二、出版较早，新的词语遗漏甚多。

三、由于编纂人从封建的"正统"观念出发，在选材上也反映了立场观点方面的狭隘性。如明末农民起义军著名领袖，后来又是联明抗清的民族英雄李定国，这两部辞典就都未收录。在这方面的问题，由于《辞源》出版更早，比《辞海》还显得更为严重。

四、注解文字都用文言，不便于一般人检读。有时解说过于简括，对词义的说明也不够明确。

经常听到一些青年同学反映，《辞源》《辞海》这一类旧工具书不好查，甚至不会查。这里附带谈谈自己查这类工具书的点滴体会。首先应注意字体的繁简差别，注意印刷体和手写体的差别。例如"黄""者""辶"是手写体，"黃""者""辶"是印刷体，差别虽小，笔画却有出入，给读者带来了麻烦。其次是注意词序排列的先后。如"瓜分豆剖"是一句成语，而《辞海》中却只有"瓜分""瓜剖豆分""豆剖瓜分"三条词目，而没有"瓜分豆剖"。如果寻究这句成语的本源，就应该用"豆"部的一条。又如"枕流漱石"是一句成语，《辞海》中却没有收这一条，而只有"漱石枕流"一条。其实内容是一样的。再有查一句成语或一个词语时，应注意其中的实词实字。例如人们常说："克绍箕裘"一语，是子承父业的意思。但《辞海》中只有"箕裘"一条，如果查"克"字，就无法找到。

上述这几种情形在《辞源》《辞海》这类工具书中是不一而足的。必须常翻检常使用，善于积累经验，摸到查词语的规律，才能左右逢源。有时更须开动脑筋，"随机应变"，灵活掌握。这种情况，在查本书第七、八讲中所列举的一些工具书时，也会遇到。读者倘能"举一反三"，自不难"驾轻就熟"。

由于这类旧工具书在引用原始材料时不够谨严缜密，我们即使查到了要找的条目，也要尽可能地去核对原书，然后再加以引用，才可以避免以讹传讹的毛病。

为了适应时代的发展和广大读者的需要，商务印书馆和中华书局已对这两部工具书进行了彻底的修订和改编。

《辞源》的修订，始于1958年8月，根据与《辞海》和《现代汉语词典》分工的原则，删去原有的自然科学和社会科学的新词条目，专收古代汉语词汇和成语，以及关于文史方面的百科性条目，成为一部专供学习研究古典书籍用的大型词典，收词目十万余条，仍按子至亥集（十二集），分四册出版。1964年出版了修订稿第一册，颇得好评。1976年又以此为基础，进行修订，至1979年出版了修订本第一册；1980年出版了第二册。其余两册，将陆续出版。

修订本《辞源》，首先是核实书证，改正了旧《辞源》的错误，加注了书名、篇名、卷次、小题，标出了时代、作者。其次是在体例方面，作了不少改进：单字于列韵书反切之外，加注汉语拼音和注音符号；于多音义的单字，除分别注音外，还在词条第一字后，标明读第几音。如"令"字有三音，"令狐"之"令"应读第二音 líng，即标出〔令$_2$狐〕。于内容有关的条目，注明"参见"。如"土步"与"土附鱼"本为一物，而两条叙述详略不同，即在"土步"解说之后，注明"参见'土附鱼'"。于词条解说之末，提供参考材料，注明"参阅"某书。如"二十四番花信风"一条末注参阅宋程大昌《演繁露》一《花信风》、王逵《蠡海集·气候》。这些改进，对于读者掌握文字音义，理解词语内容，核对引文，寻找研究线索，都是有帮助的。

此外，在词语溯源提早书证的时代，充实内容增加新的条目，使解说清楚观点正确等等方面，新《辞源》的编者，也都作了很大的努力，有一定的成果。比起旧《辞源》来，质量确实提高了很多。如第二册的"掣鲸"一条，即用自己积累的资料撰写，为古今词书所未收。

作为阅读古籍用的工具书，《辞源》用繁体字排印，是适宜的。

《辞海》的修订，始于1958年春，工作已经过几次反覆。1962年初曾试印为平装十六分册，作为征求意见的稿本。1965年又把这些分册综合到一起，经过修订，印成《辞海》（未定稿）精装两巨册。就古代语词条目修订的内容看，确较旧本《辞海》为精详。即如前面所举"盖棺事定"一例而言，《辞海》（未定稿）仍标明为晋刘毅所说的话，但出处则见于《韩昌黎诗集》中《同冠峡诗》"行矣且无然，盖棺事乃了"句下注引《韩醇》所转引，比旧本谨严多了。至1977年，上海人民出版社又把这部"未定稿"拆散为二十分册，计为：语词、哲学、经济、政治法律、军事、国际、民族、宗教、历史、地理、文学、艺术、语言文字、文化体育、教育心理、理科、生物、农业、医药卫生、工程技术等分册，接近于西洋百科全书的形式。1978年，再次修订，到1979年出版了合订本三卷。《辞海》的修订，至此才算完成。

　　三卷本的新《辞海》，新旧兼收，包罗甚广，是一部内容丰富的综合词典。由于一再修订，自然是后出转精，无论内容和体例，都比旧《辞海》要好得多。其古代语词，虽较新《辞源》所收条目为少，但解说引证，比较简明，自具特色。其解说全用语体，明白通俗，容易为一般读者所理解，更是一个优点。如"成相（xiàng）"一条，旧《辞海》只引《荀子·成相》的杨倞注和清卢文弨、俞樾的说法，照录原文，不加解释。新《辞海》则用叙述体，不采引证，由字面到内容和形式，都解释得清清楚楚，这是对原材料经过吸收消化写出来的，所以容易使人读懂。

　　新《辞海》采用简体字，也适合于一般读者查阅。但部首改动甚多，熟悉旧字书部首的人，以为查阅不便；一般读者，也不愿按部首查字；全靠"部首检字表"和"汉语拼音索引"弥补这一缺陷。

　　新《辞源》和《辞海》同样是集体修订，稿出众手，各条的质量，未能平衡；解说与引证，也有的不相符合。加上两书部头较大，排校不免疏舛。如《辞源》第一册的"中书令"一条，注"见'中书'"，而漏列"中书"；《辞海》的"五律"，注"五言律诗的简称"，而没有"五言律诗"一条；都是两头落空，无从查找。而且修订旧文，删改未必尽当，新本无，而旧本有，新本略，而旧本详的，屡见不鲜。如新《辞海》的"盖棺事定"一条，只引韩愈诗，而不涉及刘毅语，即似过于简略。所以《辞源》和《辞海》，新本虽行，旧书似仍不宜废，对照参考，有益无损。

这里还要附带谈到日本诸桥辙次所编的《大汉和词典》（十二巨册，附索引一册）。这部书自50年代出版以来，受到了普遍的重视。近世个人所编词典，部头以此为最大，虽收词稍滥，解说也不免偶误，还是有一定的参考价值的。

四 《汉语词典》《现代汉语词典》和《四角号码新词典》

《汉语词典》原名《国语辞典》，中国大辞典编纂处编，1937年初版。1957年，商务印书馆根据1947年的版本删节重印，改名为《汉语词典》。

据57年的"重印说明"说，经过删节之后，只留下北京话词汇（这是原书最显著的特点）和一部分有翻检必要的古汉语材料，供语文研究和教学上参考之用，不是供一般读者使用的辞典。又因原书编于几十年前，注音、解释都和今天有相当差距，所以在使用时必须注意。

《汉语词典》的特点，突出地表现在注音方面。按照普通话的语音标准，这部词典的注音、标调都比较正确和全面。下面即简括地介绍一下这部词典在注音方面的特色：

一、每字按阴平（无标号）、阳平（ˊ）、上声（ˇ）、去声（ˋ）标号，并用汉字直接标音。更在所标汉字的四角，用圈、点标出四声：阴平——左下方圆点；阳平——左下方圆圈；上声——左上方圆圈；去声——右上方圆圈。如有入声读法，则在所标汉字的右上角加圆点。

二、标出轻声读法和儿化音。前者在应读轻声的注音字母前面加"·"符号，如"萝卜"标作"ㄌㄨㄛ·ㄅㄛ"，"枇杷"标作"ㄆㄧˊ·ㄆㄚ"，"卜""杷"都读轻声。后者凡应读儿化的，汉字加"儿"，注音加"儿"，如"老姐儿俩"标作"ㄌㄠˇㄐㄧㄝ儿ㄌㄧㄚˇ"；读儿化与否都可以的则汉字加（儿），注音加

（儿），如"苗头（儿）"标作"ㄇㄧㄠ·ㄊㄡ（儿）"。"头"即是轻声，而后面又可儿化也可不儿化，所以这样标。

三、分出书面语和口语的区别。一般字音以北京音系为准，但涉及经史古籍的字，则参考隋唐以来的韵书，循古今音变的条例，斟酌定音。凡属活在口头的语言都按口语发音标注；如果属于古籍中的书面语，则读音和解说都有区别。如"东家"一词，分为两条。前一条是书面语：

东家（ㄉㄨㄥ ㄐㄧㄚ），东邻。如"逾东家墙而搂其处子"，见《孟子》；又"臣里之美者，莫若臣东家之子"，见宋玉赋；又"孔子西家有愚夫，不知孔子为人，乃曰彼东家丘"，见《家语》。

"家"字不作轻声读。后一条是口语中的常用词：

东家（ㄉㄨㄥ·ㄐㄧㄚ）。（1）居停主人；（2）股东。

"家"字读轻声。从读音上即可分辨出哪个是古语，哪个是今语；意义也各不相同。再如"一毛不拔"条，虽然是出自《孟子》的成语，但仍活在人们口头，而且"毛"字常作"儿"化，所以也按口语标音："一毛（儿）不拔"（ㄧ ㄇㄠ（儿）ㄅㄨ ㄅㄚ）。

四、标出尖音字（用"十"号，即旧时读音声母为ㄗ、ㄘ、ㄙ［齐、撮］而现在普通话并入ㄐ、ㄑ、ㄒ的字）和闭口音字（用"＊"号，即旧时读音韵尾收m而现在普通话并入韵尾收n的字），这对于研究古音和方音以及研究戏曲的人都有帮助。如"秋"字旧读"ciū"，今读"qiū"；"侵"字古读"qīm"，今"qīn"，在《汉语词典》中都能找到它们的渊源变化的痕迹。

这部词典虽已经过删节，但词汇收得确较丰富。普通口语和习见的古代书面词汇，都收得不少。特别是北京话词汇，收得较多，几乎可以当作方言词典用。这对于推广普通话和学习写作都有帮助。全书按注音字母顺序排列，但书中附有"部首索引"，可以依据字形检寻词目。另外还有《注音字母和拼音字母音节对照索引》，对于熟悉汉语拼音字母或想要学习汉语拼音的人，都有用处。

《汉语词典》的缺点是：一、全书用注音字母标音，这在汉语拼音方案已经推广的今天说来，不免过时。二、词汇多属普通话，而解释词义却用文言，显得十分不调和，而且对今天的读者不免有障碍。例如上引"东家"一条，"居停主人"的解释就比原词还不好懂。又如"作舍道旁"条，始终没有说清楚为什么在路边盖房子就很难盖成。后面还用另一条成语"筑室道谋"来解释，可是这一条比原来的词义更难懂。又如"蕑拂"条第一义，解释为"湔涤袚除之意"，其实"湔涤袚除"并不比"蕑拂"好懂。书中像这样的情形是很多的，都有待于修订疏解。个别字的注音也有错误，如"邈"字只有古汉语中才用它，既收此字，就应依古音来读，应读为"mò"或"mù"，不读作"miǎo"。而《汉语词典》却标音作"ㄇㄧㄠ"，自然是错误的。但后来的《同音字典》《新华字典》《现代汉语词典》《四角号码新词典》都沿袭了这一错误标音，以致积非成是。这是值得文字改革委员会和普通话审音委员会加以慎重考虑和妥善处理的。

《现代汉语词典》（试用本），中国社会科学院语言研究所词典编辑室编，1973年9月初版。这部词典从1958年开始编纂，到1965年编成，以"试用本"名义排印成两巨册。到1973年，为了更广泛地征求意见，更主要的是为了适应社会上广大读者的急需，又据原纸型印成精装一厚册，并同时出版"缩影本"以扩大发售面，大量供应各方面的需要。目前已成为一部通行的词典。

这部词典是在原来的《汉语词典》的基础上加以增删，并作了大量补充修订，编纂成书的。所收条目，包括字、词、词组、熟语、成语等，共约五万三千条。其目的是为推广普通话、促进汉语规范化服务的，因此在字形、词形、注音、释义等方面，都朝着这个方向努力。除一般语汇外，一些常见方言词语和书面通用的文言词语，以及一些习见的专门术语和一些用于地名、人名、姓氏等方面比较生僻的字，也适当收入。有些外来语译音词条，都附注外文原文，并说明国别。读者不仅可以用来查检字、词的含义，而且还可以用来做为学习普通话的辅助工具。对于帮助和辅导外国留学生学习汉语普通话，其作用就格外明显。

本书在注音方面，除不再标出尖音字、入声字以及闭口韵部字等与普通话无关的符号外，《汉语词典》中标轻音、儿化音等特点依然保留；而且当一个词语被插入其他成分时，语音上自然发生轻重变化而形成各种不同读法，在这部词典里使用几种特殊标号来注音，如斜体等号"//"与表示轻声的圆点"·"互用，以及多音词的音节界限遇有可能混淆的情况时加用隔音符号（'）等，都比《汉语词典》有了进一步的发展，显得细致缜密多了。

在释义方面，以现代汉语为标准，基本上不列古义。如"大白"一词，只收"白垩"和"真相大白"两种解释，而不收"浮一大白"这一古代书面语中"大白"的含义。但有些极不常用的古代字、词，却也收了进来，在释义之前加"⊠"号以示区别，如"艅艎"。其实"浮一大白"这一书面语比"艅艎"一词却更为习见。可见本书在古代书面词语的取舍方面，还有可商榷的地方。

凡词语条目中属于方言、口语、书面语、简称以及少量古代汉语的，在释义的前面各以〈方〉〈口〉〈书〉〈简〉〈古〉等标号标出。但所收词条以"口语"及普通话常用语（即北京话）为最多，有些多得近于滥收。有的词语则不完全符合普通话（北京话）里的通常说法，如"互相掉换位置"，现在北京话通常说"掉个儿"而不常说"掉过儿"；而本书却只收"掉过儿"，显然与常用口语有出入。又如旧时称富贵人家的帮闲者为"篾片"，本已成为古代书面语，而在这本词典的"篾片"条下并没有注明，好像普通话里还存在着这个语汇似的。这一类解释似都有进一步斟酌的必要。

这部词典的语词条目均按汉语拼音字母顺序排列，书前有"音节表""新旧字形对照表""部首检字表"和"四角号码检字表"（包括"新旧四角号码检字法对照表"和"主要修改项目"），书后附有《我国历代纪元表》《公制计量单位进位和换算表》和《汉语拼音方案》，对于读者查阅使用本书，还是非常便利的。

《四角号码新词典》，商务印书馆编辑，1950 年初版。到 1962 年，已经修订过七次。自 1973 年到 1976 年，又根据 62 年修订本重新进行大规模修改。这次修订，从收词、释义到例句，增删改动面确是比较大的。原来收集的单音字、词（包括异体字），有八千八百多个，这次修订后增加到九千多个；但复音词语却由原来的两万条缩减到一万五千多条。收词以语文为主，兼收百科；以现代词语含义为主，同时也兼收一些古词古义。单字都根据第一批简化汉字，凡列入字头的繁体、异体字，除别有音义者外，在这些字头的右上角标以"*"号，以资识别。

顾名思义，这部词典所收单字是按四角号码顺序排列的。这次的修订本除书前列有"四角号码检字表"外，还附以"新四角号码查字法"和"旧四角号码检字法"的比较，及"主要修改项目"；更列有"新旧四角号码对照表"。另外在书后还附有《汉字偏旁类推简化表》《新旧字形对照表》《音序检字表》和《部首检字表》，查检使用都较方便。

这部词典的注音采用汉语拼音和注音字母拼音两种，另外附注同音汉字。没有同声调的汉字可用时，则用声母、韵母相同而声调不同的汉字代替，在字后注明"阴""阳""上""去"等声调。如无同音汉字可注时，则用两个汉字拼读，后面注明"快读"字样。如"崛"字，共有三个注音：①jué；②ㄐㄩㄝ；③居爷快读。轻音字在注音字母前加一黑圆点，汉字后面附注一"轻"字。如"的"字的注音是：①de；②·ㄉㄜ；③德轻。这种"快读"的拼音法，实即过去的反切法，但比较简化。如果对此熟悉，则于学会使用旧工具书中的反切法有利。

这次修订本称为"1977 年修订重排本"，是 1978 年 2 月由商务印书馆出版的。书中大量增加了近年来报刊文件和口头上常用的新语汇。

这部词典的旧本原是建国前编纂成书的，到 1962 年的修订本为止，原书在解释词义方面存在着含糊不清、模棱两可的缺点，而且对于旧词汇缺乏批判性。这次修订以后，在这方面改进很大，用语也简括精确多了。但有些解释仍有含糊和欠准确的地方。如"三头六臂"一条，即使不指出这是出于佛教的神话传说，但仅仅解释为"形容一个人本领很大"，还是不够清楚。又如"上下其手"一条，解释为"比喻玩弄手法，暗中作弊"，似欠准确；其实这个成语是"通同作弊"的意思，如果只说"暗中作弊"，就没有把几个人串通起来的含义包括进去，好像说一个人在干坏事，也可以用这句成语来形容了。又如在注音方面，除沿袭《汉语词典》中一些误读如"邈"音 miǎo 之类，也有个别字、词注得不够全面。如"究"字本读去声，普通话审音委员会拟定标准音时则定为平声。其实在口语中如说"讲究""考究"时，仍保存去声的读法，没有读平声的。《新华字典》就注明了"旧音 jiù"，而这部词典只注有平声一种读法（《现代汉语词典》也是如此）。这些都有待商榷，并需要进一步提高。

第四讲　查人名的工具书

我国历史悠久，人口众多，在研究古籍时，一定会遇到很多陌生的古代人名。要想查考这些古代人物的身世、经历、政治态度、思想倾向、重要著作以及社会交游等，就得依靠查人名的工具书。

在"正史"（《二十四史》）和其他一些专门著作中，记载着一部分历史人物的传记资料。不过在查找这些人物传记以前，如果不了解所查人物的时代、籍贯以及他有什么专长时，仍须依靠工具书做为查找的线索。而遇到没有完整传记史料的人物，就更需要通过工具书来了解他们的简单经历和主要的社会活动情况了。

中国长期处于封建社会，封建统治者对于宗法制度极力维护，对于历代统治阶层家族的流传演变以及门第出身的高低贵贱都非常重视。因此姓氏、谱系之学就成为一种专门学问。较早的古代人名工具书，大都是从这个体系发展下来的。我们就先从这方面谈起。

一　几种有关姓氏谱系和较早的人名工具书

——《世本》《古今人表》《元和姓纂》和《尚友录》等

最早的一部记述姓氏谱系、考订帝王家族流传嬗递的专书，是《世本》。这是一部先秦古书，起讫时代从黄帝至秦末。这部书曾为司马迁所采用，是写

《史记》时的重要参考书。今已不传，只有后人几种辑本，作为史料保存。商务印书馆编纂《丛书集成》，曾经收印过四种《世本》的辑本。1957年，商务印书馆又把现存的另外四种辑本，连同以前的四种，重新校勘汇印出版，名为《世本八种》。这几种辑本的内容，篇目出入很大。有的不但记述了帝王和一部分公卿大夫的氏姓家族流传嬗递的情况，还记述了这些古代帝王的建都地点、活动区域和简单事迹，例如秦嘉谟辑补本的《作篇》，就把黄帝造火食，雍父作臼、舂、杵，舜始陶，武王始作箧等都收进去。这些材料对于研究上古史有些参考意义。

《世本》是考订秦汉以前姓氏谱系的书，其后各代都有类似的著作。至于能起一些查考人物生平事迹作用的工具书，则有明代凌迪知编撰的《万姓统谱》。这书虽以考订姓氏宗族谱系为主要内容，但也包括一部分历代名人的简单传记。查法是按时代先后为序，以姓氏所属的韵部分类。过去比较通用，现在已失去功效。此外，元代有《氏族大全》，明代还有杨信民编撰的《姓源珠玑》，也都是考订氏族谱系的工具书，目前使用价值已经很小了。

除去这一类书之外，中国较早的有关人名姓氏方面的专著，应该是班固在《汉书》中所列的《古今人表》。这个表没有写完，只有秦代以前的"古人"，并没有汉代当时的"今人"。分类法很特别：根据班固自己的——封建士大夫阶层的，主要是儒家思想体系的评价标准，把古人分成"上上""上中""上下""中上""中中""中下""下上""下中""下下"九个等级。古代的"圣人"，主要是古代帝王，都列在"上上"，如尧、舜、禹、周文王、周武王以及孔子等；"仁人"列在"上中"，如伊尹、比干、伯夷、叔齐、管仲、晏婴、孟轲、屈原、蔺相如等；"智人"列在"上下"，如鲍叔牙、宫之奇、百里奚、介之推、董狐、曾参、西门豹、廉颇等。"圣人""仁人"和"智人"在数量上的比例是：时代愈古愈多，愈近愈少。"中上"有程婴、勾践、田单、孙膑等；"中中"有孙武、申包胥、孟尝君等；"中下"有苏秦、张仪、秦始皇、项羽、陈胜、吴广等；"下上"有崔杼、专诸、庞涓等；"下中"有吴王阖庐、骑劫、赵括、秦二世等；最坏的是"愚人"，列入"下下"，如吴王夫差、太宰嚭、赵高等。从这些人物的等级安排中，可以看出：古人品评人物是有明显的阶级立场的。所以这种分类法，看似幼稚可笑，实际上可以给我们以很大启发和借鉴。

《古今人表》对于研究上古史有一定用处。清代史学家梁玉绳写过一本专门研究《古今人表》的书，叫《古今人表考》。后来蔡云又著有《古今人表考补》《续考补》各一卷，可以作为梁书的补充。

唐代人林宝编的《元和姓纂》，是现存较早的人名工具书之一。"元和"是唐宪宗年号，原本十八卷，早已失传，清人从《永乐大典》中辑出，缺卷首"国姓"（李姓）一门。查法是按照《广韵》的二百零六部排比诸姓。每姓都记载得姓受氏的源流和各家的谱系。所谓"谱系"，当然指的是封建统治阶层家族的谱系，其中自不免有很多攀援附会的地方。这部书的特点是：一、征引古籍丰富，很多失传的古籍，如《三辅决录》《姓源韵谱》《姓苑》等书的内容概要，都赖以保存；二、内容范围较广，蒐辑唐人姓氏较为详备。这虽然是一部考证氏族谱系性质的书，但对于治隋唐史的人也有应用价值。岑仲勉曾写过一部书，叫《元和姓纂四校记》，有商务印书馆"大学丛书"本，可以参考。

明代人廖用贤编纂的《尚友录》，是较早的一部具有人名辞典性质的工具书。所谓"尚友"，是指"上与古人为友"的意思，典出《孟子》。这书所收，大都是在历史上有些名望，而编者又认为在道德文章方面有所成就的人，时代是从上古到宋末为止。每个人名下面，附有简单的"嘉言懿行"，大抵是被编者认为"可师、可法、可惊、可歌、可泣"的事迹。其选择标准，完全从封建士大夫的立场观点出发，力求符合封建统治阶层的利益和道德准则。他为了避免触犯当时最高统治者的忌讳，因此不收历代帝王和诸侯；由于他具有儒家正统观念和男尊女卑思想，因此不收僧道和妇女。但书中对于某些著名人物，如李白、韩愈等文学家，李广、李牧、吴玠、刘锜等古代名将，记述其事迹还是比较详细的。而对于某些带有浓厚传奇色彩的故事，编者也不惜篇幅，详细记载。如"韩翃"项下，就把唐代传奇小说《柳氏传》中有关韩翃的传说，整段地钞录下来。做为一部查检历史人物的工具书，也还有其特色。编者在序言中说："是书原非崇为考姓问族而设，惟取有资于诗文者采之。标以'尚友'，志景仰也。故芳行懿轨，虽学词片长必录。至怃人秽迹，间或及之，然千百中仅一二耳。"但如晋代著名文学家陶渊明、南宋理学家朱熹等，对后世影响很大，却都没有收入，未免贻人以罜一漏万之讥。

到了清代，张伯琮等对廖书又加以补辑，补到明朝为止。

此书按照诗韵韵部（一〇六韵）分类排列姓氏。例如姓翁、冯、熊、洪的，在"一东"；姓江、庞的，在"三江"；姓袁、樊、言的，在"十三元"；姓张、王、杨的，在"七阳"等。至于每姓之下的人名，则按照朝代先后排列。

清代末年，又出了两种《尚友录》的续书。一种是退思主人编的《尚友录续集》，体例和《尚友录》相同，增加了一百八十多个姓氏，人名则增加了六千多。另一种是李佩芳、孙鼎合编的《国朝尚友录》，专收清代人，体例也和《尚友录》一样。到1916年，有署名为钱湖钓徒的把《尚友录》和上述两种续书合编在一起，题为《尚友录统编》，共二十四卷。

作为人名工具书，《尚友录》等书已具有辞典雏型，所以过去比较通用；但所提供的人物事迹，一则比较简略，二则着重于封建统治阶层所赞许的"政绩""战功""清操""义行"等行为，今天的使用价值已经不大了。

二 《中国人名大辞典》

近人编纂的人名工具书，到目前为止，搜求比较完备而流行也最广的是《中国人名大辞典》。

这部辞典自1915年开始编纂，1921年完成，同年6月由商务印书馆出版，收录人名约四万以上，起自太古，止于清末。每个人名下面，注明其时代、籍贯、身世、字号等，然后概述生平。对人物事迹的记载，比较详细具体。在没有用新观点编撰出综合性的人名辞典以前，这部辞典还有它的使用价值。其查法简单说明如下：

一、姓氏之第一字，按笔画排列。有名无姓，以名之第一字为序。书前有"姓氏检字表"。

二、相同笔画，按字典部首次序先后排列。例如张、曹、梁都是十一画，"张"在"弓"部，"曹"在"曰"部，"梁"在"木"部，排列的次序则是"张"在"曹"前，"曹"在"梁"前。

三、同一姓氏中，名字亦按同样方法排列。由于笔画不易数准确，较难掌握。例如同是三国时代的张昭、张苞、张郃三人，"昭""苞""郃"都是九画，但"昭"在"日"部，"苞"在"艸"部，"郃"在"阝"（邑）部，所以排列的次序是：张昭在张苞之前，张苞在张郃之前。

四、书后附有"异名表"。古人除本名外，还有很多人以字（别名）、别号、谥号、官名、地名等著称于世的。如果见到这些称呼而不知道他的本名，可以查"异名表"：

（1）字（别名）：如"子瞻"是苏轼的字，"子美"是杜甫和苏舜钦的字，"退之"是韩愈的字等。

（2）小名：如"阿瞒"是曹操的小名等。

（3）别号：如"东坡"是苏轼的别号，"放翁"是陆游的别号，"六一居士"是欧阳修的别号，"五柳先生"是陶渊明的别号等。

（4）官名：如"大令"是王献之的官名，又称"王大令"；右丞是王维的官名，又称"王右丞"；"工部员外郎"是杜甫的官名，又称"杜工部"等。

（5）谥号：如欧阳修和苏轼的谥号都是"文忠"。

（6）地名（包括郡望、籍贯或与其人有关的地区）：如韩愈先世居于昌黎，至宋代追封他为昌黎伯，故世称"韩昌黎"；柳宗元做过柳州刺吏，世称"柳柳州"；陶渊明做过彭泽令，世称"陶彭泽"等。

（7）绰号：如宋祁号"小宋"，李昭道号"小李将军"等。

"异名表"虽然有用，但很不完备。例如"陶庵"是明末黄淳耀和张岱的别号，这表上只列入一个"曹续祖"。其实黄、张两人比曹续祖更重要，他们的别号流传得也更为普遍。

五、书后还有"补遗"，如果正编中查不到，可以再查"补遗"。例如上古的羿、鲧，清代的学者姚际恒、蔡上翔等，都收在"补遗"中。

六、书后还附有"姓氏考略"。这有两种用处。一是可以查明某一姓氏的来历。如《列子·愚公移山》里提到了"京城氏之孀妻"，查"姓氏考略"就可以知道"京城氏"是姓氏，是春秋时郑国京城太叔（即共叔段）的后裔。二是对于某些冷僻难认的字或特殊的音读，都加以注明。如"瞫"音审（shěn），"儓"音爱（ài）；"冒顿"不读 mào dùn 而读"末特"，"万俟"不读 wàn sì 而应读"墨其"等。

新版《中国人名大辞典》书后附有四角号码索引，凡姓氏和名字的第一个字，都标出四角号码，比较好查。

这部书编撰时间较早，对于人物的评价，多半撷拾旧说，因此今天对此书必须批判地使用。由于编撰人受到种种局限，在选材方面不仅不够全面，遗漏甚多。加以全书所引传记史料一概不注出处，读者无从根据它去寻求原始材料的线索。这些都是比较严重的缺点。

三 查找同姓名的工具书

——从《古今同姓名录》到《古今同姓名大辞典》

由于我国历史悠久，古今人物姓名相同的太多。研读古籍有时会张冠李戴，发生误解。因此，就有专门分别同姓名的人物的工具书。

最早的一部是《古今同姓名录》，题为梁元帝（南朝梁武帝萧衍的儿子，名萧绎）撰。后来有唐人陆善经续，元人叶森补；清人李调元有校本。这部书分上下卷，列了一百零五个姓氏，三百八十二个人名，共一千三百零七人；只限梁代以前，排列以时代为序。由于所收人名过少，书又不常见，故无甚重要性。

明代人余寅撰有《同姓名录》，共十二卷，也按朝代先后次序排列。后有周应宾补一卷。原书已很少见。此书所收材料比萧绎《古今同姓名录》丰富，叙述每人事迹也比较详细。缺点是对于正史所载人物的姓名，反而有很多忽略。

清代汪辉祖有鉴于此，于是撰辑《九史同姓名略》七十二卷，补遗四卷；《辽金元三史同名录》四十卷（另有《希姓录》四卷）。"九史"指《新唐书》《旧唐书》《新五代史》《旧五代史》《宋史》《辽史》《金史》《元史》《明史》，姓氏按韵部分列，名字亦按笔画、部首排列，查起来比较方便。《辽金元三史同名录》是因为当时少数民族的译名，往往不贯以姓，所以另外纂辑，也按第一个字的字韵分部。据说汪氏另外还辑有《廿四史同姓名录》稿本，凡一百六十卷。他在《梦痕录余》中说："六十八岁取《廿四史同姓名录》稿本，重加核订，再录再校，脱漏终不能免。补遗之功，不得不俟诸儿辈。"可惜在他死后，这部稿本竟至失传，一个字也没有留下来。

与汪氏同时，还有陈棻编撰的《同姓名谱》，刘长华编撰的《历代同姓名录》（从上古至清中叶）诸书。但陈棻、刘长华都没有见过余寅的《同姓名录》，当时交通阻塞，文人闭门著书，汪、陈、刘彼此间都不通消息。所以书成以后，重复很多，优劣互见。刘书比较通行，可是编次按朝代先后，体例不科学，用起来不方便。哈佛燕京学社引得编纂处编有《历代同姓名录引得》，可以使用。

《古今同姓名大辞典》是这类工具书中比较完备的一部。此书为彭作桢辑，自 1928 年以前即开始编纂，至 1935 年完成。1936 年 3 月，由作者本人集资印行，好望书店代售。

这部辞典集萧、余、汪、陈、刘诸书之大成，更兼收庄鼎彝《两汉不列传人名韵编》、张澍《姓氏五书》(《五书》是：一、《姓韵》，钞本藏北京图书馆；二、《姓氏导源》；三、《姓氏辨误》，这两种都有刊本；四、《辽金元三史姓录》；五、《古今姓氏书目考证》。后二书已佚）等，材料比较完备。彭书姓氏按笔画排列，名字按部首分类，查检也较方便。缺点是收录得过分驳杂，有些在当时报纸上出现的无关紧要的人名，这书也有见必录，收采进去，意义不大。

书后附有《掇拾余寅文》《历代名讳考》《辨证姓名》，以及萧绎《古今同姓名录》的目录，余寅《同姓名录》的索引等，都比较有用。

四　分门别类的人名工具书

历史人物往往各有专业，独具专长。今天从事于某一方面学术研究的人，也各有分工。有些人名工具书是专门供给某一类专业研究者使用的。这里就文学、艺术范围内介绍几种。

1　《录鬼簿》

元代戏曲家锺嗣成著有《录鬼簿》二卷，明初贾仲明重为增补；另有无名氏撰《续录鬼簿》一卷。两书记载了元代戏曲作家共一百五十二人，包括他们的字号、籍贯、简略的生平事迹，并开列了近五百种杂剧的剧目。这不仅是研究古典戏曲和金元文学的重要史料，也是最早的戏曲作家人名辞典。

《录鬼簿》的版本很多。最普通的是王国维的《录鬼簿校注》，曾收入《增补曲苑》，后又收入《王国维戏曲论文集》，由戏剧出版社印行。此外，还有新版本三种：一、《中国古典戏曲论著集成》第二卷；二、马廉《录鬼簿新校注》，文学古籍刊行社出版；三、《〈录鬼簿〉外四种》，上海古典文学出版社印行。

2 《中国画家人名辞典》及其他

《中国画家人名辞典》计划共编三卷，按时代先后排列：第一卷为《唐前画家人名辞典》，第二卷为《唐宋画家人名辞典》，第三卷为《元明清画家人名辞典》，但第三卷至今尚未出版。

《唐前画家人名辞典》，朱铸禹编纂，1961 年 12 月人民美术出版社出版。此书共收录唐代以前（起自三代，止于隋末）画家一百八十二人，内容包括画家的姓名、字号、简历、师友渊源、时代背景、绘画理论、技法要点以及其代表作品的介绍等。书后有附录四种：一、唐前画家生卒年表；二、唐前寺观壁画表；三、唐前画家别名索引；四、周代至隋代的年代略表。第二种附录对文物工作者和艺术史研究工作者尤其有用。

《唐宋画家人名辞典》，朱铸禹编纂，李石孙助编，1958 年 12 月中国古典艺术出版社出版。这书共收唐、宋（包括五代、辽、金等朝代）画家一千五百四十八人，内容体例与前书大致相同，对于某些画家和作品的介绍、评论，除引用古籍外，兼采近人如郑振铎等人的意见。书后有附录六种：一、唐、五代、辽、宋、金纪元、公元对照表；二、唐、五代、宋壁画表；三、宋代翰林图画院画家表；四、唐、五代、辽、宋、金画家生卒年表；五、唐、五代、辽、宋、金画家别名称号索引；六、无事迹可考之画家表。其中也以第二种附录用处较大。

这两部辞典的主要优点是：不仅是一般地、客观地辑录历朝画家的历史资料，而且对某些重要画家的绘画理论、表现方法、风格特征以及代表作品，都扼要地加以阐述和分析，并给予评价。这对于使用这两部工具书的人帮助更大。解说文字都用简明的语体文，引用古籍时，对一些奥词僻典和专门术语，也作了必要的译注，引用材料一般都注明出处，编纂态度是比较谨严的。可以说是比较切实适用的新型工具书。

试举一例。如介绍晋代著名画家顾恺之，由于材料比较丰富，就叙述得非常详尽。除介绍顾恺之的简历外，还征引了当时和后世对他的评论，阐述了他的绘画理论和画法特征。对于顾氏的作品，除照录载于古籍的名目外，还把他的名作《女史箴》做了较详细的分析介绍。此外，更根据《世说新语》等书把有关顾氏的故事如"颊上添毫""瓦官寺募捐"等也都用白话文一一译述，读起来饶有兴趣，并且供给读者不少有用的知识。

这两部辞典的缺点是：一、为了求全求备，有些画家的材料未免太少，只能一笔带过，反而失掉收录的意义。例如诸葛瞻，只有《三国志》本传中提到一句"工书画"，再没有其他任何涉及绘画的事迹。像这样的人物，或者不必为求全而强收，或者再下点功夫多搜罗一些资料，才显得充实。又例如"毛延寿"条，即根据《西京杂记》详细叙述了王嫱和亲的故事。《西京杂记》是中国最早的笔记小说之一，王嫱的故事原本带有传奇色彩，似不完全符合史实，前人早有论述。做为一部具有科学性的工具书，把这个故事当作传说加以介绍，未尝不可；但如果坐实，当成信史加以复述，就有点不够妥善了。

此外，书中有个别错字，如南宋年号"元徽"，误作"元徵"等。

这两部辞典查法简单。按人名姓氏笔画排列，同一笔画的以时代先后为序。书前都附有人名索引。

另外，神州国光社还出版过一部《中国画家人名大辞典》，又名《画史人名大辞典》，孙濌公编。这书人名按姓氏笔画先后排列，同一姓氏又按朝代先后排列。收录范围虽广，编撰却很草率，错误较多。但在新编的《中国画家人名辞典》三卷本全部问世以前（目前这里介绍的前两部《唐前》《唐宋》卷，也已不易见到了），这部旧有的辞典还可权供应急之用。

3 《中国文学家大辞典》

《中国文学家大辞典》，谭正璧编撰，1934 年光明书店发行，1961 年香港文史出版社翻印。这书人名按时代顺序排列，书后附笔画索引。内容繁简不一，体例也欠谨严。有的人并非文学家，如李耳（老聃）是哲学家，也收录在内；但经学家、理学家则又多未收。戏曲作家遗漏更多。不过在新的同类辞典还未编出的时候,这书还可以参考。

4 《中国音乐、舞蹈、戏曲人名词典》

《中国音乐、舞蹈、戏曲人名词典》,曹惆生编,1959年商务印书馆出版。

中国历代的音乐家、舞蹈家、戏曲家,人才济济,数以万计。但在封建社会,这些人的社会地位大都很低,不为统治阶级和封建文人所重视。正史中既很少为他们立传,其他古籍中的传记材料也是一鳞半爪,语焉不详。蒐集这些人物的生平及其在艺术活动方面的资料,确实比较困难。这部词典错误疏漏之处确很不少,但由于编撰者用力颇勤,从大量零散片断的文献中积累资料,比较系统地为文艺工作者提供了寻检线索,还是有其一定意义的。

这书收录人物的时限,起自上古,止于清末。其艺术生活开始于清末,而其人殁于辛亥革命以后者,也尽量收采(甚至在60年代初还在世的艺人,编者也收进书中,显然是当时缺乏细致深入的调查研究所致)。收录范围包括:一、善歌者;二、善舞者;三、善奏弄乐器者;四、洞晓音律及乐理者;五、曾撰歌曲者;六、曾撰杂剧、传奇及各种剧本者;七、制作乐器者;八、各剧种艺人及杂技艺人,唯戏曲艺人限于文献记载,缺乏实际社会调查,故以昆曲、京剧、秦腔、徽调四剧种为多,其他剧种较少;共约五千二百余人。

每一人名,首注年代,跨历两个朝代者也加以注明;次叙别名、籍贯,然后简略地叙述这个人与音乐或艺术有关的生平事迹和著述,最后注明材料的来源。凡艺人绰号、别名、艺名、室名突出显著者,则另列专条。

查法按人名第一字笔画顺序排列,书后附有四角号码人名索引。

这书的缺点是:一、材料来源几乎全部采自文字记载,从民间经实地调查而采辑到的活材料太少。而这些人物的生平和艺术活动,仅凭文字上的间接记载显然是不够完备的。二、只是材料的复述,缺乏对于人物的分析和评价。作为一本新型的人名词典,这是一个较严重的缺陷。三、材料蒐集失于太泛,滥入者较多。例如某些近似神话传说的人物事迹,或仅能弹奏一两件乐器的,也被收录,不免有凑数之嫌。四、应该收入而漏收者不少。以戏曲方面为例:收入冯二狗，而不收对京剧改良有较大贡献的冯春航；他如清末著名旦角八仙旦（靳湘林）、著名武生高福安，以及京剧界最早的女演员恩晓峰等，均未收；"王瑶卿"条下，不附述王凤卿；很多名演员当时广泛流传的艺名，如张黑绰号"满天飞"，杨小楼艺名"小杨猴"等，均漏录；"茹锡九"为现代著名武生茹富兰之父，亦未注明。五、错误较多。如"慈瑞全"是当代艺人慈少全（两"全"字似均应作"泉"）之父，非"慈小全"之父。薛凤池是清末民初著名短打武生，以身手迅捷勇健著称，而书中只记其"善胡琴"，其他方面竟不著录；周春奎是天津人，误为北京人。凡此种种，不一而足。六、对于材料缺乏校订考证。如九划中的"韦三儿"条，引自《谐铎》，实即十八画中的"魏三儿"（即魏长生），编者未加考辨，依样画葫芦地收入，以致前后矛盾。再如田桂凤与谭鑫培配戏，传说演《坐楼杀惜》时有故意"洗指甲"表示轻视谭的故事，见于《鞠部丛谈》。但在《鞠部丛谈校补》中，早已指出是传闻之误，而编者却缺乏更细致的考证，只是照样摘录已被纠正的错误材料。

五　查找原始传记材料的工具书

查找人名的工具书，一般都有简略传记。但有的书如《中国人名大辞典》，前面已经谈到，它所列入的传记材料并未注明出处，而是根据各种材料综合编成的，有些内容还不免有显著错误。为了进一步作深入研究，读者经常不满足于这一类所谓第二手甚或第三手材料的工具书，而希望寻检到较详尽而更原始的传记材料。因此这里有必要介绍另外一批工具书。

1　《史姓韵编》

《史姓韵编》六十四卷，清代汪辉祖编。这书版本较多，在现代工具书出现以前，用这书寻检"正史"中的人物传记，是比较方便的。书中收录的人名都依姓氏的韵部分类，复姓则取其首字。不论正史中有传无传的人物，都按照朝代先后排列。上面一栏列姓名，下面一栏列《二十四史》传文卷数。正史中无传的人，注以"目无名"三字。如"司马徽"，因"司"字在"支"韵，故列在"支"部，上列其姓名，下列："《三国志》卷三十七，《蜀书》，附《庞统传》。目无名。颍川人。"有些"目无名"的人，则标明与传中主要人物的关系。如"岳飞"条下的"岳和"，下列："附《飞传》。目无名，飞父。""岳雷"下列"附《飞传》。目无名，飞子"等。

书前有目录，按卷分注。

辽、金、元、明四部"正史"中，少数民族或外族人物的译名，另列一卷。以名字的第一字为准，仍按韵部排列。书后附有"佚名""释氏""公主""列女"四部，也都依韵部次序排列。

2 《廿四史传目引得》

《廿四史传目引得》，梁启雄编，中华书局出版，1940年再版。索引范围以《二十四史》列传中之正附传为限，分"正编"及"类编"两大部分。"正编"以人名为主，"类编"按人物身分、职业性质等分类。

"类编"分"列女""后妃""宗室诸王""公主""释氏""外纪""杂目""丛传"等八类。"外纪"类列译名，如《大宛传》《匈奴传》。"丛传"类列《文苑》《方技》《伶官》《逸民》《循吏》《宦者》《刺客》等。"杂目"类列《太史公自序》《汉书·叙传》以及像"孟尝君""魏其武安侯""淮阴侯"这一类传名等。

两编次序均按笔画排列。书后附有"补遗""正误"。

3 《二十五史人名索引》

《二十五史人名索引》，1935年开明书店出版，1956年由中华书局重印。这部索引是专为开明版《二十五史》编纂的工具书。不仅列入有专传的人物，就是不列传的人物也都收录进来。其他版本的《二十四史》亦可据以查找。查法如下：

一、用四角号码查姓名。

二、后附笔画索引，也可以使用。

三、要熟悉各史名称的代用符号。代用符号有三类：

（1）用全称者：《南齐》《北齐》《南史》《北史》《宋书》《宋史》等六种。

（2）用书名的第一字者："史"（《史记》）、"汉"（《汉书》）、"三"（《三国志》）、"晋"（《晋书》）、"梁"（《梁书》）、"陈"（《陈书》）、"魏"（《魏书》）、"周"（《周书》）、"隋"（《隋书》）、"辽"（《辽史》）、"金"（《金史》）、"元"（《元史》）、"明"（《明史》）、"唐"（《旧唐书》）、"五"（《旧五代史》）等十五种。

（3）用特别符号者："僕"（《后汉书》），"囍"（《新唐书》），"甇"（《新五代史》），"甑"（《新元史》）等共四种。

四、正体数目字代表卷数，如 漢 106，就表明这个人在《后汉书》的第一百零六卷。根据这个卷数，可以查其他版本的《二十四史》。

五、斜体数目字，代表开明版《二十五史》的页数，黑点后面的数目字是栏数。一人见于二书者，都有记载。例如：

田蚡　史 107　*0240*·3
　　　汉 52　*0486*·1

这就是说，在《史记》第一百零七卷，开明版《二十五史》的二百四十页第三栏，和《汉书》第五十二卷，开明版《二十五史》的四百八十六页第一栏，都可以查到田蚡的事迹。

六、一人有二名者，用等号表示互见。如《新唐书》的秦琼，即《旧唐书》的秦叔宝。

秦琼　魏 89　3895·1（＝秦叔宝）

秦叔宝　唐 68　3315·2（＝秦琼）

七、皇帝查谥号，如唐太宗、宋太祖，都查"太"字。

附带说一下，前面提到的中华书局最近刚刚出齐的新印标点本《二十四史》和《清史稿》，目前正在陆续出版查这两部书的"人名索引"，但尚未出齐。将来出齐，必然会汇总成书。因此目前暂不介绍。

4　《八十九种明代传记综合引得》及其他三种

《八十九种明代传记综合引得》，1935年哈佛燕京学社引得编纂处编，1959年中华书局按旧本重印出版。这一类"综合引得"共有四种，除本书外，其他三种是：一、《四十七种宋代传记综合引得》；二、《辽金元传记三十种综合引得》；三、《三十三种清代传记综合引得》。以本书的体例最为完备。

这是一部查找明代人物传记资料的工具书，将八十九种明代传记如《明史》《明史稿》等书中的人名汇辑在一起，注明出处，以备读者向原书去检索。不过这几种《引得》所采用的书籍，并不全是历史传记，也采用了一些不属于传记性质，而其中包括有传记材料的古籍。如《宋代传记引得》采用了《桐阴话旧》《宋诗钞》等；《辽金元传记引得》采用了《辽诗纪事》《元诗选》等，《明代传记引得》采用了《小腆纪年》《明诗综》等。

《八十九种明代传记综合引得》分为"字号引得"和"姓名引得"两部分，用"中国字庋撷法"排列。"庋撷法"检字已不适用，可以查卷首所附"笔画检字表"。

"字号引得"部分，首列字、号，包括别号、绰号、谥号等，后列姓名。如果只知道字、号，不知道姓名，可以先查"字号引得"；查出姓名后，再查"姓名引得"。

这八十九种传记，都用号码代表。附有"八十九种明代传记表"，表分四栏，计：1.种数，即代号，如四十号是《明诗综》，八十八号是《开国臣传》

等；2. 书名；3. 纂辑者；4. 版本，"姓名引得"部分所列卷数、页数，即以表中所载版本为准。如《明诗综》，采用的是清代康熙年间刻本，其卷数、页数即以此种版本为根据。

"姓名引得"部分的查法如下：首列姓名，次列字、号。每一人名的后面注明所著录的传记代号，及卷数、页数。例如：

    沈富 万三 仲荣 88/10/40 b

"88"是《开国臣传》的代号；"10"是书的卷数，"40"是页数；"a"字母用以代表上半页，"b"字母用以代表下半页。这一条即是说，沈富这个人的传记材料见于《开国臣传》卷十，第四十页的下半页。

另外的《四十七种宋代传记综合引得》《辽金元传记三十种综合引得》和《三十三种清代传记综合引得》，也都是哈佛燕京学社引得编纂处编的，1959年中华书局重印出版。

这三种《引得》和《八十九种明代传记综合引得》的编辑体例基本一样，唯有《三十三种清代传记综合引得》只录人物姓名，不列字、号，与其他三种的编例不同，未免是个缺陷。

这四部《引得》，在时间上是衔接的，共收八万余人。自公元960年至1911年，将近一千年间的重要历史人物，大部分都可以从里面找到线索。宋、辽、金、元四朝，在时间上互相交错，有些见于《宋代传记引得》的人物，在《辽金元传记引得》里也能查到，两书有相互补充的作用。

至于编排上的疏忽，人名、数字的错误，各本都有。因为是按旧本重印，新版都没有做订正工作，也是一个缺点。

  5 《清代碑传文通检》

以上几种工具书，除《三十三种清代传记综合引得》外，都是为了寻检《二十四史》中的人物传记而编纂的。清代虽然距离我们的时间最近，但各种传记材料芜乱庞杂，缺乏系统性，很难寻检。陈乃乾用了若干年的时间，把从清人文集中见到的清人传记材料，包括传记、别传、家传、墓志铭、墓表、行述、行状、遗事、事略等，编成《清代碑传文通检》一书，中华书局1959年重印出版，给研究清代历史的人提供了查找人物传记的线索。这本工具书虽然去实际需要还有相当距离，但已为研究清代史料的人解决了不少问题。

本书共收清代碑传文有关文集一千零二十五种。分列碑传主人公的姓名、字、号、籍贯、生卒年代和碑传文的作者，及所载书名、卷数；依碑传主的姓名笔画顺序排列。凡明朝人死在崇祯十七年（1644）以后，及现代人生在宣统三年（1911）以前的人，只要有碑传材料保存下来而为作者所见到的，一律收入。凡见于清人文集中的碑传文，不论是什么样的人，不加选择，一律收录。

书后有附录三种：一、"异名表"：一人二名，或更改姓名者，可查此表；二、"生卒考异"：一个人有好几种传记材料，而每种传记所载生卒年月彼此互异的，可查此表；三、"清人文集经眼目录"：记载所见清人文集目录，并注明版本。

6 《宋元方志传记索引》

《宋元方志传记索引》，朱士嘉编，1963年中华书局出版。关于中国地方志的情况，将在第五讲中介绍。这本《索引》，是根据现存的三十三种宋元方志中的人物传记编辑而成的，共计收录三千九百四十九人。以人物姓名为主，下列字、号、引用方志简称（另附"引用宋元方志书名简称表"）、卷数、页数等。例如：

沈子霖　泽夫　宝庆四明　9：25

"沈子霖"是姓名，"泽夫"是字，"宝庆四明"是宋代《宝庆四明志》的简称，9：25代表第九卷第二十五页。

引用方志的版本，以通行刻本为主。查法是：姓名以笔画多少为序；同笔画者按起笔"、""一""丨""丿""乀"为顺序排列。书后附有查人名的四角号码索引。

这本索引可以与《二十五史人名索引》《四十七种宋代传记综合引得》《辽金元传记三十种综合引得》互相补充参考。

六 查别名、别号的工具书

前面讲到的若干工具书，都以查人物的本名为主。但中国古代人往往一人多名，又有别名（字）、别号、室名、笔名等；即现代、当代人也经常用笔名或化名。如果辨认不清，就有可能发生谬误。前述各书有的附了"异名表"（如《中国人名大辞典》），虽然也可以帮助查找、辨认，但并不能全部解决问题，还得依靠一些专门查"异名"的工具书。

这一类工具书，中国古代就有。如唐代陆龟蒙撰有《小名录》；宋代陈思有所增补，撰《小字录》；宋代徐光浦编有《自号录》；明代陈士元撰有《名疑》等都是。但这些书或已散佚，或以搜奇猎异为目的，专门搜罗古人或时人的小名；更有的攀援附会，以讹传讹。因此使用价值是很小的。

清代史梦兰编有《异号类编》，葛万里有《别号录》。后者收集宋、金、元、明人的别号，依最后一字的韵部分类，略具工具书的性质。但因收集范围不广，原书又不甚流行，用处很小。

现就近人编纂的这一类工具书，选择其中重要的几种分别介绍于下。

1 《室名别号索引》

《室名别号索引》，陈乃乾编。初版分为《室名索引》（1933年初版）与《别号索引》（1936年初版）两册；后经编者增补，合成一册，1957年由中华书局重印出版。全书共收室名、别名一万七千多条，人物收至清末为止。检字按首字笔画多寡为序。

室名自二字至二十余字都收入，字少的如"随园""十驾斋""挚经室"等；字多的如"商觚周鼎秦镜汉甓之斋""朝经暮史昼子夜集楼""蕙露松烟兰风桂月轩"等，一般说比较完备。

别号则限收三字以上者，如"清道人""我佛山人""南亭亭长""长安卖画翁"等。因为编者认为："两字之别号，与通用之字、号不易区别"。这样一来，字、号、别名、官衔、谥号等两个字的异名，就都不在收入之列。如韩愈的字（退之）、谥号（文公）、郡望（昌黎），柳宗元的字（子厚）、郡望（河东）、官位（柳州）等，都不收录。而杜甫也只收"少陵野老""杜陵布衣"等不习见的几个，至于"子美""老杜""工部"等也都不收。体例过严，使用效率反而降低了。

从收录的范围来看，此书大抵详今而略古。但每嫌好搜奇抉秘而忽略习见常用的室名别号。不过截至目前，这还是一本流通较广的查室名别号的工具书。

2 《古今人物别名索引》

《古今人物别名索引》，陈德芸著，1937年岭南大学图书馆发行。此书所收"别名"范围很广，包括字、号、别名、别号、笔名、谥号、爵里称谓、斋舍自署，以及帝王庙号等，内容相当庞杂。其所收人物时限也较长，辛亥革命以后甚至当时还活着的不少人的笔名、别名，也都收录在内。共收别名约七万余条，比陈乃乾书内容多约四倍。

这书缺点有三：一、体例不严，校核不精，收录对象比较驳杂。二、一人有几个别名或笔名，分散数处，不予归纳，读者查其一，而不能知其二。例如"许地山""落华生"两条，前一条注明是许赞堃的字，后一条注明是许的笔名。"地山"和"落华生"就要分查"地"字和"落"字两处。许后来以字行，一般人只知道许地山，不知道许赞堃。但在"落华生"条下，只注出原名为"许赞堃"。读者查到了"落华生"之后，仍旧不知道这就是许地山的笔名。这种情形还有很多，显然是体例上的缺陷。三、检查不便。此书按"一""丨""、""丿""㇇"五部分类。但说明笔形，不用符号，而用汉字。

如"匡"字，排为"横、横、横、直、横、曲"；"秦"字排为"横、横、横、撇、捺……"等，看起来很费力，查起来也麻烦。幸亏书后附有检字表，可以按笔画和部首寻检，略能弥补一些困难。

书后附有"补遗""续补遗"和"订误"。由于这书的编著者在抗日战争期间即已逝世，原书久未再版，虽然还有使用价值，可惜流传不广。

3 《清代书画家字号引得》

《清代书画家字号引得》，蔡金重编，哈佛燕京学社引得编纂处1934年10月出版。这书根据《清画家诗史》（书中简称"清"）、《国朝书画家笔录》（简称"国"）、《国朝画识》（简称"画"）、《墨香居画识》（简称"墨"）、《国朝书人辑略》（简称"书"）、《八旗画录》（简称"八"）、《清代画史补录》（简称"补"）和《清画传辑佚三种》（简称"佚"）等八种著作，收集清代书画家共五千七百八十七人。全书分第一、第二两编。第一编是"人名引得"，以人物本来姓名为主。如果知道某个书画家的姓名，想查他的字、号、谥号等，就查第一编。例如第一编第十二页第一人是"王时敏"，即写作：

王时敏（逊之，烟客，西庐老人）

清甲上/1a；

国1/3b；

画1/1a；

书1/10a。

括号内的"逊之""烟客"等，都是王时敏的别名。有关他的材料，可以从《清画家诗史》甲集卷上第一页的上半页、《国朝书画家笔录》卷一第三页的下半页、《国朝画识》卷一第一页的上半页和《国朝书人辑略》卷一第十页的上半页里面找到。如果我们只看到"烟客"这个名字而不知姓名是谁，就查第二编。在第二编第一七一页第一栏的下方就可以找到：

烟客（王时敏）

然后我们就知道"烟客"的本来姓名了。在第二编里，只注姓名不注出处，如果想查这个人物的有关资料，还得再查第一编。

如果遇到例外情况，书中也规定了几种办法：

一、一人而有好几个姓名，则以通行的一个姓名为主，其余各条只注明"见×××"。如明代宗室朱仪霩，后改名林时益。但"林时益"这个名字比较通行，故以"林时益"为主；在"朱仪霩"条下，只注出"见林时益"。一人而二名，或一人而各家对他的名和字、号的说法不一，也都用这种办法，虽分列若干条目，而只以其中最通行的一个为主。

二、只知字、号而有姓无名，甚至姓名全缺，则无论第一、二编都只以字、号立为条目。如"松窗画史"，在第一编里写作：

松窗画史
　　清壬下 /37a

而在第二编里，就写作：

松窗画史（松窗画史）

这就表示他的姓名已无可考了。

三、同姓不同名，但字、号却相同，一时不易判断是一人还是二人，则写作"参×××"，表示应互相参照。如第一编中有这样的例子：

郎葆辰（参郎福延）

（桃花山人，苏门，文台）

郎福延（参郎葆辰）

（苏门，文台）

在第二编内则写作：

苏门（郎葆辰，郎福延）

文台（郎葆辰，郎福延）

四、凡僧、尼、道士、妇女等，都在名或字下面加〔　〕号。如"无可〔释〕"，即表示是僧人；如"卞淑媛〔卞永誉女〕""王圆照〔郝懿行妻〕"（按，郝懿行妻应作王照圆）等，不但表示她们是女子，还说明她们和卞、郝等人各有父女、夫妇的关系。

4 《中国历代书画篆刻家字号索引》

《中国历代书画篆刻家字号索引》，商承祚、黄华编，1960年人民美术出版社出版。全书分上下两卷，所收书画篆刻家字号，自秦代至"民国"，约一万六千余人。如果只知道书画篆刻家的字号，查此书上卷，可以知其姓名、籍贯、年代、技能等资料。体例是一字一号为一行，一个人有几个字、号，即分列几行。例如：明末清初的毛晋，有子晋、子久两个"字"，即分列两行：

子晋　毛晋　江苏常熟　清　草书
（备考：初名凤苞，明万历二十六年（1598）生，清顺治十六年（1659）卒，年六十二。）

子久　毛晋　江苏常熟　清　草书
（备考：与前同。）

如果已知书画篆刻家的姓名而想得知其字、号，则检此书的下卷。下卷"字号"栏中，字号下的阿拉伯数字即指上卷的页数。如检出该页，即可得知其人的籍贯、年代、生卒年等资料。例如：

郭熙　淳夫　1103

而"淳夫"一条即在上卷的第一一〇三页。

本书所载籍贯，都用当代现行的地名。"年代"指人物在世的朝代。"技能"指这一人物的艺术特长，如：书（行书、草书），画（山水、翎毛），以及金石等等。"备考"中列生卒年、出身、家世（如与某人为父子关系）、师友渊源、官职履历等。但不收室名。书末有姓名检字，将每一个人的若干字、号集中在一起，字、号下注明本书页数，便于检查。

5　《现代中国作家笔名录》

《现代中国作家笔名录》，袁涌进编，1936年3月中华图书馆协会印，北京图书馆出版。此书分"本表""索引""字母索引"等几部分。"索引"按姓名首字笔画排列（无论本名或笔名都列在一起）。这书收录当时文学作家的笔名，如李涵秋、蒋光慈等，都网罗在内。有的人以"字"行，如成仿吾、刘大白、焦菊隐，即注明他们的原名是成灏、刘清斋、焦承志。如果用名的，则并注其字，如叶绍钧字圣陶等。两人同用一个笔名的，也一一注明。此书成书太早，收录材料不够完备；而且久已绝版，流行也不广泛。但对研究近代、现代文学史还有一定使用价值，所以简介如上。

6　《辛亥革命时期重要报刊作者笔名录》和《戊戌变法前后作者字号笔名录》

《辛亥革命时期重要报刊作者笔名录》，张静庐、李松年合编，载于《文史》第一辑，中华书局1962年10月出版。所录时限自1900年兴中会机关报《中国日报》起，至1914年中华革命党机关刊物《民国》杂志止，共收录当时重要报刊上的作者七百余人，笔名二千二百多个。

这份《笔名录》以作者姓氏笔画为序，是正在整理中的《近代现代报刊作者字号笔名索引》的一部分。收录的笔名相当完备，有的人笔名多至四十二个，如苏曼殊；甚至有多达一百个的，如李叔同。有一个字的笔名，如吴沃尧的笔名为"趼"、为"佛"；也有九个字的笔名，如宋教仁的笔名是"第十姓子孙之一个人"；甚至有十个字的笔名，如许啸天的笔名是"皇帝子孙之嫡派许则华"，章士钊的笔名是"黄帝子孙之嫡派黄中黄"等。这些笔名不但给文史工作者提供了研究线索，而且也明显地反映出当时的时代特征和政治思潮的倾向。

《笔名录》中每条如有考证，或两人用同一笔名的，皆列入小注，很醒目。但也有错误。如七画中的"汪僻"，就不是原名。汪僻是清末著名京剧演员汪笑侬的另一名。汪笑侬本不姓汪，原名德克俊（亦作德克金），满族人。幼嗜京剧，清末曾任河南省太康知县，因触忤上司被革职，遂决心做京剧演员。在正式演戏前，曾求教于当时著名京剧演员汪桂芬，表示自己愿以演京戏为终身职业。汪桂芬摇头笑答："谈何容易！"后来德克俊发愤用功，终遂宿愿。登台公演时，便以"汪笑侬"为艺名，取"汪桂芬曾笑我"的意思。这是一件真实的梨园掌故。由此可知，这一条的原名应作"德克俊"，而汪僻、汪笑侬等都是别名。

《戊戌变法前后报刊作者字号笔名录》，张静庐、林松、李松年合编，载于《文史》第四辑，中华书局1965年6月出版，也是《近代现代报刊作者字号笔名索引》的一部分。其中共收录当时报刊上的作者九百余人，笔名两千四百余个。凡已列入《辛亥革命时期重要报刊作者笔名录》而无较多增补的，则不再重出，但亦间有交错。其特色亦与前录大抵相同，不再赘述。

七 其他和人名有关的工具资料书

1 《唐人行第录》

《唐人行第录》（外三种），岑仲勉编著，中华书局1962年出版。这是一本特殊的工具书。所谓"行第"，是排行第几的意思。唐代人特别注重氏族门阀的关系，除以姓名、字、号称呼人，还习惯用排行第几称呼对方。行第中有多至三十几、四十几的，这是按照封建族谱中的同辈弟兄排列下来的。例如白居易的同胞弟兄只有四人，但当时人却称他为白二十二郎。在唐人诗文中，经常看到这样的题目：《送蔡希鲁都尉还陇右因寄高三十五书记》《娄二十四秀才花下对酒唱和诗序》等。这里的高三十五、娄二十四，对于当时的人是比较熟悉的；可是时过境迁，就很难查考其真实姓名。尤其同一姓氏、同一行第的人很多，就更难分辨出到底是谁。例如《唐人行第录》中所举的"王七"，就有七人之多。如果张冠李戴，就会闹出笑话。可见这种用行第互相称呼的习惯，确给后人做成很多麻烦。而《唐人行第录》就是解决这个问题的工具书。

这书从《全唐诗》《全唐文》《新唐书》《旧唐书》等书中采辑有关唐人行第的材料，加以排比引证，抉择较严，记述也相当完备。查法依姓氏笔画为序，同姓者依排行顺序为先后，如李大（不称李一）、李二、李三等，以次类推而下。

2 《历代讳字谱》《史讳举例》等

在封建社会，为了表示统治者的尊严，帝王的禁忌是很多的。他们（包括他们的祖先、后妃等）的名字不许随便乱说；如果写出来，也必须改变原来的字形，或减少原来字形的笔画。这叫作"避讳"。例如汉武帝名刘彻，汉人避"彻"字，在《史记》《汉书》里便把蒯彻（秦末汉初人）写作"蒯通"，把封爵的名称"彻侯"改为"通侯"，因为"彻"和"通"同义。又如东汉明帝名刘庄，为了避"庄"字，《汉书》《后汉书》里姓庄的人都改成姓严的，如西汉的庄助和东汉初年的庄光，在史籍里竟写成严助和严光，而且积重难返，久而久之，后人只知有严光，却不知他本不姓严。因为"庄"和"严"也是同义的。再如清代为了避康熙帝玄烨的"讳"，凡是书里遇到"玄"字，一律改成"元"字，或者写成"玄"（缺末笔）。这不仅与人的姓名有关，而且牵涉到书籍、文字方面的问题。专门研究版本目录或校勘考证之学的人，对这方面自有留心的必要；而对于一般读古书的人，了解这一类知识也还是多少有些用处的。

关于专门研究或记录这一方面问题的书，有明代周榘的《廿二史讳略》一卷，清代黄本骥的《避讳录》五卷。近人张惟骧有《历代讳字谱》二卷，有刊本，收入《小双寂庵丛书》。陈垣有《史讳举例》，中华书局 1962 年重印。其中张书晚出，搜罗较为详备。陈书时有创见，可供专门研究者参考。

第五讲　查地名的工具书

我国幅员广大，地域辽阔，又经过历代封建王朝的兴废变革，要想考查古代地名的确切位置，是比较困难的。往往同一个地名，而地点完全不同。例如江西、甘肃、辽宁三省中各有一个"玉山县"。有时同一个地方，由于历代建置不同，往往有几个不同的名称。例如开封，又名汴梁，又名祥符。研究文史的人要想弄清这些地名的沿革变化和确实位置，都需要依靠查地名的工具书来解决。

关于检索中国历代的地理资料和地名变化，主要来源有三个方面。第一方面是正史中的《地理志》和历代记载版图疆域的专书，以及反映历代地理具体情况的地图等。从这些材料中可以看到我国每一代封建王朝关于地域方面的建置和划分。这可以叫作"面"。第二方面是中国历代编纂的各地地方志，通过地方志可以了解每一具体地区如某一省或某一县的自然条件和人文资料。这可以叫作"点"。但一般文史工作者经常需要了解的倒是第三方面，即同一地点而古今名称不一，或同一名称而古今所在地点不同，这些沿革变化的关系可以叫作"线"。下面我们就分别介绍一些工具书和资料书供读者参考。当然，所谓"面""点""线"三方面的材料，并不能截然分开；属于其中一个方面的材料实际上也是和另外两个方面有关联的。

一　查找历代版图疆域资料的工具书

1　从《元和郡县志》到《清一统志》

先从"面"谈起。古代正史中有关地理方面的记载始于《汉书·地理志》，以后则《续汉书》《晋书》《宋书》《南齐书》《魏书》《隋书》《旧唐书》《新唐书》《宋史》《辽史》《金史》《元史》和《明史》诸书，都有《地理志》的部分[①]。但我们如果要了解每一代的版图疆域，除上述十四史的《地理志》外，还有以下几部专书可供参考：

一、《元和郡县志》四十卷，唐李吉甫等撰。这是唐代官修的地理书，也是中国流传至今最古的一部地理专著。书中原有地图，宋代即已亡佚。文字部分详述唐代地域十道、四十七镇（藩镇）郡县建置的情形，体例比较完善，因此成为唐以后历代王朝纂修地理书的一个范本。可惜这书已有数卷亡佚，今天的四十卷本，实际只相当原书的三十四卷，已非全书了。

二、《太平寰宇记》二百卷，宋乐史撰。这是北宋初年官修的地理书，性质、体例都与《元和郡县志》相近，但搜采的范围更为广泛。后世地理书籍涉及人文资料方面的叙述，如某一地方的文化设施和著名人物等，实从这书开端。不过有些材料如题咏古迹的诗篇之类也都收入，并不必要，所以后世认为这书内容不免失之驳杂。这书到清代已有亡佚，今本缺七卷或八卷不等。

三、《元丰九域志》十卷，北宋王存等撰。这是北宋后期官修的地理书，对北宋版图疆域、州县废置、风土物产、户口增减以及全国各地的名山大川，

[①]　《史记》是《二十四史》中的第一部，但只有一篇《河渠书》，约略提到先秦至西汉时代中国河流分布的大致情况，并未具体涉及全国的地理。《续汉书》有《郡国志》，今在范晔的《后汉书》内，实与《地理志》性质相同。另外，《宋书》《南齐书》有《州郡志》，《魏书》有《地形志》，也都相当于《地理志》。至于《新五代史》中的《职方考》，则不算正式的"地理志"，故未计在内。

都有记载，内容较为详尽。

四、《明一统志》九十卷，明李贤等撰。这是明代官修的地理书。据《四库全书总目提要》记载，历代官修的地理书，以元代岳璘等纂修的《元一统志》"最称繁博"，但这书已散佚。明英宗时，遂命李贤等仿《元一统志》体例修成此书，所以仍沿用"一统志"的名称。但《明一统志》成于众手，内容错误很多，在历代官修的地理书中是质量较差的一部。至于《元一统志》，有赵万里校辑本十卷，中华书局1965年出版。

五、《读史方舆纪要》一百三十卷，后附《舆图要览》四卷，清顾祖禹撰。这是顾氏私人著述，志在补充、订正《明一统志》的疏漏谬误而写定的。作者对当时中国的地理做了不少实地调查，并参考了各种文献，对于每一地区的山川险要，都有详细记述。全书分十八部，除第一部分《历代州域形势》、第十七部分《川渎》和第十八部分《分野》（古代地理学家根据天文学上银河系统二十八宿的位置来区划某一地区在全国中的位置，叫"分野"）属于总论性质外，其余则按照地区的划分逐一记载，包括直隶（今河北省）、江南（今江苏、安徽两省）、山东、山西、河南、陕西、四川、湖广（今湖南、湖北两省）、江西、浙江、福建、广东、广西、云南、贵州共十五部。这书商务印书馆有铅印本，后来中华书局又据原纸型重印问世。

日本东方文化学院东京研究所曾为《读史方舆纪要》编了一本"索引"，名叫《支那历代地名要览》，编者青山定男，1933年（昭和八年）三月出版。这书除供查找《读史方舆纪要》中所记的地名外，还可当一般地名工具书使用。"索引"部分共有三栏：一、历代地名；二、相当于现代何地；三、见于《读史方舆纪要》某卷、某部、某府县。但第二栏所用材料是1931年中国当时通行的地名，对今天来说已不完全适用了。

这本"索引"是把地名的第一个汉字的读音按日本五十假名的次序排列的；但书后另有"字画索引"，依地名首字笔画多寡为序。如果读者不懂日文，就查"字画索引"。书后还附有《读史方舆纪要解说》，包括顾祖禹的传记和

《纪要》的版本等，也可供参考。

六、《清一统志》五百六十卷，清嘉庆时官修地理书，所以又名《嘉庆重修一统志》。清代沿用元、明《一统志》的体例，自康熙年间即纂修《大清一统志》，到乾隆八年（1743）修成。到乾隆二十九年（1764）又重新修订，成书五百卷。这个五百六十卷本，是嘉庆时再度增修的，材料则截至嘉庆二十五年（1820）为止，至道光二十二年（1842）修成，另有"凡例""目录"二卷。这书以省为单位，每省都先用图表说明。文字部分则以省、县为单位，从"分野""建置沿革""形势""职官""户口""田赋""名宦"等一直说到城池学校、山川古迹、关隘津梁、陵墓寺观以及风土人情等。有些材料与当代的地理还是比较有关联的。这书以商务印书馆出版的《四部丛刊续编》中的影印本为较好，也比较易得。书后附有"索引"十册，把各种名词，包括地名、人名及其他，都按四角号码排列，比较便于索检。

以上诸书，都是供我们查考历代王朝地理沿革或具体地名的原始资料书。如果我们一方面要知道"面"的情况，一方面又想了解"面"与"面"之间的关系，除上述诸书外，还可以参看清人段长基的《廿四史三表》中《历代疆域表》这一部分。《历代疆域表》把每一代的都邑郡县都列在表内加以说明，"以郡统县"，眉目还比较清楚。但在使用时仍以与原始资料对照为宜。

2 《历代舆地图》

《历代舆地图》，又名《历代舆地沿革险要图》，也有叫《历史舆地图》的，晚清人杨守敬编著。这书共有三十四册，分绘历代王朝版图疆域的情况。我们在翻检文献的同时，如果与地图参看，所得印象会更加明确，对于某些重要地区的位置也有了具体的了解。现将本书细目分列于下：

①历代舆地沿革总图；②春秋列国图；③战国疆域图；④嬴秦郡县图；⑤前汉地理志图；⑥续汉郡国志图；⑦三国疆域图；⑧晋地理志图；⑨东晋疆域图；⑩二赵（前赵、后赵）疆域图；⑪四燕（前燕、后燕、南燕、北燕）疆域图；⑫三秦（前秦、后秦、西秦）疆域图；⑬五凉（前凉、后凉、南凉、北

凉、西凉）疆域图；⑭后蜀疆域图；夏疆域图；⑮刘宋州郡志图；⑯南齐州郡志图；⑰萧梁疆域图；⑱陈疆域图；⑲北魏地形志图；⑳北齐疆域图；㉑西魏疆域图；㉒北周疆域图；㉓隋地理志图；㉔唐地理志图；㉕后梁并十国图；㉖后唐并七国图；㉗后晋并七国图；㉘后汉并七国图；㉙后周并七国图；㉚宋地理志图（附南渡）；㉛辽地理志图；㉜金地理志图；㉝元地理志图；㉞明地理志图。

《历代舆地图》成于清末，著者虽对史地舆图有一定研究，但由于种种局限，这一套地图显然存在着不少缺点和错误，我们只能用批判的态度把它看成一种资料，在需要时权且使用罢了。

3　两种《中国历史地图集》

为了社会科学研究工作的需要，国内先后出版了两种《中国历史地图集》。

第一种《中国历史地图集》（古代史部分）精装一册，顾颉刚、章巽编著，谭其骧校订，1955年3月地图出版社出版，1956年11月发行。全书共有三十一幅地图（外附图十六幅），内容从原始社会时代开始，迄于清代鸦片战争以前，包括中国原始社会文化遗址的分布概况，及奴隶社会（夏、商）和封建社会（西周至清鸦片战争以前）各朝的政区划分、人民起义、重要战争、交通路线、四邻形势等等，是一部供学习中国历史时参考的地理工具书。书前有著者《序》一篇，谈及这本地图集成书的过程和它本身的优缺点。由于图幅较小，地名较多，未能采取诸色套印、地名古今并陈的办法。为了补救这一缺点，书后附有详细的"地名索引"，按各地名第一字的笔画数顺序排列，笔画相同的字则按笔形和笔顺排列（①点"、"；②横"一"，包括横折"㇇"；③直"丨"，包括直折"⌞"；④撇"丿"，包括撇折"㇈"），一面将历代国境以内所有的古地名，注出它们现在大约的位置，以便读者对照；一面又注出各个地名在某图某格之中，以便查检。又因限于图幅面积，各图的图例未能详加阐述，故在书后另加"附注"，每图一篇，共三十一篇，以供读者进一步查考。现将这本地图集的子目照列如下：

①中国原始社会文化遗址的分布（附：传说中的古代中国）；②夏代图；③商代图；④西周时代图；⑤春秋列国图；⑥战国时代图（附一：战国时代较重要的战争；附二：战国时代越人的分布）；⑦秦统一图（附：楚汉战争图）；⑧西汉的人民起义和政区划分图（附：赤眉起义军作战地区）；⑨西汉帝国和四邻图；⑩东汉的人民起义和政区划分图（附：黄巾起义军的主要作战地区）；⑪东汉帝国和四邻图；⑫三国鼎峙图（附：三国时代的南方海上交通）；⑬西晋的五胡杂居和政区划分；⑭五胡十六国一览图；⑮宋魏的对立（南北朝图一）；⑯齐魏的对立（南北朝图二；附：北魏末主要的人民起义）；⑰梁和东西魏的对立（南北朝图三）；⑱陈和北周北齐的对立（南北朝图四）；⑲隋的统一和人民起义图（附：隋末人民大起义后期所形成的几个有力的集团）；⑳唐帝国和四邻图（附：唐代的南海）；㉑唐代的人民起义和政区划分图；㉒五代十国图之一（后梁时代）；㉓五代十国图之二（后唐时代）；㉔五代十国图之三（后晋及后汉时代）；㉕五代十国图之四（后周时代）；㉖北宋时代的中国（附一：幽蓟十六州图；附二：燕云两路图；附三：白沟三关图）；㉗宋金对立形势图；㉘蒙古帝国图（附：蒙古进兵欧洲图）；㉙元代中国的人民起义和政区划分图；㉚明代的中国及人民起义（附：郑和航海图）；㉛清帝国形势图（鸦片战争前；附：明朝末年的辽东形势）。

第二种《中国历史地图集》，由《中国历史地图集》编辑组集体编辑，中华地图学社1974年出版。全书共分八册：第一册为"原始社会、商、西周、春秋、战国时期"，第二册为"秦、西汉、东汉时期"，第三册为"三国、西晋"时期，第四册为"东晋十六国、南北朝时期"，第五册为"隋、唐、五代十国时期"，第六册为"宋、辽、金时期"，第七册为"元、明时期"，第八册为"清时期"。已出第一、二、三册和第八册。这一套历史地图集反映1840年以前中国各历史时期的政区设置和部族分布的基本概貌，以及由于各封建王朝统治者与邻近各国封建主、奴隶主贵族之间的相互兼并征伐和民族迁移等原因所导致的政权范围和部族活动地区的一些变化，基本上俱按照历史面貌记录下来。关于政区的设置和部族的分布，选择其中某一年或某一时期的情况编绘。此外，还择要选取了一部分政治、军事、经济、交通地名及山川、湖泊、沿海岛屿等分别绘入各个时期的图中。凡重要地名，都采用古今对照的表示方法。今图国内的行政区划，以1970年底建制为准。

这一套地图集的体例是：每册图前都列有各该册各个时期所绘各图的"编例"，并把《中华人民共和国全图》列在每册的第一幅；然后分时代先后，先列一朝（或一时期）的全图，再分别按地区排列各个分图，末附"地名索引"，按地名第一字分部首以笔画多少顺序排列。"索引"只列古代地名，读者只要在图中找到古代地名的位置，即可知道它在今天的哪一省哪一地区之内，因为这一套地图用诸色套印，古今地名对照十分清晰。这是比第一种《中国历史地图集》优越的地方。

限于篇幅，现举第八册"清时期"为例，简单说明其编例并将这一册的子目照列于后。

这一册主要反映1820年（嘉庆二十五年）清王朝所统辖的疆域政区概貌，实即根据嘉庆重修的《清一统志》的内容分地区绘制的。其子目是：①清时期全图；②直隶（附：京师附近）；③直隶南部；④盛京；⑤吉林；⑥黑龙江；⑦乌里雅苏台；⑧内蒙古六盟、套西二旗、察哈尔（附：归化城土默特）；⑨山西；⑩陕西；⑪甘肃（附：甘州府附近）；⑫兰州府、平凉府附近；⑬青海；⑭新疆；⑮伊犁地区；⑯西藏；⑰喇萨、日喀则地区；⑱四川；⑲成都府附近；⑳云南；㉑贵州；㉒广西；㉓广东（附：广州府附近、南海）；㉔湖南；㉕湖北；㉖河南；㉗安徽；㉘江西；㉙福建（附：福州府附近）；㉚浙江；㉛江苏；㉜山东。

这两种《中国历史地图集》，特别是第二种如果全部出版，实际上不仅解决了"面"的问题，而且也部分地解决了"线"和"点"的问题。这对于学术研究和实际应用都是很便利的。

二　查找某一具体地区综合资料的工具书
——《中国地方志综录》及其他

其次谈"点"。这是指我们如果对国内某一个具体地方需要做细致深入的了解，就得翻检或阅读"地方志"。

我国的"地方志"，旧称"方志"，从秦汉时期就开始诞生。隋唐时多以"图经"或"图说"的名目出现；宋代以后才大量编纂，正式确立地方志的体例。地方志的种类，主要有总志（全国性的志书）、省志、府志、州志、县志等；此外还有乡村志、关镇志、厅志以及少数民族区域（在封建社会形成的）土司司所志等。

地方志是一种综合性的地方文献。隋唐以前，"图经"性质的方志，主要是记载山川、地形、疆域、建筑、物产、气候等内容，基本上属于地理学科的范畴。宋代以后，扩大了记载范围，除地理部分外，把风俗民情、人物传记、文学艺术、经济赋税、天灾外患，以及农民起义的活动情况，都包括进去。很多正史、野史上所没有的资料，都分别保存在各地的地方志里。旧方志编写者的观点大抵都有问题，记述的材料也不见得完全符合事实，但这些材料经过精密鉴定、系统整理和科学分析以后，仍有其重要参考价值。

据朱士嘉在《宋元方志传记索引》序文中谈到，经最近调查，现存的全国地方志，共有七千六百一十八部之多。这些地方志过去缺乏系统整理，版本复杂，钞本、刻本、排印本各种都有，又散藏全国各处，查找不便。必须先查一本有关地方志的工具书——《中国地方志综录》，才能根据线索去翻检原书。

《中国地方志综录》，朱士嘉编，1935年初版，后来重新增订，1958年由商务印书馆出版。其中著录了全国四十一个图书馆收藏的方志七千四百一十三种，共十万零九千一百四十三卷。

各地方志按省分录，行省次序根据中央人民政府内务部编印的《中华人民共和国行政区划简册》排列。由于现存方志大部分修于清代，故书名顺序根据《清一统志》排列。

各省方志都著录这样几项：一、书名；二、卷数；三、纂修人；四、版本；五、藏书者。"藏书者"栏内，分列全国二十二个主要图书馆的简称。方志原书现藏于何处，则在某处栏内标以"×"符号。只有"南京中国科学院地理研究所"不在此二十二处之内，另标以⊗符号，附于"中国科学院图书馆"栏内。这是唯一的例外。其他不在二十二处之内的图书馆或藏书家，如藏有稀见方志，则于备注栏内说明：如《灵寿县志》藏于上海市文物保管委员会，《正定县志》藏于清华大学图书馆等。

书后附有书名索引、人名索引，均按笔画及字典部首排列。另有两个附录：一是现存台湾的稀见方志目录，共二百三十二种，三千四百八十七卷；二是美国国会图书馆所藏我国稀见方志目录。美国所藏我国方志约有四千种，其中稀见版本八十种，附编于此。

文史研究工作者要想了解某一地方的沿革变化，或是考察某一地方的某些专门问题，就可以利用这些方志，作为进行研究的原始资料。

另外，古代的方志，尤其是宋元以前的方志，历经兵燹，散佚甚多。张国淦曾编有一部《中国古方志考》，中华书局1962年出版，对我国自秦汉到元代的方志，凡有名可稽的，一概收录；并对这些方志的内容和流传情况，作了必要的考证，有些是摘录和归纳前人的意见，有些是编者本人的看法。这部书可以同《中国地方志综录》互相参阅。

三　查找古今地名沿革变迁的工具书

1　《历代地理志韵编今释》及其他

《历代地理志韵编今释》二十卷，清李兆洛编。这书把历代"正史"《地理志》中的地名都收录在内；从清代才开始设置的地名，也收录了一部分。不但可以查找某一个地名，而且可以根据本书的编排方法看出某一具体地名古今建置的沿革变化，起古今地名相对照的作用。

这书按韵部分类，所以叫"韵编"。其编排方法是：把地名的末一字按韵部排列，例如"六安""泰安""长安"，在上平十四寒韵；"东海""南海""上海"，在上声贿韵；"汉阳""南阳"在下平七阳韵等。有的地名，只是一个字，下面带有"州""县"字样，如"曹州"，就只查"曹"字，检下平四豪韵；"吴县"就只查"吴"字，检上平七虞韵。在每条解释下面，有两种符号：一是地名相同，地点也相同，只是各个朝代的建置不同，就用"○"符号作为间隔，最后注以"今"……云云，即是清代当时通行的地名；另一种是地名相同，而地点不同，就用"●"符号作为间隔。举两个例子说明一下：

（一）九江 西汉 郡○〔今〕安徽凤阳府寿州治● 东汉 郡。扬州○〔今〕安徽凤阳府定远县西北六十五（里）● 隋 郡。荆州○ 明 府。江西省〔今〕江西九江府德化县治。

（二）会稽 西汉 郡。〔今〕江苏苏州府吴县治● 东汉 郡。扬州○ 晋 郡。扬州○ 南宋 郡。扬州○ 南齐 郡。扬州○ 隋 郡。扬州○ 隋 县。扬州会稽郡○ 唐 县。江南道越州○ 宋 县。两浙路绍兴府○ 元 县。江浙省绍兴路○ 明 县。浙江省绍兴府○〔今〕浙江绍兴府会稽县治。

"九江"一条，有两个"●"符号间隔，标有三个〔今〕字，表示"九江"一名有三个不同地点。西汉的九江郡，在清代的安徽凤阳府寿州；东汉的九江郡，属扬州管辖，位置在清代安徽凤阳府定远县西北六十五里的地方。隋代的九江郡，属荆州；明代的九江府，属江西省；隋、明的"九江"是同一个地方，位置在清代的江西九江府德化县。

"会稽"一条，有一个符号"●"间隔，标有两个〔今〕字，表示会稽有两个不同地点。除西汉时的会稽郡位置在清代江苏苏州府的吴县外，从东汉到明代，这些会稽郡、会稽县的位置，都在同一地点，即清代浙江绍兴府会稽县的地方。不过从东汉到隋代的会稽郡都属扬州；隋以后又多出一个会稽县来，而所属又各自不同（只是名称上的不同，位置却是一个）。可见用这部书查古代地名建置、沿革、变迁的情况，眉目很清楚。只是对韵部不熟悉的人，查起来有些费事。

但《历代地理志韵编今释》仍有较大的局限性：一、《二十四史》中只有十四史有《地理志》（见前），其他十种史籍虽然没有《地理志》，却不等于说那些朝代在地理上没有建置和变迁；可是《历代地理志韵编今释》就不收录这些朝代增设或改动的地名。因此，先秦的国名、邑名，秦代的郡名、县名，以及三国、南北朝和五代十国时期的许多地名，在这书中就得不到反映。二、历代《地理志》所记载的最小地区单位是"县"，因此，即使是汉代以后的朝代，凡小于郡县的地名也不予收录。做为一部地名工具书，这是不够完备的。

《历代地理志韵编今释》版本较多，中华书局出版的《四部备要》本，比较通行，用起来也方便。

在清代，记载古今地名沿革变迁的工具书还有好几种，这里只谈两种便于使用的：

一、段长基《廿四史三表》中《历代沿革表》，可以补《历代地理志韵编今释》一书的不足。段氏此表注明每一地名的古今沿革演变，眉目清楚。表分十四栏：第一栏列所要查对的地名，第二栏注明这个地名最初设置的时期；以下十二栏，从春秋战国开始，顺序排列秦、汉、晋、南北朝、隋、唐、五代、宋、金、元、明等朝代，如果某一朝代对这个地名有所改动或变迁，就在各该栏内标注清楚；而把清代当时通行的地名列于栏上书眉的顶端。缺点是按照《清一统志》的次序排列地名，没有索引，查起来不方便。

二、《历代地理沿革表》四十七卷，陈芳绩编撰。这书以全国各州、郡、县地名为纲，以自汉至明、清各个朝代为纬，根据"正史"中的地理资料，将各朝的建置、迁徙、更改、变化情况，列表说明，眉目还算清楚。缺点和段《表》一样，也是不便检阅。商务印书馆把这书收入《丛书集成初编》，比较易得。

此外，清末坊间石印本还有一种《历代舆地沿革表》，龙学泰编，编排还算清楚。只是目前此书已极罕见，这里就不细谈了。

2 《中国古今地名大辞典》和《中国地名大辞典》

《中国古今地名大辞典》，商务印书馆编印，1929年初版，建国后一度重印。这部辞典从"五四"以前即开始编辑，至1929年始付印，因此地名一再更改，颇费周折。但书中所收录的地名，上自远古，下迄现代，凡是比较重要和显著的地名，大抵都收入在内，内容比较完备；特别对古今地名的对照以及对历代地名建置、沿革和变迁的情况，也记载得比较清楚详尽；历朝《地理志》，包括《历代地理志韵编今释》里面的错误，在解说中也尽可能地订正。因此长期以来，这是一部比较通用的工具书。在新的地名大辞典问世以前，这部工具书还是可以充分利用的。

这书的特点是：凡是每一地方的山水名胜、名城要塞，都有比较详细的记载。例如"长城"一条，除了从地理角度说明它起迄的地点、首尾的长度和通过的省份外，还从历史角度详细地叙述了历代修建过程、改筑原因和设置要塞的具体位置等。再如"西湖"一条，不仅列叙了二十四个不同地点的西湖，并且对杭州西湖作了特别详尽的记述：除记载历代开凿、扩修的经过，还谈到白堤、苏堤、杨堤、赵堤的修筑始末，以及"西湖十景"的古今异名。又如地名很小的吴县"沧浪亭"，只由于宋苏舜钦、明归有光为它作了《记》，书中也作详细的著录。此外，与古代文化人有关的地方，如杜甫与成都，欧阳修与滁县（滁州），苏轼与杭州等，也都择要记载，提供查找线索。

书后附有"各县异名表"，如"淮阴"注明即江苏淮安，"麦城"即湖北当阳，"函谷"即河南灵宝等，互相对照，眉目清楚，对学习历史有很多方便，可以参考。

不过这书也有几点应该注意：

一、历史上有些曾属于我国的古代地名，没有收录。如《史记·大宛列传》中的某些地名就没有收入。

二、同一地名，古今各个朝代都有不同的位置和说法，查阅时须注意看清是属于何朝何代，以免张冠李戴。例如"九江"，汉、宋两代就各不相同，而汉代本身就有四种说法，宋代又有两种说法，极易混淆。

三、相同地名，因府、州、县、镇不同而各列一条。仍以"九江"为例，即有"九江府""九江郡""九江墟""九江县"四条。再如"滁"分为"滁州"和"滁县"两条，中间却隔着"滁河""滁阳城"等数条；与欧阳脩有关者是"滁县"的一条，而不是"滁州"。稍一疏忽，即易漏检。所以查时须多看几条才好。

四、太小的地名不收。

五、这书采用1927—1929年通行的行政区域地名，距今已半个世纪，很多地名已失去时效。尤其是全国行政区、铁路、商埠等名称，更不足据。不但名称因时间而异，观点更成问题，使用时应特别注意。

六、1928年，当时政府曾经改动过一次地区名称。这书后面所附"补遗"，即将当时新置及新改地名没有列入书中的加以补正。对今天的读者来说，这个"补遗'用处不大，因为很多地名也是早已过时的了。

这书查法按地名第一字的笔画多寡为序，同一笔画中又按部首次序排列。晚出的版本附有四角号码索引，用起来较为方便。

除《中国古今地名大辞典》外，还有一部《中国地名大辞典》。

《中国地名大辞典》，刘钧仁编，1930年8月北平研究院出版部印行。

这部辞典对古今地名的沿革变迁也有所叙述，但着重当时仍在通行的地名。它与《中国古今地名大辞典》比较起来，至少有两点逊色之处：一、不载山名、水名，只载地名，范围过于狭隘；二、对人文地理方面的材料不够注意。但有些小地名如城关堡镇之类，也多载入，这一点却可补《中国古今地名大辞典》之不足。

这部辞典按《康熙字典》体例分子至亥十二集，地名首字按笔画多寡排列，同一笔画的字则按部首次序排列。另外，在每个地名首字的下面标反切和韵部，每一地名还附有罗马拼音，书后附有罗马拼音地名索引，便于熟悉外文的人检查。

四 查找现代地名的工具书

查找现代地名，主要依靠两种工具：一种是最新的本国地图，另一种是根据国务院每年颁布的国家行政区划而印制的《中华人民共和国行政区划简册》。一般地说，地图不见得每年都有新版，但总以出版年月最近者为最适用。另外，地图内容也有详有略。例如适用于中学生的《地图册》（上册，"中国部分"），有很多地名就没有载入图中，比通行的《中国分省地图》简略得多。使用时就须注意。上述地图，都是由地图出版社出版的。

《中华人民共和国行政区划简册》基本上是每年出版一次，但当年出版的，总是前一年颁布的材料。例如1964年出版的《简册》，所收集的有关行政区划的材料即截至1963年12月为止。由于解放后，行政区划的建置、撤销、合并和恢复，均多反复，所以要查清一地的沿革、领属、今名等，往往不仅要翻检当年的行政区划册，而且还须查阅以前出版的各册，这在使用时也要注意。

除地图和《简册》外，还有几种查现代地名的工具书，虽然时效已不及最新本国地图和《简册》，但仍旧有些用处，现简介如下：

1 《最新中外地名辞典》

《最新中外地名辞典》，葛绥成编，中华书局1940年初版，1948年再版，是建国前最新的一本地名工具书。这部辞典共收中外地名两万五千余个，其中本国地名约一万五千左右，占全书五分之三。其特点是：国内外的生僻地名和小地名，也多收入，而且以现代地名为主。至于历史上自元、明、清以来的道、州、府、县等地名，重要的也约略涉及，并不完备。用来查古今地名的沿革变迁是不适宜的。

这书查法是按地名首字笔画多寡为序，书前有检字表，便于查检。但因久未重版，早已不大流行了。

2 《中国地名索引》

《中国地名索引》，来荷初编，上海新知识出版社 1955 年 7 月出版。这书根据截至 1955 年 6 月为止的有关地理资料整理编辑而成，全书用表格方式排列。表内所列地名包括市、县和相当于县一级的旗、宗、自治区，以及新设的工矿区和省辖的区、镇等基层行政单位。表分五栏：一、地名；二、所在省区；三、经度；四、纬度；五、变动情况。凡已改动和已撤销的地名，都加上括号，以资识别。

这本《索引》按地名首字笔画多寡排列，书后附有"笔画索引"。另外还附有一份《各省自治州、专区级自治区及其辖区表》可供检索。

这本书的优点在于：一、究竟比前此出版的地名工具书要新得多；二、便于查地图时使用。只要根据经纬度的指示就可在地图上找到位置。但缺点在于：一、所收地名太少，县以下的地名就不予收录；二、与 1955 年以后出版的地图固不尽相符合，而与近年来新改动的地名、区域的出入就更大。所以查检这书时还须同《中华人民共和国行政区划简册》对照着使用。

直到 1974 年 12 月，地图出版社才出版了一本新的查地名的工具书——《汉语拼音〈中华人民共和国地图〉地名索引》。

3 《汉语拼音〈中华人民共和国地图〉地名索引》

这本工具书由地图出版社编制出版，74 年 12 月出版后，1975 年以后又重印过。这部《索引》包括六百万分之一比例尺汉语拼音版《中华人民共和国地图》全部国内地名，并增加了部分地名，共计三千八百多条。地名索引分为汉语拼音、汉字、经纬度三栏；第三栏"北纬（度）"在前，"东经（度）"在后，实际上看去是四栏。地名按汉语拼音字母顺序排列，以数字命名的地名排在字母顺序的后面。

对于拼写法完全相同的县、市名称，如系位于同一省（区）的，按它们之间的相对位置括注方位词：dong（东）、nan（南）、xi（西）、bei（北）、zhong（中）。如云南省的彝良县即注"北"字，宜良县即注"南"字。如系位于不同省（区）的，则括注所在省（区）名称的缩写。至于各个省、自治区、直辖市的缩写法，则是取省名汉字的两个拼音字的字头，如"辽宁"的拼音是"Liao""Ning"，即取 LN 为缩写代号。其中湖南、湖北、河南、河北四省拼音字的字头也都相同，则以 HEN 和 HEB 为河南和河北两省的缩写代号，以与湖南、湖北的缩写代号 HN 和 HB 区别开来。如省（区）为三个汉字的名称，则只取前两个字的拼音字头，如黑龙江的缩写代号是 HL，内蒙古的缩写代号是 NM。

这本索引虽说为检索汉语拼音全国地图之用，其实据以查找汉字地名的用途更大些。

书后有附录三种：一、中国地名汉语拼音字母拼写法；二、几种少数民族地名的汉语拼音字母音译转写法（包括维吾尔语、蒙古语、藏语等三种）；三、汉语拼音字母和国际音标读音对照。

五　几种专门的地名工具书

1　《三辅黄图》及其他

《三辅黄图》六卷，撰人不详，大约是南朝梁、陈之间的人写的。"三辅"指西汉的首都长安所在，即所谓京兆尹、左冯翊（píng yì）、右扶风三个相当于郡的行政区。这书专门记录西汉时长安的街市闾里、宫廷建筑和名胜古迹，兼及周、秦时的建筑和秦、汉间的风俗，书中列举了很多宫殿苑囿、池台观阁的名称和它们所在的位置。例如读者想知道史籍所载的秦代的阿房宫、汉代的未央宫、古典文学作品中所描绘的汉代昆明池、柏梁台以及行人折柳赠别的灞桥等地，都在当时长安的什么方向和什么位置，都可以从《三辅黄图》中找到答案。这对研究秦汉时历史和古典文学有一定帮助。

这书旧有清人庄逵吉校本，收入《平津馆丛书》。张宗祥也有校录本，名《校正三辅黄图》，1958年6月由古典文学出版社出版，比较简便适用。

与《三辅黄图》性质相近似的书，有宋人宋敏求的《长安志》二十卷，元人李好文的《长安志图》三卷，明李濂的《汴京遗迹考》二十四卷，明田汝成的《西湖游览志》二十四卷，清周城的《宋东京考》二十卷，清徐松的《唐两京城坊考》五卷等。这些书对唐代的长安、洛阳，宋代的汴京、临安等地的城坊街市、名胜古迹及其名称都有所记述和考订，可供文史工作者查阅和参考。

2 《水经注》

《水经》一书，相传是汉代桑钦所著，但因后魏郦道元的《水经注》而传。

《水经注》四十卷，记载我国古代河流分布的情况，自黄河、长江以至现今各省的主要河流如山西的汾水，山东的济水、汶水，河南的汝水、颍水，河北的易水，陕西的渭水，湖北的沔水（即今汉水），湖南的澧、沅、资、湘诸水，都有详尽的记述，是考查我国古代水道的重要资料，同时也是常需翻检的工具书。

做为工具书，《水经注》至少有两种作用：一、寻检河流名称和考查古今水道演变的情况；二、书中保存了不少古代佚书和佚史，可供文史工作者参考。另外，在阅读古典文学作品时，有些细节，如屈原被放逐南迁的路线，也要通过《水经注》里的记载才能得到具体解决。因此，这里提一下这部专著也还是必要的。

3 《西域地名》

《西域地名》，冯承钧编，1930年初版，1955年11月中华书局重印。这书对研究中西交通史比较有用。书中所列包括中国历史上所见到的亚洲各国地名以及一部分欧洲、非洲地名在内。如果我们在中国古籍中看到某些汉译外国地名，查《中国古今地名大辞典》当然查不到，就不妨翻检一下这本册子。

这本书的编法是以西文拼音地名为主的,把所有地名的字头按英文二十六个字母的顺序排列,每个地名下面注明汉译名称和史籍的出处。书前附有中西文参考书目。书后附"汉名索引",按汉名首字笔画多寡排列。如果不熟悉外文就可以利用后面的这个索引找到要查的条目。

第六讲　年表和历表

年表、历表是学习历史的辅助工具书。"年表"是把重要的历史事件提纲挈领地记载下来，按照发生年代的顺序，编纂成表，以供检阅。所以又称"大事表"。"历表"一般分新、旧两种：旧历表是把中国历史上的朝代、帝王年号、干支年月等顺序编列，以供查对；新历表是把上述各项和西历（公历）纪元的年月日列表对照，以供换算。不论"大事表"或"历表"，都是按照年代顺序，用表格形式纪年、记事的，所以也总称为"年表"。

一　大事表类

1　从《史记》十表到《明年表》

我国利用谱表系年记事，由来已久。古代的史书如《春秋》《竹书纪年》等，都是编年体。《史记》中有十《表》，分国分年分月记事，非常醒目。后来的正史和一些专门著作，利用谱表的情形更为普遍。到了今天，年表的编制工作已经是历史学科中不可缺少的组成部分了。

宋代司马光主编的《资治通鉴》，是我国封建时代一部系统的编年史。这书上继《春秋》，下迄五代，内容相当丰富。所谓"资治"，意在供皇帝治理国家时参考；所谓"鉴"，即可供借鉴的意思。可见它完全是为封建统治者服务的史籍。但由于叙述详备，条理清楚，做为历史资料，今天仍有一定的参考价值。与司马光同时的刘恕，更撰著《资治通鉴外纪》，补足了上古的一段。由于《资治通鉴》卷帙浩繁，翻检不便，司马光便另撰《资治通鉴目录》，体例类似大事年表，是寻检《资治通鉴》本文的工具书。《资治通鉴外纪》也有《通鉴外纪目录》，性质与《资治通鉴目录》相同。这两种《目录》实际上是起了"年表"或"大事表"的作用。

清代康熙年间，王之枢编《历代纪事年表》一百卷，从唐尧时起，到元末为止。后来齐召南又编《历代帝王年表》三卷，也到元代为止。清代中叶，阮福续编《明年表》，做为上述两书的继续。这几种书缺点很多。先秦阶段由于查考困难，不按年纪事；汉、晋以后由于史实繁多，又往往间隔若干年无所记载，或者记载了一些与大局无关的事件，不免疏漏。加以这些书都是在封建社会编成的，立场观点都有严重错误，而且也陈旧迂腐，事实上已无太大的使用价值了。

2 《中外历史年表》

编制历史年表的目的，应该是帮助读者从历史的演变过程中寻找历史发展的线索，了解历史发展的规律，当然也不排斥使读者用来做为进一步检索原始史料的工具。由于种种局限，过去的年表、大事表之类的著作，在选择和记载史实方面，都必然带有较大的片面性。例如商务印书馆1937年出版的《中国大事年表》，陈庆麒编纂，在同一类工具书中，算是比较详备的了。可是书中的立场、观点都很有问题，只能做为参考资料。在建国后出版的这一类书中，比较令人满意的是《中外历史年表》。到目前为止，它算是最有水平的一种。

《中外历史年表》，翦伯赞主编，齐思和、刘启戈、聂崇岐合编。这书分第一、二两卷。第一卷由三联书店于1958年出版，1962年改由中华书局重印。

此表起迄的年代，自公元前4500年中国的传说中远古时代开始，至公元1918年为止。选录史实的范围包括：一、有关生产工具和生产技术的改造状况；二、经济制度、政治制度的改革和重要法令的颁布；三、敌对阶级的矛盾斗争或统治阶级内部的矛盾表现；四、重要的科学技术的发明与发现；五、国际与民族间的相互关系；六、著名历史人物的生卒年代。当然，一代王朝的盛衰兴废关键史料和历史上一些重大政治、军事事件和文化、教育方面的史实，也都在网罗之内。总之，内容上相当全面，而叙述则比较简括有条理。

编排方式，以公元纪年为纲。每一年代下面分史实为两大部分，一是中国的，一是外国的。中国的这一部分，在公元纪元下面，先列干支，次列各朝帝王年号，然后按月份记事。例如"公元1429年，己酉，明宣德四年"，以下三月、四月、六月、九月、十二月等按月记载重要史实，叙述扼要，文字简洁。

关于此书本国史部分的编辑体例，主要有这样几项：

一、凡是统一的封建王朝，一般用一个帝王年号，如前面所举的"明宣德四年"就是这样。如遇局面不统一时，如三国、南北朝以及五代十国，则将若干政权的年号同时并列。例如，"公元244年，甲子，魏正始五年，汉延熙七年，吴赤乌七年"。这是三国鼎峙时期的纪年体例。

二、关于人民反抗运动，如确知其为起义，就标明"起义"；不能确定的，就写作"起事"。

三、洪水、大旱、大虫害、大地震等严重灾害，都有记载。人口数字也有择录。

四、汉族以外的国内诸部族或种族，名称都用新改的，如瑶族、僮族等。还没有改动的，暂仍其旧。

外国史部分从略。

第二卷，1963年10月中华书局新一版，摘记自公元1919年至1957年的中外重要史实。体例、编排次第基本上与第一卷相同。1949年以前，附注"中华民国"若干年。对于国内大事，记载比较详尽；对于国外，则分国记载，力求简明扼要，篇幅非常经济。

3 《中国近代史事记》

《中国近代史事记》，吉林师范大学中国近代史教研室编，1959年上海人民出版社出版。这书以记载中国近代史上政治事件为主，旁及经济、文化等方面。全书共分两部分。第一部分是记载从 1514 年（明正德九年甲戌）到 1838 年（清道光十八年戊戌）之间与近代史有关的重要事件，目的在于供研究中国近代史时参考。例如 1557 年（明嘉靖三十六年丁巳）葡萄牙人占领澳门，1838 年（道光十八年）6 月以来有关禁止鸦片的事件，在这一部分中都有记载，是本书第二部分的辅助资料。第二部分则从 1839 年（道光十九年己亥）到 1919 年 5 月 4 日，是本书主要部分，凡八十年来发生的重大历史事件，在这部分中都有扼要的记载。

这书的特点是：凡书中所记载的事件，如有月日可稽，就注明月日；只有月份而一时尚未查明确实日期，则注明 × 月 × 日；仅有年代而不知具体月日的史料，一般都不著录。记事的月日以阳历为主，阴历和干支作为附注；在 1852 年至 1868 年之间的月日，更增注太平历（关于太平历，详见本讲下文）。每页书眉印有公元年代，便于检查。书末附有"参考书目举要"，对读者也有帮助。

这书的缺点是：一、凡有年代而月日无考的事件一般都不著录，对记载史实来说，似嫌不够完备。二、一事而分载于不同的月日，不免割裂。这种情况也是一般编年体著作的共同缺陷。

属于"大事表"一类的工具书，尚有《中国文学年表》两种。但因表中主要是记载历史文学作家生卒年及其重要事迹，所以放到本讲第三部分再谈。另外还有《清季重要职官年表》和《清季新设职官年表》两种，虽以人物任免年代为主，但主要在于反映清末重要职官的人事变化，与官制关系更为密切，所以将在第九讲"政书类"中谈到。

二　历表类

1　《历代纪元编》及其他

我国历史著作，多用年号纪年，用干支（即甲子、乙丑……等名目）纪日，检核推算，颇费精力。为了解决这方面的困难，就需要编制精确详密的历表。这种学问在我国很早就开始了，晋代杜预的《春秋长历》，大约是这类工具书中最古的一种。据文献记载，宋代刘羲叟的《长历》（又名《刘氏辑术》）和清代汪曰桢的《二十四史月日考》，是历表中最有学术价值、也最便应用的两种著作。可惜这两书久已亡佚，今人已无法见到了。

此外，宋代王应麟编有《历代年号》，明末黄宗羲著有《历代甲子考》，清代万斯同编有《历代史表》，段长基编有《历代统纪表》等，都兼有纪年、纪事双重性质的著作。而专门考订年月日历的，则有清代姚文田的《春秋经传朔闰表》和《汉初年月日表》，张其翧的《两汉朔闰表》，钱大昕的《宋辽金元四史朔闰表》，汪曰桢的《历代长术辑要》等。这些书对一般读者已比较陌生，这里就不详细介绍了。

比较具有特色，而且到今天还有一定使用价值的旧式历表，要算清李兆洛编的《历代纪元编》。这书共三卷，除旧刻本外，商务印书馆 1933 年曾出版过排印本。现简介其内容和特点如下：

一、第一部分为"纪元总载"，详记历代封建王朝的帝号、年号，以及更改年号（改元）的干支年份。从汉武帝创设年号开始，至明末鲁王以海为止。每逢改元，有时还简单注明封建统治阶层之间彼此篡夺易位的情况。

二、"纪元总载"后面有五种附录：①"历代'僭窃'年号"；②"外国年号"；③"道经杂记所载年号"；④"拟议不用年号"；⑤"钱文年号"。这几个附录较有参考价值。尤其是"历代'僭窃'年号"，尽管编者存有偏见，诬蔑农民起义是"僭窃"，但所记载的历代农民起义军的建国年号，如宋代方腊的

"永乐"，杨幺的"庚戌""大圣天王"，明代徐鸿儒的"兴胜"，李自成的"永昌"，张献忠的"义武""大顺"，以及他们建号和失败的年月，都是有价值的参考史料。"钱文年号"对于考古学者，也有一定参考价值。

三、第二部分是"纪元甲子表"，详载从汉武帝建元元年至清穆宗同治十年共一千九百多年间的干支名目，并与历代的帝王纪元年数列表对照，详尽而清楚。另外还附有"建元以前历代甲子表"，以补足上古的一段。

《历代纪元编》是旧式历表，只有干支年号，没有公元纪年，用起来自然不方便。下面开始介绍几种新式纪年的历表。

2 《中国历史纪年表》

《中国历史纪年表》，万国鼎编。这书初版本名《中西对照历代纪年图表》。后又由万斯年、陈梦家等补订，改用今名，1956年由商务印书馆重印出版。

全书分上下两编。上编包括两部分。一、"历史年代总表"。自夏代（公元前2100年）起，到1949年10月1日中华人民共和国成立止。这个表看起来很醒目，放大了可以做为历史教学和图书馆、博物馆或文化馆挂图之用。但先秦的各朝年代和公元年代的对照，是以《竹书纪年》为根据的，并参照了陈梦家的个人意见，因此同一般通常的算法有出入，读者使用时应该注意。二、"公元甲子纪年表"，将中国历代纪元和公元对照排列，起自周厉王共和元年庚申（公元前841年），迄于中华人民共和国成立（1949年）。每页五十年，分填五十格，由左至右，由上而下。格以内载帝王庙号、年号和纪元，格以外是公元。天干列于左侧格外，如果与同一横行某格内的地支合读，就是这一年的甲子。以第五十四页为例，照录如下：

《中国历史纪年表》　　54页　　明代

	代宗祁钰 145	宪宗见深 146	147	148	孝宗祐樘 149
0 庚	代宗景泰1 午	4 辰	6 寅	16 子	3 戌
1 辛	2 未	5 巳	7 卯	17 丑	4 亥
2 壬	3 申	6 午	8 辰	18 寅	5 子
3 癸	4 酉	7 未	9 巳	19 卯	6 丑
4 甲	5 戌	8 申	10 午	20 辰	7 寅
5 乙	6 亥	宪宗成化1 酉	11 未	21 巳	8 卯
6 丙	7 子	2 戌	12 申	22 午	9 辰
7 丁	英宗复辟 天顺1 丑	3 亥	13 酉	23 未	10 巳
8 戊	2 寅	4 子	14 戌	孝宗弘治1 申	11 午
9 己	3 卯	5 丑	15 亥	2 酉	12 未

表中的代宗景泰元年，是庚午，公元1450年；景泰二年是辛未，公元1451年，余类推。英宗复辟后的天顺元年，是丁丑，公元1457年。宪宗成化元年是乙酉，公元1465年。孝宗弘治元年是戊申，公元1488年。熟悉以后，检用十分

便利。

下编是"历朝年代简表"。从夏代到战国，共有六个简表，除根据《史记》中《十二诸侯年表》和《六国年表》的材料外，还参考了《竹书纪年》。但主要是据订补者陈梦家的看法推算的。从秦到清，共列二表：一、《秦以后主要朝代简表》；二、《秦以后主要朝代建元表》。第二个表包括六项：① 庙号；② 帝王原名；③ 年号；④ 年号使用年数；⑤ 公元；⑥ 元年的甲子，如汉武帝建元元年为辛丑。此外还有《十六国年表》《（五代）十国年表》《中日对照年表》（专供读日本古史推算年份用的）等三个附表。书后附《公元甲子检查表》，无论从甲子检公元，或从公元前后的年代查甲子，都比较方便。另附《太岁纪年表》，据《尔雅》《史记》，分列古代对天干、地支的另一种说法，对读古书有一定用处。例如"阏逢摄提格"即甲寅年，只要查本表就可知道。

这书最后附有笔画索引，把历朝国号、帝王庙号和年号等按笔画多寡顺序排列。如果我们只知道庙号或年号，查这个索引就可以检出国号和年代，也非常方便。

3 《中国历史纪年》

《中国历史纪年》，荣孟源编，1956年8月三联书店出版。

这书共分三编。第一编是《历代建元谱》，起自公元前206年汉高帝元年，止于中华人民共和国成立。按年代顺序把历代帝王姓名、年号汇集成编，可以用来查检历代帝王的帝号、庙号和姓名以及朝代的年数。有下列几个特点：

一、谱中所辑材料以汉文史籍为限，但对各民族的历史纪年都同等加以编辑，如柔然、高昌等在谱中都独立成章。有的如吐蕃等纪年只知一个年号，不便独立成章，只得和其他为时很短的年号辑在一起，附在同时期的某一朝代建元之后。

二、凡旧史中所谓"正统""僭伪"和"割据"的说法一律废而不用。遇有农民起义和权贵窃位所建立的年号，也一律收入谱中。由于这些纪元为时甚短，不能独立成章，所以附在同时期的某朝之后。如隋、唐、宋、元、明、清都有附谱，分载各该朝的农民起义及其他性质政权的年号。这就把李兆洛《历代纪元编》中某些有参考价值的史料也收集在内了。

三、关于历代帝王的称谓和年号，各书记载每不一致。谱中遇到这种情况则一并列出，并用括号注明。

四、年号下注明元年干支和公元年份，也注明该年号使用年数。遇不足一年即行改元的，则注明改元的月数。如魏明帝曹睿太和七年（公元 233 年）二月即改元青龙。谱中在"太和"下注"七"字，表明有"太和七年"的史实；而在"青龙"下注明"二月改"。因此我们可以得知公元 233 年癸丑二月以前应称太和七年，二月以后才能称青龙元年。

五、谱中所有年数都注出公元年份，但月、日一律用阴历，没有换算成阳历，用时应该注意。

第二编是《历代纪年表》，起自公元前 841 年，止于 1949 年中华人民共和国成立。按朝代先后共列十五个年表。表中第一格为公元；第二格为干支；第三格为史籍中常见的纪年，即历朝"正统"的皇帝所用的纪元年号；第四格以下罗列一切纪年，包括农民起义和其他性质的政权的年号。第三格中，年号下面顺序标有数目字，是这个年号的年数；不标数目字的即为元年。有的更标明改元月份，但月份一律用阴历。

第三编是"年号通检"，按年号第一字的笔画顺序排列，前面还有一页简明目录，一检即得。如果同一年号而曾多次使用，则用"○"的符号隔开，非常醒目。如"上元"年号，下注"唐高宗○唐肃宗○南诏异牟寻"，即表示这一年号曾在历史上使用过三次。

4 《中国历史年代简表》等

《中国历史年代简表》，1973 年 12 月文物出版社出版，74 年以后曾重新印刷。

本书内容包括"年代简表"和"年号通检"两个部分。"年代简表"以公元纪年和历史纪年逐年对照，按历代王朝的顺序，列出帝王称号、姓名、所使用的年号，以及逐年的干支。"简表"从西周共和执政元年（公元前 841 年）

开始，到公元 1911 年辛亥革命推翻清王朝为止。至于公元前 841 年以前，只将考古发现的旧石器时代和新石器时代几种主要文化的分布，以及古代史籍中记载的帝王世系，录供参考。"年号通检"将历代年号编成索引，按第一字笔画的多少排列，列出所属朝代、使用者和使用年限。历史上农民起义所使用的年号，少数民族所使用的年号，地方割据势力所使用的年号，均就现有资料，收录在"年号通检"内，不列入"简表"。两周诸侯、两晋十六国、五代十国，则只将建元和改元的元年，与同一朝代的年号并列，以便对照推算。

"年代简表"的排列次序是：从左到右，第一排为公元纪年，第二排为干支纪年，第三排为历代王朝的皇帝称号和姓名，最右侧为各个皇帝的纪元年号及使用年限。遇有几个王朝同时并存，如三国、南北朝、宋与辽、金、元等时期，则在"简表"上依顺序同时并列，眉目还算清楚。

这书的优点是简明易检，缺点是失之太简。

除上述三种新型年表外，还有一种《中国历史中西历对照年表》，李佩钧编，云南人民出版社 1957 年 8 月出版。这书简明易查，全书一律按公元年份和干支名目排成表格，末附"历代帝王年号笔画索引"。表中列出各个王朝名称、建都地点、王朝起讫年代、帝王姓名、称号和世系，以及每个皇帝的年号等。遇有改元、定谥或帝王禅替、朝代兴亡的情形，一概简括地列入表中，用"注"字标明。此书虽不及万、荣两氏之书详尽，但比《中国历史年代简表》还要详细一些，足敷一般使用了。

以上各书，都是以纪年为主的工具书，下面再介绍几种能推算核检阴阳历月份和日期的历表。

5 《中西回史日历》和《二十史朔闰表》

《中西回史日历》，陈垣撰。1926 年由北京大学研究所印行，至 1962 年 6 月，由中华书局重印出版。这书的特点是：自公元元年到公元 2000 年，每天都并列中、西历的日序，互相对照；自公元 622 年以后，更加上回历的纪年和月、日。所谓中历，即中国的阴历（夏历）；所谓西历，即用公元纪年的阳历。

书末附"日曜表""甲子表"和"年号表"等。

　　这书以西历为主,以中历、回历为辅。每百年为一卷,书中的第若干卷即公元第若干世纪。每一页包括四年,在每页的末一年(子年、辰年或申年)都是闰年,即二月为二十九天。每一页分上下两层,上层是年份,用红色汉字标出:第一行是西历(公元)纪年,从公元元年开始;第二行是干支纪年;第三行是中国历代纪元的年数。如公元二年是壬戌年,也是汉平帝元始二年。如遇两朝交替或南北对峙的情况,则两朝纪元同时并列。如遇改元,则把这一年改元的月份附在新年号的下面,表示改元以前的月日还应该用旧年号。在第一行汉字下面,还标有红色阿拉伯字码,这个数字在公元476年以前的是罗马纪年(如公元2年为罗马755年),在622年以后的则是回历纪年。有些关于历法上的具体说明,则用红色小字在每一年的格内附注出来。如公元元年的格内就有一段附注。下层是月份和每月的日序。黑色阿拉伯字码是西历(阳历)日序,中间夹有笔画较粗的黑体字是月序,并代表这个月的第一天。黑字旁边的红色汉字("正""二""三"……"十二")是代表中历(阴历)的月序,红色阿拉伯字码("1"……"12")是代表回历的月序。某一红字标在某一黑色字码的旁边,就表示阴历这个月的朔日(初一)或回历这个月的第一天是在阳历的这一天。如公元2年1月2日(用黑色阿拉伯字码"2"表明)旁边注有红色汉字"十二"字样,即是说这一天是汉平帝元始元年(辛酉)的十二月初一。在红色字体中间还有时出现一个"冬"字,表示这一天是冬至。

　　在每一页日序的最末,都附有"日曜表"和"甲子表"的数目。比如第一页公元一年至四年就注明:"日曜表1""甲子表21"。这就是说,要查这一页里面的每一天是星期几或是什么干支,应该查"日曜表"的第一表和"甲子表"的第二十一表。

　　"日曜表"共七表。表上所列黑色阿拉伯字码及中间的黑体字一律和前面的日序意义相同。在某些字码旁边标有红色圆点的,就表示这一天是星期日(即日曜日)。如公元2年2月4日即星期日。其他日期自然可以类推。有时遇到闰年不闰，就在前面日序表的上层用红字注明。例如公元 4 年本应该用"日曜表 1"，但因这一年罗马历不闰，所以自西历 3 月起应改用"日曜表 5"。这是在公元 4 年的上层格内注明了的。

"甲子表"共六十表，每表两行。凡日序表中逢单数的行，适用第一行；逢双数的行，适用第二行。例如《元史》记载元太祖卒于二十二年七月己丑，检日序表卷十三第七页，其第三年为元太祖二十二年，阴历七月在第八至第九行。这一页应查"甲子表 7"。而在"甲子表 7"中，"己丑"在第一行第七排，用来与日序表第九行（单行）对照，应该是阴历七月十二日，即公元 1227 年 8 月 25 日，也是回历六二四年九月十一日。又如《元史译文证补·报达传》，注文称报达陷于公元 1258 年 2 月 10 日。检日序表卷十三，1258 年在第十五页，二月十日在第二行第十六排。这一页应查"甲子表 15"。以二月十日的位置与"甲子表 15"的第二行第十六排对照，这一天是丙辰日，即元宪宗八年正月初六日，也是回历六五六年二月四日。

书末所附中国历朝纪元的"年号表"，以年号第一字的笔画繁简为次序，利用公元纪年，一检即得。

《二十史朔闰表》，陈垣著，1926 年由北京大学研究所印行，1956 年 3 月由古籍出版社重印。这书是《中西回史日历》的简编本，最初由于《中西回史日历》卷帙太繁，才先把这书付印的。但两书体例并不相同。《二十史朔闰表》是以中历（阴历）为主，以西历（阳历）、回历为辅的。所谓"二十史"，指的是汉、后汉、三国、晋、宋、齐、梁、陈、北魏（包括东、西魏）、北齐、北周、隋、唐、五代、宋、辽、金、元、明、清等二十个朝代。自公元前 206 年（汉高祖元年）起，到公元 1940 年（民国二十九年）止。书前有"年号通检"，和《中西回史日历》的"年号表"内容相同；书后附有《魏蜀吴朔闰异同表》《陈周隋朔闰异同表》和"日曜表"等。

这书最上层书眉顶端标明每一年的甲子，如汉高祖元年列在"乙未"之下，表示这一年是乙未年。在甲子的左侧间或标有阿拉伯字码（1 至 7），是用来查书后的七页"日曜表"的。在甲子的下面格内排列着历朝帝王的称号、年号和某一年号的年份，然后在每一年份下面顺序排列着每月的月序，从正月到十二月，但仅标每月朔日（初一）的甲子，并注出这一天是西历（阳历）的几月几日。如这一年有闰月，则在月序下面的格内标明闰月的月份和这个月朔日的甲子，同时注出西历的月日。最末一格标明回历每年的岁首（一月一日）是阴历的几月几日，如果这一年是回历的闰年，则在回历岁首日期旁边标一黑色圆点。如果历法上有些解说或考证，以及帝王改元的月份等，则在最下面的长格内一一注明。对历法的考证只注结论，文字简明扼要。

这书和《中西回史日历》比较，有以下几点不同：一、每月仅标中历朔日，要查每个月里面的其他日期以及与西历或回历的对照关系，须自己推算，比查《中西回史日历》麻烦。二、对三国和南北朝时期各个朝代的朔闰异同都一一注明，比《中西回史日历》详尽。三、对研究中、西、回历的各家专著的说法有所考证，凡各家推算错误的地方都加以纠正和说明。这也是《中西回史日历》所不载的。

《中西回史日历》和《二十史朔闰表》除用来供查检中、西、回历的年、月、日外，而且纠正了过去史籍中有关中、回历相对照的许多错误。这对于研究中国回教史和我国与东南亚各国的交通史有很大帮助。因此这两本书不仅是便于使用的工具书，也是相当重要的学术著作。

6 《五十世纪中国历年表》

《五十世纪中国历年表》，刘大白编，1929 年商务印书馆初版，1933 年又出版缩本。这是一本从公元前 3300 年到公元 2000 年（共五千三百年）之间的中西历对照表。

这书记载我国历史纪年，从神农氏元年（即公元前 3218 年）算起。其实我国在周代共和（公元前 841 年）以前，无论历法和年数，都没有准确记载。这书表中所记的年数，也不过是约计的数字而已。

这书分正表、附表两类，都以公元纪年为主。正表以公元一个世纪为一整体，排成两页，这两页都各有五层，左右两开，互相衔接，每层五十年。每表分为九栏，计：公元，民元，干支，国号，帝号，姓，名，年号和年数。正表是总表，只要知道公元年数，就可据以检索中国历史上的各个朝代和纪年，比较方便。试举一栏为例：

从右引栏中所记可以说明这样几个问题：公元1900年，是民国元年以前十二年（这书凡公元前或民元前的年数都在字码前加"-"号，即负号），即清朝光绪二十六年庚子。当时的皇帝是清德宗，姓爱新觉罗，名载湉。

公元	1900
民元	-12
干支	庚子
国号	清
帝号	德宗
姓	爱新觉罗
名	载湉
年号	光绪
年数	26

这个历表的最大缺点是：如果不知道公元年数而只知道某一朝代的纪年，要想查出公元，翻检起来就比较麻烦。

正表之后，有附表十四种。从今天看来，倒是这些附表在实际上更有用处。现将附表目录照钞如下：一、《周秦之际七国表》；二、《楚汉之际表》；三、《两汉之际诸国表》；四、《汉末三国表》；五、六、《晋宋十六国南北朝表》（一）、（二）；七、八、《隋唐之际诸国表》（一）、（二）；九、十、《五代十国表》（一）、（二）；十一、《五代两宋辽夏金元表》；十二、《元明之际诸国表》；十三、《明清之际表》；十四、《太平天国表》。

在我国历史上，经常出现封建割据的局面；或者在两个朝代交替之际，由于农民起义或军阀割据，以及少数民族入侵等原因，往往同时建立了不止一个封建王朝，因而也同时出现了若干国号和纪年，重叠交错，头绪纷繁，是读史书的人最感到苦恼困难的事。例如南北朝和五代十国的情况都是如此。这书的十四种附表，就是为了解决这样的问题而编制的。试举《五代十国表》中的一栏为例。

公元	961
民元	-951
干支	辛酉
国号	宋
帝号	太祖
姓	赵
名	匡胤
年号	建隆
年数	2

这个附表的特点是以公元纪年为纲，查到了这一年，就可以知道：宋太祖赵匡胤建隆二年辛酉，蜀后主孟昶广政二十四年，南唐玄宗（即中主）李璟中兴四年和吴越忠

懿王钱弘俶十五年，都是在公元961年。要想查知甲国的某一年相当于乙国的某一年，看上列各栏便可一目了然，这是本书最大的好处。

国号	蜀
帝号	后主
姓	孟
名	昶
年号	广政
年数	24

国号	唐
帝号	玄宗
姓	李
名	璟
年号	中兴
年数	4

国号	吴越
帝号	忠懿王
姓	钱
名	弘俶
年号	
年数	15

7 《两千年中西历对照表》

《两千年中西历对照表》，薛仲三、欧阳颐合编，1940年商务印书馆出版，1956年经编者作了个别订正，改由三联书店出版。

这是一本专门为推算月日用的阴阳历对照表。全书自公元元年（阴历是汉平帝元始元年辛酉）开始，至公元2000年止，每一天都可以从阴历查出阳历，也可以从阳历查出阴历，还可以推算出某月某日的星期数和它的甲子。书后附有"各朝代的朔闰表""历代帝系表""历代年号笔画索引"等十八种附录。其作用与《中西回史日历》《二十史朔闰表》是一样的。

由于这书内容简单而查法比较复杂，不如《中西回史日历》易于使用，这里就不详细介绍了。

8 《近世中西史日对照表》

《近世中西史日对照表》，郑鹤声编，1936年2月商务印书馆出版。这书是专为研究中西近世史而编撰的工具书，自公元1516年（明武宗正德十一年）开始，到1941年为止，共四百二十六年。每一年内，详列阴、阳历月、日的对照关系，是各种历表中最便于检查的一种。可惜它起讫的年代太短，明中叶以前和1941年以后的年月日都无从查对；但对研究近代史的人还是很有用的。

这书共列三种表格。第一种表格是《近世中外年号纪元对照表》，共九页。每页分六栏。第一栏是"中国年号"，包括朝代、帝王称号、年号和在位年数。第二栏是"日本年号"，第三栏是"朝鲜年号"，这两栏所包括的内容与第一栏大致相同。第四栏是"甲子"，第五栏是西历纪元年数，第六栏是距民国前若干年的年数。只要按表查阅，自能一目了然。第二种表格是《近世中西史日对照表》，共八五二页。每年占二页，每页六格，每格一个月。每格内分"阳历""阴历""星期"及"干支和节气"四项，以阳历为主。每格上面标明阳历和阴历的月份，极便检查。这表不但可以查明阴、阳历对照，连这一天是星期几也一望而知。此外，这一天的甲子和一年二十四节所在的日期，也都清楚地标出。表侧标明这一年的公元年数、中国帝王纪元年数和甲子，便于翻检。如果历法上计算有出入，则用注释标在表的内侧，做为编排表中月日的依据。第三种表格是《太平新历与阴阳历史日对照表》，共二十八页。每年占二页，每页六格，每格一个月。每格内分四项：第一项是太平历的月份和日序；第二项是太平历的干支（甲子）和一年的二十四节气；第三项是阴历的月日；第四项是阳历的月日。这表以太平历为主，每格上标明太平历及阴、阳历的月份，表侧标明这一年的太平历纪元年数、清王朝纪元年数和公元年数。关于太平历的日序和干支名称的说明，详见下第十节，这里从略。

这书前有编者自序，对于中国封建社会及现代研究历法的专著有简略的介绍，可供需要检读这一类工具书的读者参考。

9 《中国近代史历表》

《中国近代史历表》，荣孟源编，1953年三联书店出版，1977年9月中华书局重印。这份历表是根据陈垣的《二十史朔闰表》补充修改，校以一百二十年来的历书编成的。主要的作用是查检阴阳历的对照关系。从1830年1月25日（阴历是清道光十年庚寅正月初一日）开始，编至1949年9月30日中华人民共和国开国前夕为止。专供研究近代史的人检查之用。

表式以公历为主，一年为一表。表中最上栏横列十二行，是公历的月份。

最左侧的一栏竖列着三十一格，每格一天，是公历的日序。在公历的每一月份下又分两直行，一是阴历日序（先月后日，每月初一则只标月份），一是纪日干支；二十四节气即附在"干支"行内，遇有节气的日子就省去干支。读者只要把横竖栏对照起来检阅，便可知道阴、阳历的月日关系了。

除历表正文外，还另有附录三种：一、《太平天国历简表》，表前有说明；二、《五千年间星期检查表》，这是根据《东方杂志》第十四卷第四号和第七号寿孝天转引某数学家的发明而编成的。如果能熟练地掌握推算方法，则查找某一天为星期几是十分方便而准确的；三、"韵目代日表"。目前用韵目代表日期的办法已不通行，但阅读近代史上的许多原始材料还是需要了解的。关于"韵目"的问题，请参看本书第七讲第二部分，这里从略。

10 《天历考及天历与阴阳历日对照表》

太平天国创制了一种新历，名叫"天历"，通称"太平历"或"太平新历"。太平历的日序和阴、阳历都不同，凡单月（一、三、五、七、九、十一）都是三十一天，凡双月（二、四、六、八、十、十二）都是三十天。干支也另立名称。天干的十个名目与旧名相同；地支是：子、好（改"丑"为"好"）、寅、荣（改"卯"为"荣"）、辰、巳、午、未、申、酉、戌、开（改"亥"为"开"）。要想知道太平天国文献上记载的日序和甲子究竟相当于阴、阳历的何年何月何日，大抵有三种工具书可查。

最早的一种是谢兴尧编的《太平新历与阴阳历对照表》，刊载在燕京大学出版的《史学年报》第二卷第一期上，今已不易见到。第二种即上述《近世中西史日对照表》中所列的第三种表格。最新的一种是《天历考及天历与阴阳历日对照表》。

《天历考及天历与阴阳历日对照表》，罗尔纲著，三联书店1955年12月出版。其中"对照表"部分，始于太平天国壬子二年（清咸丰二年壬子，公元1852年），终于太平天国戊辰十八年（清同治七年戊辰，公元1868年），共十六年。以"天历"为主，以阴、阳历的日序按日对照，一年为一表，一目了然。

表内共分三栏。第一栏列太平天国若干年，后分两小栏，一列月、日，一列干支和节气。第二栏列清某帝某年号若干年，后面也分两小栏，一列月、日，一列干支和节气。第三栏列公元若干年，后面只列一行月、日。这三项按日对照。例如太平天国乙好十五年二月十九日癸荣，相当于清穆宗同治四年乙丑三月初七日壬寅（阴历），又相当于公元1865年4月2日（阳历）。又如太平天国癸好三年三月一日是菁明节，相当于清文宗咸丰三年癸丑二月二十七日清明节（阴历），又相当于公元1853年4月5日（阳历）。有节气的日子，天历和阴历的甲子即省略，这是从《近世中西史日对照表》和《中国近代史历表》的体例沿袭下来的。

表中凡公元的星期日，都标以"×"符号，天历的"礼拜日"则标以"＊"符号，以资识别。

11　《公元干支推算表》

《公元干支推算表》，汤有恩编，1961年3月文物出版社出版。

本书共列三表。第一表：《公元推算干支表》。表前有"说明"，照录如下：

（一）此表系公元前、公元后合用一表。为了有所区别，公元前的年数用红色字；公元后的年数用黑色字。

（二）表中央方栏内为干支甲子一周（六十年）。但因公元前后合用，故有重复干支十二年。

（三）干支左边直行数字，为公元前纪年的个位数，干支右边直行数字，为公元后纪年的个位数；表下部三横行数字为公元前和公元后纪年的十位数；表左侧三立行数字为公元前纪年的百位数和千位数，表右侧三立行数字为公元后纪年的百位数和千位数。由表外两侧立行至表下横行，各以引线箭头标示。

（四）用法：例如欲推算公元前841年的干支纪年，先在表外左侧立行（百、千位数栏）中检得"8"，再依箭头所指在表下横行（十位数栏）中检得"4"，最后，再在干支左边（个位数栏）中检得"1"。"4"与"1"横直相交之格为"庚申",即可知公元前841年为庚申。推算公元后的干支,亦用此法,由右侧检算。

现将原表照绘如下:

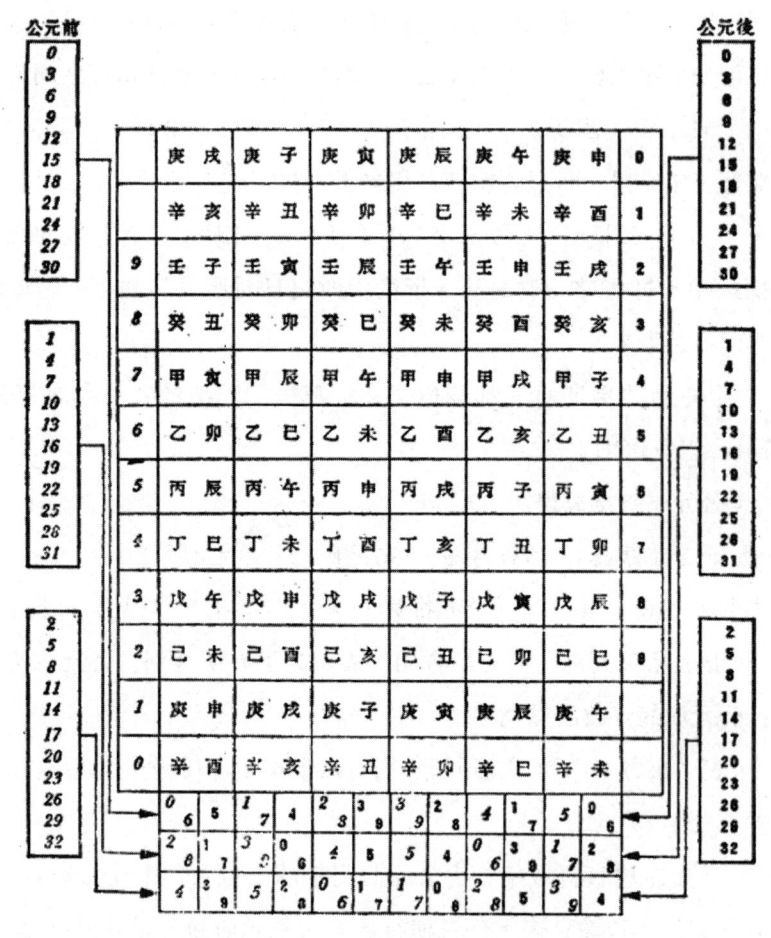

公元前								公元後
0/3/6/9/12/15/18/21/24/27/30		庚戌	庚子	庚寅	庚辰	庚午	庚申	0	0/3/6/9/12/15/18/21/24/27/30
		辛亥	辛丑	辛卯	辛巳	辛未	辛酉	1	
	9	壬子	壬寅	壬辰	壬午	壬申	壬戌	2	
	8	癸丑	癸卯	癸巳	癸未	癸酉	癸亥	3	
1/4/7/10/13/16/19/22/25/28/31	7	甲寅	甲辰	甲午	甲申	甲戌	甲子	4	1/4/7/10/13/16/19/22/25/28/31
	6	乙卯	乙巳	乙未	乙酉	乙亥	乙丑	5	
	5	丙辰	丙午	丙申	丙戌	丙子	丙寅	6	
	4	丁巳	丁未	丁酉	丁亥	丁丑	丁卯	7	
	3	戊午	戊申	戊戌	戊子	戊寅	戊辰	8	
2/5/8/11/14/17/20/23/26/29/32	2	己未	己酉	己亥	己丑	己卯	己巳	9	2/5/8/11/14/17/20/23/26/29/32
	1	庚申	庚戌	庚子	庚寅	庚辰	庚午		
	0	辛酉	辛亥	辛丑	辛卯	辛巳	辛未		

(为排印方便,原书红字排印的今改为斜体)。

第二表:《干支推算公元表》,起自公元前1978年(夏启元年癸亥),止于公元1911年(清宣统三年辛亥)。这表又分甲、乙两部分:甲表推算公元前纪年,乙表推算公元后纪年。每表上方第一行自左至右横着平列六十年的干支,成甲子一周,在书中则分六页排印,每页十年。每表上方第二行排列十个数字

（甲表从"9"到"0"，乙表从"0"到"9"），表示公元纪年的个位数字；表的左侧第一行竖着排列三十三个数字，每一数字占一格，表示公元纪年的十位至千位数字。表中各栏则为各个干支在某一朝代的年序，每格列一年，一律顺着横的次序读。如果在同一年内同时有两个年号并存并行，则在这一年的后面一格内列出第二个年号。例如明崇祯十七年甲申即清顺治元年，则在表中崇祯十七年的后面一格内标出"清顺治二年"，意味着前一年是两个年号开始并存并行的。

推算的方法是：先就已知的干支找到所要查的朝代和年号，然后把左侧和上端的公元纪年数拼合起来，即是所要查找的公元年数。例如已知明崇祯甲申年，则从本书乙表"甲申"一行往下找，找到第二十九栏，发现是崇祯十七年。这一行左侧的公元纪年千百十位数字是"164"，上方第二行公元纪年个位数字是"4"，拼合起来即是1644年。

第三表："历代年号通检"。表前有用法说明。这一类的表格，本讲各节所介绍的工具书大都附录，故这里从略。

三　历代人物生卒年表和专门性质年表类

1　《疑年录》及其他

我国历史上人物众多，很难从分散的古籍中一一考核人物的生卒年。专供查考历代人物生卒年的工具书，过去比较受推重的是清代钱大昕的《疑年录》。但这书的错误不少，书中著录的二百二十九人，经余嘉锡纠正的就有一百零四人之多。

《疑年录》问世以后，从事这方面工作的人不少。清人吴修有《续疑年录》，钱椒有《补疑年录》，陆心源有《三续疑年录》，张鸣珂有《疑年赓录》，闵尔昌有《五续疑年录》，阮刘文如有《四史疑年录》（"四史"是指《汉书》《后汉书》《三国志》和《晋书》），近人杨宝镛有《三续疑年录补正》等。后来张惟骧把若干种《疑年录》合在一起，编成《疑年录汇编》(有1925年刻本)，补缺正误，使用比较便利。《汇编》所录共计三千九百二十八人，书后附有"分韵人表"，把书中所载入的姓名按诗韵次序排列，便于检查。张惟骧还著有《疑年录外编》《历代帝王疑年录》《毗陵名人疑年录》和《重订名人生日表》(此书原著者是孙雄)、《名人忌日表》等，都是有关人物生卒年的著作。

此外，陈垣编有《释氏疑年录》，考证古代著名僧人的生卒年，是一本比较专门的工具书。

除各种《疑年录》外，清人钱保辑有《历代名人生卒录》，近人钱国镱增补，有1936年钱氏自印的仿宋聚珍本，但流传不广泛。清人吴荣光编有《历代名人年谱》，是一部编年体的大事表，但着重记载历代人物的生卒年和重要事迹，也可以看作与《疑年录》相类似的工具书。

2 《历代名人生卒年表》和《历代人物年里碑传综表》

上述各书，除陈垣的《释氏疑年录》外，大都是封建士大夫所著，选材局限性较大。加以这些书不用公元纪年(《释氏疑年录》除外)，用起来也不方便。商务印书馆于1930年出版了一本《历代名人生卒年表》，梁廷灿编，比较切实适用。这书以《疑年录汇编》为底本，去其重复，又有所增补，共收录四千余人。时代上起春秋，下至清末，如果生于清代，死在辛亥革命以后的也予收录。全书按朝代排列，以人物生年先后为顺序。每人著录姓名、字号、籍贯、生年、卒年、公元、年龄等项。书前列有姓氏笔画索引及四角号码索引，书后有《历代帝王生卒年表》《历代闺秀生卒年表》《历代高僧生卒年表》等三种附录。

这一类工具书，以姜亮夫编纂、陶秋英校订的《历代人物年里碑传综表》内容较为详备适用，也便于检索。

这书初版于1937年，1959年中华书局重印出版，已经过作者修订。编纂时曾广泛参考古今人著述，搜罗较为完备，考核也较精详。唐以前人凡生卒年可考的一概收录，宋以后稍加选择，明清以后则甄选从严，从清末到辛亥革命后则更为严格;收录下限至1919年为止,如生年不可考而卒于1919的,也予收录。全书按人物生卒年的年代排列;生年不可考的,仅列卒年,但列在生年年代的后面。例如严世蕃,卒于1565年而生年不详,就列在生于1565年的人物的后面。

这书的表式是:每人占一行,依次列出姓名、字号、籍贯、年龄、生年和卒年,各包括历朝帝王年号、年数、甲子、公元等项,最下一栏为备考。备考栏中注明人物的别名,并列举传记材料和有关生卒年的不同说法的考订。

书末有人名笔画索引,按姓氏笔画多寡排列。一姓之内,两字名在前,三字名在后。索引注明人物的生卒年,如果只想知道某人的生卒年,而不准备深入了解,只查索引就可以了。

这书对明清以来的人物甄选严格,例如明末清初的降臣洪承畴、吴三桂等人的生卒年一律不载。但作为历史人物,他们的生卒年和传记材料还是需要知道的。如果以人品优劣作为遴选标准,则严世蕃的为人也并不见得就比洪、吴等更好些。可见甄选人物的标准还应从实际用途的广狭考虑,而不宜单凭道德品质或民族气节作为取舍的准则。另外,凡著名僧人也一律不收,这是有意避免同陈垣的《释氏疑年录》重复的缘故。

书中也还有个别失误的地方。例如清末康广仁(有溥)是戊戌政变牺牲的"六君子"之一,死于1898年,表中误记为卒于1900年庚子,显然是不对的。此书曾几次重印,而校对仍欠精覈,错字甚多,如人名索引中清人庄存与即误为庄存兴,显然是粗心所致。

3 《汉晋学术编年》及其他

《汉晋学术编年》七卷,刘汝霖编撰。这书共有两种版本:一种是1932至33年由北京著者书店出版的,只有前四卷;另一种则由商务印书馆印行,自汉高祖元年(公元前206年)至晋愍帝建兴四年(公元316年),共七卷。后附"分类索引"和"人名索引"。作者原拟撰述《中国学术编年》一书,预定写六集,至1918年("五四"运动前一年)为止;《汉晋学术编年》是第一集。实际上作者只写成这一集，仍是未完之作。

这书按封建王朝皇帝的建元逐年排列，把甲子和公元年数附注在下面。然后把各项史料（包括人物的生卒年）分别系于各年以内。所载内容以见于正史的材料为主，兼及经、子各类著作。其特点约有以下几项：

一、大量钞引史传原文，包括诏令、奏章及长篇传记和论文，并标明出处。但所钞文字却经过作者修改删定，不能作为原文引用。

二、在史料后面有时附以"考证"，论证史实的是非真伪。

三、对学术资料或一些有关学术源流的问题，都用图表形式附录于篇中。例如今文经各家传授表，《尚书》百篇以及大、小《戴记》篇目，"《鲁论（语）》《古论（语）》异文表"等。

四、凡涉及重要学者或作家，都在其卒年的后面附有"著述表"，如淮南王刘安、刘向、扬雄都是如此。

五、每卷末尾各附《总论》一篇，论述这一阶段的学术发展流变。

这书是未完之作，大量钞录史籍，观点陈旧，作者本人并无很多创见，学术价值不算很高。但通过史料的排比编年，可以对两汉经学流传和魏、晋之际哲学思想流变的情况获得一个大致的轮廓，于读者还是有点帮助的。

与此书相类似的，还有萧一山编撰的《清代学者生卒及著述表》，1931年9月排印本。这原是作者所著《清代通史》中的一份附录，由于讲课需要，才作为讲义抽印发行的。

这书共分十表，按清代学者的生年分别编入表中。凡生于明万历、泰昌两朝的人第一表，生于明天启朝的入第二表，生于崇祯朝的入第三表，生于清顺治朝的入第四表。以下据此类推。但凡生于咸丰朝以后（包括同治、光绪各朝）的都入第十表。十表之外，还有"补遗"。表中共分四栏：第一栏列姓名字号，有的简单注明家世、交游和他本人在学术界的影响；第二栏列籍贯；第三栏列生卒年，有的则注明中科举的年代；第四栏列著述名称。其中以著录每家学者的著述为主要内容，凡著述有名称可稽寻的，无论已刊未刊，一概收录,并尽可能标明卷数。这一栏对读者用处较大。

这书的缺点很多:一、无索引,人名又不按笔画和音序排列,如果不知道某人大致的生卒年月,根本无从查找。二、有些生年不详的人,则根据编撰人主观推测,随意安排,无一定体例。试举吴兰修为例。吴的生年不详,据《清史列传》和《清代学者象传》,他是嘉庆十三年或十四年的举人,卒年五十余岁。于是就把他列在生于乾隆四十四年的人们中间。这纯属主观臆测,缺乏科学根据,因此使读者缺乏可以寻检的规律。

此外,近人钱穆在其旧著《先秦诸子系年考辨》和《中国近三百年学术史》(都是商务印书馆《大学丛书》本)两书的书后,都附有按年代顺序编排的大事年表和学者们的生卒表,对研究先秦和清代学术的文史工作者都可以起到工具书的作用,其性质与上述两书相同,而谨严缜密的程度则过之。可惜没有单行本。

4 两种《中国文学年表》

《中国文学年表》,敖士英编纂,1935年10月北京立达书局出版。原拟分为六编,自战国的屈原至唐高祖时为第一编;自唐至元,自元至清,自清至现代,为第二、三、四编;屈原以前为首编,文学总论为尾编。但只出版了第一编,是一部未完之作。

这书共分四卷。前三卷是年表。表分八栏。第一栏是公元;第二栏是"朝代及年号";第三栏是"时事纪要",按帝王在位年代逐年记载,内容偏重社会背景,如战争、饥荒、移民等情况(观点当然有可商榷或不正确的地方),有时还采录史籍原文(如《汉书·食货志》之类)做为论证;第四栏是作者生年;第五栏是作者卒年,凡作者生卒年(或二者只有一项)可考的,都列入表内,如有不易确定的,则注一"疑"字;第六栏是"作者传略";第七栏是"文学产品",在这一栏中还把写作年代可考的和不详的分开来著录;第八栏是"备注",征引古今各家考证资料。从内容看,相当详明细致,有助于唐以前的文学史研究工作。

第四卷有三种附录：一、《作者产生地域表》。如果查考作家的籍贯，可检此表。但无作者姓名索引，检查不便。二、《作者产生地域图》，是根据"附录一"的材料绘成的地图，图内地名一律用现代的名称，便于古今对照。三、"作者姓氏检目"，按作者姓名笔画多寡排列，并标明卷数、页数、栏数，便于检阅。

这书最大的缺点是校勘欠精，错误和脱文很多，虽附"勘误表"，仍有不少遗漏。如唐高祖武德二年至九年，应为公元619至626年，而这书竟误作"618"至"625"，八年全错，使用时必须注意。

另一种《中国文学年表》，载于商务印书馆出版的《小说月报》第十七卷号外《中国文学研究》专号，郑振铎编，1927年6月出版。从来没有印过单行本。

这份年表是参考了《历代名人年谱》《疑年录汇编》和《世界大事年表》等书编成的，起于孔子之生，到1924年为止，凡当时生存的作家概不列入。重要作家中，如有生年或卒年不可考，甚至生卒年都不可考而只有著述和行事可考的，则只依可考的内容列入表内，其余概付阙如。编写时时间仓促，疏漏颇多。

5 《中国美术年表》《宋元明清书画家年表》和《历代流传书画作品编年表》

《中国美术年表》，傅抱石编著，1937年3月商务印书馆出版。本书编年起自黄帝（公元前2697年）到辛亥革命（公元1911年）为止。凡我国有关建筑、雕刻、绘画、工艺、金石、碑版、著述、艺人行径及生卒年，都扼要列入年表。有些史事和著作虽对美术只有间接影响，也择要录入。表分四栏：第一栏，干支（秦以前无此栏）；第二栏，帝王年号及年数；第三栏，记事，包括人物生卒年；第四栏，公元年数。

作者在编撰本书时，共参考了七十几种中、日书籍，并参考了日本、朝鲜所收藏的若干实物的著录，所以内容详尽，范围广泛。当然这并不等于说没有疏漏和错误。对于前人著述中的错误如吴荣光《历代名人年谱》对人物生卒年的误算等，作者也有所纠正。但有些人物的生卒年说法不一，却未能详加考订。做为工具书，这书还是有一定参考价值的。

《宋元明清书画家年表》，郭味蕖编，中国古典艺术出版社 1958 年 11 月初版，人民美术出版社 1962 年 9 月重印。

这书根据历代史籍、书画史、著录书画的专籍、各家诗文集以及各家书画墨迹（包括影印书画册）和手钞珍本，专辑宋、元、明、清重要书画家（包括卒于 1957 年以前的现代重要书画家如齐白石、徐悲鸿等）的生卒年、简明事略和代表作品，共收四千余人。其中包括一部分金石书画鉴赏收藏家、著述家以及个别外国画家，凡与书画史乘有密切关联的，都予收入。

全书共分以下几个部分：

一、《人名检查表》。此表依所收书画家姓氏笔画多寡为顺序，前有姓氏笔画检字，姓名下并附页数。如查找关于宋代画家郭熙的事略和作品，可先检《人名检查表》十一画"郭"字，找到郭熙的名字后，就发现下面注有"22""24""25"三个页数，从而便可向这三页的表内去寻找有关郭熙的材料。

二、《年表》。这是本书最主要的部分。表按历朝帝王在位的年代划分，如宋朝一代，先标出公元 960 年至 1279 年，再标出太祖（赵匡胤）在位凡十六年。然后逐年列表叙述。表分五栏：第一栏是公元；第二栏是干支（甲子）；第三栏是纪元的年号年数；第四栏是书画家的事略，包括书画家的姓名、别名及其生卒年、一生主要活动和代表作品，但无书画家的籍贯。在这一栏内，如果遇有书画家的事迹只知其发生时的建元年号而不能确指为某年的，则将事迹列入这一建元的元年项内并加上"此顷"字样，表示这只是大约的时间。如公元 1068 年是宋神宗熙宁元年戊申。在这一年内就列入"郭熙此顷授御书院艺学，画小殿屏风"，表示郭熙授艺和画屏风是熙宁年间的事，至于究竟在哪一年则不得而知。第五栏是"备考"，专注参考书名及作品收藏地点，实即第四栏中所列各项事略的材料出处；如果各书所述互有出入，也在"备考"栏中说明。

三、"附录"。凡宋元明清各朝书画家，如果只知其年龄而不知其生卒年，甚至连年龄也不能确定的，都入此表。表按姓氏笔画多寡排列，共分四栏。第一栏是姓名，第二栏是别名，第三栏是年龄或年龄约数，第四栏是材料出处。如宋元之际的遗民画家郑思肖，字所南，据《闽中书画记》载他年七十八岁，但具体生卒年则不详。因此把他列入"附录"十五画内。"附录"的缺点是没有标明人物的朝代，因此有很多名字根本无从知道是哪一世纪的人物。

四、《晋隋唐五代重要书画家年代表》。这实际是补本书第二部分的不足的。凡晋代以来至宋代以前的重要书画家，只要生卒年可考的，都按时代先后列入这个表中。表分五栏：第一栏是姓名；第二栏是别名；第三栏是籍贯；第四栏是生卒年；第五栏是材料出处，以及有关生卒年问题的考订。但本表内容多从其他古书转录，有些并非定论，只可供一般参考。

五、《古干支表》。这与《中国历史纪年表》一书所附的《太岁纪年表》内容相同。古代书画家标注作品年代的甲子时，往往有意炫奇好古，不写干支而写"旃蒙赤奋若"（乙丑）之类。有了这个表，就可以查到具体的干支年份了。

六、"六十干支表"，从"甲子"到"癸亥"。

七、《汉以后历代纪元表》。表内依次注明历代帝王庙号、姓名、纪元的年号年数、公元年数和每一年号开始的那一年的甲子。每一朝代更注明起讫年代和统治时期的总年限。

《历代流传书画作品编年表》，徐邦达编，人民美术出版社1962年出版。这书名为年表，其实近于书画作品目录；但其中也有可以供考查生卒年的资料。表分甲、乙两部分，甲表以人为主，著录书画家姓名、年龄、公元、中国纪元（帝王庙号、甲子）、作品名称以及著录者等项。从里面大体可以看出各个书画家生平创作活动的发展过程；有的可以校正过去传记材料上的错误。如南宋末年的画家赵孟坚，一般都说他卒于元代。从这表中可以看出，赵孟坚在元代并无一幅作品。传记上说他卒年九十七岁，可靠性并不大。乙表以年代为主，可以从中看出各个时代美术创作的倾向，但不属于有关人物生卒年的工具书范围了。

第七讲　关于文字、声韵、训诂、方言俗谚方面的工具书

这一讲和下一讲实际是本书第三讲的继续，仍属于字典、辞典性质。只是第三讲中所涉及的是一般普及性的工具书，这两讲里面所介绍的比较专门一些而已。

研究和阅读古籍，语言文字是个较大的障碍。文字是语言的符号，从文字的形、音、义三方面看，那就是属于文字学、声韵学和训诂学范围的学问。一般文史工作者不一定要精通文字、声韵、训诂之学，但基本常识必须掌握。也只有具备初步常识才能使用一些工具书，帮助进一步克服语言文字上的障碍。

下面就分别从文字、声韵、训诂三方面介绍一些有关的工具书，顺便也略谈一点常识。最后谈谈查方言俗谚方面的工具书，供读者参考。

一　文字学类

1　《说文解字》及其他

《说文解字》（简称《说文》）十四篇，《后序》一篇，共十五篇，也称十五卷，每篇又各分为上下，东汉许慎著。这是我国古代第一部流传至今的有系统性的字书，也是研究中国文字学的基本文献，更是读古籍经常使用的工具书。

《说文解字》原书早已残缺，五代时南唐的徐锴曾经把它加以整理注释，名《说文系传》，世称"小徐本"。北宋初年，徐锴的哥哥徐铉也对《说文解

字》作过一番整理、审定工作，即所谓"大徐本"。大徐本就是现在《说文解字》的通行本。

据许慎在《后序》中的说法，《说文解字》全书共收九千三百五十三字；另有重文一千一百六十三个。但是统计一下现在通行本的正文和重文，都比这个数字为多，可能是后人增加的。许慎是第一个把汉字按照部首归类、首创部首编排法的文字学家。《说文》全书每篇分列若干部首，共有五百四十部首。今天看来，这些部首分得很不科学，数目也显然太多。但在当时，把汉字按照文字形体和偏旁构造归类，在文字学史上还是一个重大的发展。

《说文》所收的字和部首，都以小篆为主体。每个部首下面都有简括的说明，然后把属于这个部首的单字分别列于这一部之中。如"十"部的解说是：

十　数之具也。　一为东西，丨为南北，则四方中央备矣。凡十之属，皆从十。

每个单字，先列小篆，再加注解。注解分为三部分：一、解释字义；二、根据"六书"分析和说明文字的形体构造；三、注明读音。如果这个单字的古文、籀文形体与篆文不同，就把它们列在篆文下面；有时也列在篆文之前，体例不统一，并注明是古文或籀文，即所谓"重文"。至于注音，由于东汉时声韵学上还没有创造出"反切"的方法，所以许慎只能注明"从某，某声""读若某""读某声"或"读与某同"。现在通行本中的反切注音，是徐铉根据唐代韵书后来加上去的。

要想查《说文》，必须先略懂"六书"。"六书"是古代学者为分析汉字的造字方法而归纳出来的六种条例。在许慎以前，西汉的刘歆和东汉的班固都已经讲到"六书"，其名称和次序是：一、象形；二、象事；三、象意；四、象声；五、转注；六、假借。许慎所说"六书"的名称和次序是：一、指事；二、象形；三、形声；四、会意；五、转注；六、假借。由于许慎是第一个具体说明"六书"定义和内容的人,后世一般文字学家大都采用许氏的名称。但根据文字创造和演变的过程,则以刘、班两氏所定的先后次序为合理。下面即按照刘、班所定的次序把许氏所拟的"六书"名称简单解释一下。

一、象形。许慎说:"画成其物,随体诘诎(屈),日月是也。"按照物体的形象,画成图画似的符号,就是象形字。如:

⊖ "日"字。圆形像太阳,中间一画像日中的斑点。
𝄞 "月"字。像缺月的形状。
樂 "乐"字。白像鼓形;8像挂在大鼓两边的小鼓;𣎳像鼓架形。古代击鼓是乐曲中的重要组成部分,故以鼓及鼓架的形象表示音乐的"乐"字。

其他如山、水、马、车、牛、羊、鱼、鸟、门、户、手、足、耳、目等都是象形字。象形字是最原始的文字形态,所以多半自成部首。凡《说文》的解说中,注明"象形"或"象……"的,都是象形字。如:

目 人眼,象形。(即"目"字,当横看,作⊟。)
皿 饭食之用器也,象形。(即"皿"字。)
釆 辨别也,象兽指爪分别也。(即"辨"字,古写作"釆"。)

二、指事。许慎说:"视而可识,察而见意,上下是也。"凡是抽象的字义,无法画图,就用符号来表示。例如:

二、⊥ "上"字。
二、丅 "下"字。

"上""下",是抽象的方向,没有具体的形象可画,就画一条横线作标准,再在横线的上面或下面作一符号,或一短横,或一竖线,以表示上、下的意思。再如:

　　　"刃"字。刀是"刀"字,在刀口上作一符号,指出刀口之所在。

　　　"本"字。木是"木"字,在木的下部画一符号,表示根部。

　　　"末"字。在木的上部画一符号,表示树梢。

这一类都是指事字。

　　三、会意。许慎说:"比类合谊(义,意义),以见指撝(挥),武信是也。"凡合并两个或三个字为一个字,两三个意义联系起来,形成一个新的意义的字,就是会意字。例如:止戈为𢧐(武),"武"字是制止战争之意,即合止戈两字的意义而成。又如:人言为信,"信"表示人类说话要有信用,即合人言两字的意义而成。再如:

　　　"益",古"溢"字。是"水"字(此字可横写也可竖写),是器皿,皿上有水,即表示水满溢出之意。

　　　"祭"字。是"肉",是"手",示表示神祇。以手持肉奉献给神祇,即形成祭祀之意。

　　　"莫",古"暮"字。艸,古"茻"字,"众草也"。日在茻中为莫(暮),意思是太阳落入草丛之中,即为日暮。这一类都是会意字。

　　四、形声。许慎说:"以事为名,取譬相成,江河是也。"形声字是由表示事物意义的"形符"与表示事物语音的"声符"两部分合成的,形符和声符合并,即成为一个新的意义。例如"江""河",水旁是形符,表示江河属于水类;"工""可"是声符,标明江、河的读音与"工""可"有关。汉字中的形声字最多,《说文解字》九千三百多字中,形声字占七千六百九十字左右。形符与声符的结合,样式极多。有左形右声的,如"江""河";有左声右形的,如"鸽""鹅";有上声下形的,如"棠""案";有上形下声的,如"寠""空";有外形内声的,如"园""团";有内形外声的,如"闻""问"。凡是《说文》的解说中注明"从某,某声"的,都是形声字。如"案"字是"从木,安声";"圜"字是"从口,袁声"。

五、转注。许慎说:"建类一首,同意相受,考老是也。"凡意义相同,可以互相训释的,叫作转注。前人对"转注"的解释说法很多。有人根据许慎的原话,认为只有同一部首内的同义互训的字才叫"转注",如"考"和"老"就属于同一部首。但也有人认为韵部相同,意义也相通的,如"考"和"老","冬"和"终";或声部相同,意义也相通的,如"旁":"溥也","颠":"顶也",也都是转注字。

六、假借。许慎说:"本无其字,依声托事,令长是也。"转注是几个字同为一个意义,假借是一个字而有几个意义。由于社会生活的发展,语言中不断产生新语汇,但又没有和它相当的文字,就借用同音的旧有的字来表示,因此叫作"假借"。凡一个字有几个意义,除其原始的意义(即所谓"本义")外,都属于假借义。例如"令"字的本义是"发号"(即发布命令),"长"字的本义是"久远";而用来表示县官的职称,如县令、县长(汉代万户以上的县,县官叫"令",不足万户的县,县官叫"长"),就是假借字。再如:"难"本来是鸟名,假借为难易字;"乌"和"焉"也是鸟名,都假借为语助词;"能"本来是动物名,熊属,足似鹿,假借为能力字。有许多字自假借义通行,本义反倒不用了。古代的假借字,其实很多都是别字,后来沿用既久,约定俗成,也就成为通用字了。

许慎用来说明文字意义和分析字形结构的根据，就是他所解释的六书条例。这部《说文解字》今天对我们有这样一些用处：

一、根据它可以探究文字本源。

二、通过它可以认识古体字，并了解古代文字的意义。

三、有些解说反映了古代的社会生活，如"宰"字，最初的意义是"皋（罪）人在屋下执事者"，实际就是家养的奴隶。这对于了解和研究古代社会史有辅助作用。

四、在解说中对古代的典章制度、生产知识、科技成就、自然现象等都有所反映，通过它可以了解不少古代文化知识。

至于《说文解字》的缺点也不少。首先在解说方面，很多都是宣扬阴阳五行、迷信思想和封建道德观念的东西。如"日"字的解释是"太阳之精"，"月"字的解释是"太阴之精"；"姓"字的解释是："古之神圣母感天而生子，故称天子"等都是。其次是解释字义方面的牵强附会。例如《说文》卷三下篇里的部首"革"字，明明是普通的象形字（像兽皮晒干张开之形），而在"革"字的古文"䩲"字下的解说却是："古文革，从三十。三十年为一世，而道更也。"再如兄弟的"弟"字（见卷五下篇，部首），也是象形兼指事字，像一个有抓髻的小孩随在大人后面走路的形状，而许慎的解说却是："韦束之次弟也。"又，在"弟"字的古文"㐞"字下面的解说是："古文弟，从古文韦省，丿声。"把简单的字义反而弄得深奥复杂了。像这一类解释不当的例子还有很多。

《说文》中有些部首实嫌过于繁冗，有的部首下面只有一两个单字，根本不成其为部首。而且部首的编排也漫无规律，单字的分部归类，与现在的字典出入很大。如"牧"字不在"牛"部而在"攴"部；"雲"字不在"雨"部而自成部首；"貌"字不在"豸"部而在"皃"部；"流"字不在"水"部而在"㳊"部等，查起来非常麻烦，"寻求一字，往往终卷"。这是《说文》体例上的严重缺点。因此为了查《说文》，还要依靠另一批专门的工具书。清代以来，比较流行的是《说文通检》和《说文易检》。

《说文通检》，清末黎永椿编。全书分为卷首、正文、卷末三部分：

一、卷首。把《说文》五百四十部篆文部首改为楷书，重新按楷书笔画顺序排列。如："多"字在六画，下注"卷七上，部二百四十二"。又如："㣇"字在八画，下注"卷十一下，部四百十一"。这就是说，"多"部在《说文》第七卷上篇，是第二百四十二个部首字。"㣇"部在《说文》第十一卷下，是第四百十一个部首字。

卷首是专为查检部首在《说文》第几卷之用。

二、正文。也按照《说文》的卷数，相应地分为十四卷，每卷分上下。每卷内的部首次序仍按《说文》不变（如卷一上的部首次序是："一"部、"丄（上）"部、"示"部、"三"部……），只是把每个单字的篆文改为楷书。

每部的字按楷书的笔画排列。这样即将原来篆文排列的次序打乱，所以在每个字下面，再注明是本部原来的第几个字。例如卷四上里的"白"部：

白部　一百四

白一　百六　皆二　者四　鲁三

这是说：《说文》第一百零四部是"白"部。"白"是"白"部的第一个字。框框中的数字是说明单字笔画的，"一"是一画，"四"是四画，"十一"是十一画。一画的"百"字，在《说文》里是"白"部的第六个字；四画的"皆"字是"白"部的第二个字，"者"字是第四个字；十一画的"鲁"字是"白"部的第三个字。据此可以去查对《说文》的原文。

三、卷末。专收一些难查的字。只分笔画，不分部首。如一画：

乀　"及"重文，"又"部十六。

𠃋　部首，"雲"重文。

乀　丿部，三。

　　𠄌　丨部，二。

这是说："乁"是"及"字的重文，在"又"部第十六个字；"𠃢"是部首"雲"字的重文；"乀"在"丿"部第三个字；"𠄌"在"丨"部第二个字。至于"又""雲""丿""丨"等部首各在何卷，还得去查卷首。

《说文通检》虽然比较流行，但缺点并不少：

一、如果不知所查的字在《说文》中属于哪一部，即不易找到。

二、篆书写作楷书，固然比原来的字形容易辨认；但很多字只是篆书的"楷化"，而对于形体有变化的楷字则不予考虑。如"日"部的"暴"字，篆书是由"日""出""廾""米"四字合成，楷化后写作"暴"，一般人仍不认识。

三、部首和单字，都只列楷书，不附原来的篆文。初学者即使查到楷书，有时也同篆文对不上口径。

四、卷末只分笔画，不分部首，查找不便。

《说文易检》，清末史恩綍编。全书分部目（即卷首）、正文、卷末三部分，体例与《说文通检》大致相同，但较完善。

一、部目。将五百四十个部首按楷书的笔画排列，下面注明卷数和部首的次第，但在楷书下面都附有原来的篆文。如：

三画

刃　㓼　卷四下，部一百三十八。

山　屾　卷九下，部三百五十。

七画

告　吿　卷二上，部二十一。

克　亯　卷七上，部二百五十一。

这样在查部首对照原文时，就比《说文通检》更方便些。

二、正文。分十四卷，卷分上下。每部的字也按楷书笔画排列，体例与《说文通检》相同。但有两点不一样：第一，每个楷书字下面都附有篆字；第二，每个字下面都附有简要说明（节录《说文》原文）。如卷二上：

半部十八　㈣胖　胖　半体也。一曰广肉。普半切。
牛部十九　㈢牡　牡　畜父也。莫厚切。

这就是说，"半"是《说文》的第十八部，"胖"字在"半"部四画。"牛"是《说文》的第十九部，"牡"字在"牛"部三画。下面的话是简要说明和注音。这样的优点，一是查对原文更方便，二是查到某一个字，即可知其大概意义，本身有提要作用，比单纯检字更前进一步。但如能全录原文，对读者就更方便了。

三、卷末。又名"附卷"，也分上下卷。这一部分收两类字：是难查的字（主要是部首不易辨认，或楷书部首与篆文部首不一的字）；二是俗字。所谓"俗字"，指的是《说文》里没有，但为后世通用，而且收于《康熙字典》的字体。两类字合在一起，按照字典部首编次，上卷列一画至五画部首，下卷列六画至十七画部首。每部中的字，再按笔画排列。查法比《说文通检》方便得多。例如《说文》"广"部的"庍"字，就是后来的"斥"字，但《说文》"斤"部没有收"斥"字。而《说文易检》卷末的上卷，"斤"部一画，即收入"斥"字，并于下面注明："篆作庍，广部。"再如，《易检》卷末上，"白"部三画，收"的"字，《说文》篆文则作"旳"，在"日"部；七画收"皓"字，《说文》篆文则作"晧"，也在"日"部，都属于难查字。但在《说文通检》的卷末，这些字都没有交代。从这些地方看，《易检》显然比《通检》有优越性。另外，有些字不易分部，即无部可属的，仍依字画排列在最末。如一画列"乁""乄"等字，二画列"㇉""乚"等字。总之，《易检》比《通检》体例完善，查起来较方便。但卷末所收的难查字，也有遗漏，如"牧"字，应该收入卷末上的"牛"部，但并未收入。

最后再说一下如何使用《通检》和《易检》的方法。如果我们想查一个字，首先应该分析它共有几部分，以确定其部首。如果分析不出，可以查字典。中华书局新版《康熙字典》的书眉上有篆字，可以参考。《中华大字典》一般都注明某字在《说文》某部。然后根据字典的部首，去翻《通检》或《易检》的卷首，看这一部首在《说文》第几卷。例如"暴"字在"日"部，"益"字在"皿"部，我们去翻《通检》或《易检》卷首，知道四画有"日"部，在《说文》卷七上；五画里有"皿"部，在卷五上；然后再去查《说文》卷七上的"日"部，卷五上的"皿"部，就可以找到"暴"字和"益"字。

但有的字就比较麻烦。如一般字典"民"字在"氏"部，"雲"字在"雨"部，"能"字在"肉"（月）部，而《说文》的"氏"部、"雨"部和"肉"部，就不收这三个字。这时我们再去查一下《通检》或《易检》的部首，就会发现"民""雲""能"在《说文》里都自成部首："民"在卷十二下，"雲"在卷十一下，"能"在卷十上，问题才算解决。

这两种工具书都是根据楷书查篆文的。如果遇到篆文不认识，想查它是什么字，就很费力。《易检》在每个部首和单字的楷书下面附有篆文，还可以对照翻检，《通检》就毫无办法了。

其他查《说文》的工具书，还有清毛谔亭编的《说文检字》，清丁养和编的《说文便检》，和署名"三家村学究"编的《说文检字一贯三》等。其中《说文检字一贯三》最便于使用。

这书前有总目，依《康熙字典》分为十二集，并按《字典》的次序列出部首。如想查某字，就像查字典似的先检某部几画。例如查"康"字，就查"广"部八画。找到"康"字后，就发现下面有三行小字：

```
┌─────────┐
│    康    │
├──┬──┬───┤
│下│七│十 │
│七│下│八 │
│  │禾│   │
│  │部│四 │
│  │四│五 │
│  │四│三 │
└──┴──┴───┘
```

右侧第一行小字是查清人朱骏声《说文通训定声》的索引。朱氏的书是按古音分部的，没有古音常识的人根本不知从何查起。这里写的"十八"，表示"康"字在《通训定声》第十八部（壮部），"四五三"则指"壮"部的第四百五十三字。中间一行是查清人段玉裁《说文解字注》的索引，段注本《说文》和大徐本基本上相同，个别字的次序段注有些更动，但总的部首没有改变，因此这一行也就等于是查大徐本的索引。"七下"指《说文》第七篇下，"禾部四四"是指"康"字在"禾"部第四十四字。左侧一行是查《经籍籑诂》的索引，《经籍籑诂》是按诗韵分部的，"下七"指下平韵第七个韵部，即阳韵。也就是说，"康"字在阳韵中可以找到。每一个字都包含三种索引，因此书名"一贯三"。

这书还有几条例外：一、《说文》中所收的"重文"字和"或体"字（即一字有几种写法的）一概归入本书卷末；二、楷书通行字和《说文》有出入，而《说文》不收的，则在书眉上加注说明。如"仙"字《说文》不收，编者即在书眉注明："仙佛之'仙'，《说文》作'僊'。"三、三种书中有一种不收某字，则在某字下面的某一相应行内留出空白。

《说文检字一贯三》便于初学，值得推荐。可惜近几十年来流行不广，如果没有新的工具书来代替它，是有必要重印问世的。

清代研究和注释《说文解字》的著作很多。贡献较大而流行最广的是上述的段玉裁的《说文解字注》。此外如桂馥的《说文义证》，王筠的《说文释例》和为初学编撰的《说文句读》，以及上述朱骏声的《说文通训定声》也颇有学术价值。其他著作还不下数十种。要想知道这些著作对《说文》中某一个字的解释和看法，遍检原书是很困难的。丁福保编的《说文解字诂林》可以帮助我们解决这个问题。

《说文解字诂林》共六十六册，分前、后、补、附四编，另有"通检"一编。上海医学书局1928年出版。到1932年，丁氏又蒐辑近代有关《说文》研究的著述，续出"补遗"十六册。这是一部集《说文》注释之大成的工具书。

这书将清代以来研究《说文》的重要著作，包括参考书和不同版本，共约一百八十余种，另外还有其他著述中论及《说文》的单篇材料，都汇集在一起，在《说文解字》所收的每一个单字下面，逐项地分条罗列出来。各家著作排列的次序，以大徐本的原文为第一类，用最大的字体排印；其次列徐锴的《说文系传》(小徐本)为第二类；以下分列段、桂、王、朱等人的著作。全书都用剪贴原著的办法排印，所以错字很少。在每字之下，有的还附列甲骨文、金文等并加以考订。查一字而各家之说皆备，为研究文字学的人提供了丰富资料。

《说文解字诂林》书前有"引用书目表""引用诸书姓氏表"。"通检"另编为一册，按照《康熙字典》的部首分编成从子到亥十二集，将所收单字写成楷书，编入各部，下注所在页数。必须按一般字典部首寻出所要查的字，再按页数寻检，一翻即得，比较方便。

自许慎撰《说文解字》以后，沿袭这书系统而编成的字书很多。如晋人吕忱编的《字林》七卷(书已佚)；梁人顾野王编的《玉篇》(原本已不可见，今传三十卷本，是经过唐人孙强增字，宋人陈彭年等重修的)；宋司马光等人编的《类篇》十五篇，四十五卷；明人梅膺祚编的《字汇》十二集，十四卷；明人张自烈(一说是清人廖文英)编的《正字通》；以及为了订讹误、正字体而编的《干禄字书》(唐颜元孙撰)、《龙龛手鉴》(辽僧行均撰)等，都各有其特点和用处。关于这些书，近人刘叶秋在他写的《中国的字典》(1960年4月商务印书馆出版)和《中国古代的字典》(1963年中华书局出版，收在《知识丛书》内)两本书中都已有详细的介绍。为了避免复述其内容，同时也因为这些书的使用范围已不普遍，这里就都从略了。

2 有关甲骨文、金文的字书

中国古代最早的文字，就现在所见到的而言，是殷代的甲骨文。这是当时统治者奴隶主贵族阶级占卜时锲刻在龟甲上或牛羊胛骨上的文字。到了周代，又有范铸在青铜器上的铭文。这种铭文的字体也叫"吉金文"，简称"金文"，古人称为籀文或大篆。战国时代，某些诸侯国家又使用一种类似蝌蚪形的文字，《说文》里称它们为"古文"。另外，在古玺印、古陶器、古钱币等物件上还刻铸着各种不同形体的文字。秦、汉以后，文字经过一定程度的统一和规范化，才形成《说文解字》里所收的那种篆文字体，即所谓"小篆"。由篆书变隶书，由隶书变为草书和楷书，都是汉代和汉代以后的事了。

甲骨文是1899年（清光绪二十五年）才被人们发现的，因此，研究甲骨文成为一种学问是20世纪以来的事。到1966年为止，甲骨文字出土的材料已有十六七万片，文字的总数目也已超过一百万言。十几年前，有关的学术单位准备把现存的所有甲骨文字汇集到一起，编成一部集大成的专门字书。但由于种种原因，这项工作还没有结出成果。近年来地下文物陆续被发掘，又发现了周初的甲骨文字，这就说明甲骨文并不只是限于殷商一朝使用的文字了。在新的有系统的全部甲骨文被编订成书以前，收字较多而比较有代表性的甲骨文专书，约有以下几种：

一、《殷墟文字类编》十四卷，附《待问编》十三卷，商承祚编，有1923年刻本和1927年删校本。

二、《甲骨文编》十四卷，附"合文附录""检字备查"各一卷，孙海波编，1934年10月燕京大学石印本。

三、《卜辞通纂》附"考释"和"索引"，郭沫若著，1933年5月日本东京文求堂石印本，后由国内科学出版社重印出版。这书所选甲骨文字较为精审，而且有作者独到的看法。

此外，胡厚宣的《战后平津新获甲骨集》和《战后殷墟出土的新大龟七版》，是1946、47年发表的，董作宾的《殷墟文字》甲、乙编是1948、49年由商务印书馆影印出版的。这些材料问世较晚，可补上述三书材料的不足。至于专门的研究著作，则不在本书的介绍范围之内了。

我国从宋代就有人收藏金石古器和考释上面的文字。宋代欧阳修的《集古录》，赵明诚的《金石录》，薛尚功的《历代钟鼎彝器款识法帖》，清代王昶的《金石萃编》，阮元的《积古斋钟鼎彝器款识》，都是这方面的著作。下面只简单介绍几种便于查找而容易看到的近人著作，供读者使用时参考：

一、《金文编》，容庚编著。1925年初版，1959年经著者增订，由科学出版社出版。这是一部金文字典，全书收录金文一万八千余字，是从历代出土的三千多件殷、周青铜器的拓本或影印本临摹下来的。其中可识的字则大体依《说文解字》分部排比，每字附注篆文。其有疑义或不可辨认的则作为附录。

二、《两周金文辞大系考释》，郭沫若著。这书由科学出版社重印出版，内容选择精审，考释部分创见较多，学术价值较高。

此外，还有汪仁寿编的《金石大字典》，上海求古斋发行；徐文镜编的《古籀汇编》，1934年商务印书馆出版。这两书专收金石各体文字，上自籀文、古文，下及古玺印文字，《古籀汇编》更收甲骨文和古陶器、古钱币上的文字。《金石大字典》对每种字体都标明出处，《古籀汇编》则注明古今文字学家对字义的考释，都是比较切实适用的综合性的古体文字的字典。

这一节里所介绍的工具书比较专门，也是研究古文字学和考古学方面的一部分入门书籍。

二 声韵学类

1 《切韵》《唐韵》《广韵》《集韵》和《十韵汇编》

在工具书里，用韵部检字的很多，第二讲已经说过。这一节就专门介绍几种韵书。韵书实际上是解决字音也包括解决字义方面问题的工具书，可以看成按韵部编排的专门字典。

中国最早的韵书，是隋代陆法言编著的《切韵》。原书五卷，早已亡佚，只剩下几种不同的残本。近年来经专家考订，《切韵》共分一百九十三个韵部，计：平声五十四韵，上声五十一韵，去声五十六韵，入声三十二韵。分部的次序不及《广韵》有系统，字数较少，注释也比较简略。

唐代孙愐在《切韵》的基础上著有《唐韵》，对《切韵》的部目、字数和注释都有所增订。但原书也已失传，只有写本残卷和一篇保存在《广韵》书前的序文。另有王仁煦著的《刊谬补阙切韵》，现在还有写本传世。到北宋初年，陈彭年等又在《唐韵》的基础上加工增订，编成了《大宋重修广韵》（简称《广韵》）。这是我国现存的最完整也最流行的一部古代韵书。

《广韵》共五卷，分为二百零六个韵部，计：平声五十七韵，上声五十五韵，去声六十韵，入声三十四韵。其中平声韵因为字数多，分为上下两卷，上平声二十八韵，下平声二十九韵（上、下平和现在所说的阴、阳平毫无关系）；上、去、入则各占一卷（韵目见本书"附录二"）。全书共收两万六千一百九十四字。

《广韵》所收的字，都是先释字义，然后注音。同音字都集中在一起，成为一组；异读音分别注明。例如上平声的"六脂"韵，"尼"字条，这一组同音字共有八个：

○尼 和也，女夷切。八。 柅 木名，又女履切。 怩 忸怩，心惭也。 蚭 《字林》云：北燕人谓蜓蚰为蚨蚭也。 跜 蹸跜，虬龙动貌，见《文选》。 呢 言不了呢喃也。 貎 馜馜。 貎 兽名。 ○……

"尼"字下面的"和也"是字义的解释，"女夷切"是反切注音。"八"是指这一组与"尼"字同音的字共有八个。在"柅"字下面注"又女履切"，是"柅"字的异读音。"尼"字前面和"貎"字后面各有一个圆圈，是分隔同音字组的符号。在圆圈的前面和后面的字组，都与"尼"等八个字不同音。查时应注意，以免混淆。

《广韵》的部目下面，注有"独用""同用"字样。试举上平声的二十八个韵部为例：

东第一_{独用}　　　　冬第二_{锺同用}
锺第三　　　　　　江第四_{独用}
支第五_{脂之同用}　　脂第六
之第七　　　　　　微第八_{独用}
鱼第九_{独用}　　　　虞第十_{模同用}
模第十一　　　　　齐第十二_{独用}
佳第十三_{皆同用}　　皆第十四
灰第十五_{咍同用}　　咍第十六
真第十七_{谆臻同用}　谆第十八
臻第十九　　　　　文第二十_{欣同用}
欣第二十一　　　　元第二十二_{魂痕同用}
魂第二十三　　　　痕第二十四
寒第二十五_{桓同用}　桓第二十六
删第二十七_{山同用}　山第二十八

所谓"独用"，指本韵部的字只能单独使用；所谓"同用"，指另几个韵部的字可以共同使用。这种情况，反映得最具体的是写近体诗。唐、宋人写近体诗，凡用"独用"韵部的字作韵脚，就只能在这一韵部中找字用；例如用"东"韵字，就一定不能兼用"冬"韵字。如果用"同用"韵部的字作韵脚，那就比较方便。例如用"支"韵时，也可以兼用"脂""之"两部的字；用"元"部字时，也可以兼用"魂""痕"两部的字（这在今天读起来反倒不押韵了）。而"东""冬"之间，"鱼""虞"之间，"真""文"之间，却是绝对不能通用的。

这到了后来的"诗韵"里，就成为固定的清规戒律。

要从《广韵》里查字，先须辨别字的四声和所在韵部。如果查《中华大字典》或旧本《辞源》《辞海》，是可以查到每个字的所在韵部的；但它们所根据的是诗韵的韵部而不是《广韵》的韵部；因此，用来查《广韵》时就要先看这个韵部是"独用"的还是与其他韵部"同用"的。如果字典注明某字在"冬"韵，而"冬"是与"锺"韵"同用"的，那么查《广韵》时就要把"冬""锺"两部都翻到，才能保证查到要查的某字。

《广韵》在韵书中是有重要地位的，无论研究上古、中古或近古的声韵，都不能离开它。做为一部字书，它还保存了不少唐宋时代已经散佚的古代资料。因此它也是一种比较重要的工具书。

中华书局出版有《广韵校本》一书，是周祖谟根据不同版本校订异同而成的，是目前最完善的版本。此外，商务印书馆出版的《四部丛刊》本和"国学基本丛书"本《广韵》，也比较通行适用。

继《广韵》之后，宋人丁度等还编了一部《集韵》。这书属《广韵》系统，共十卷，平声四卷，上、去、入声各二卷。韵部与《广韵》数目相同，仍分为二百零六部，但韵目名称和编排次序略有更动，对于"同用"的韵部也有了新的改动和归并，注音反切也有所修订。收字五万三千五百二十五个，比《广韵》增加了一倍。这书对字的形、音、义都很注重，内容经常为后世字书、辞书所引用，是研究文字训诂和宋代语音的重要资料。中华书局出版的《四部备要》本《集韵》比较通行，也便于使用。

1936 年，北京大学研究院文史部，在罗常培、魏建功等的指导下，编成了一部《十韵汇编》，由北京大学出版组印行出版。这书汇刻了唐写本《切韵》残卷五种，这是陆法言的原著；《刊谬补阙切韵》残本二种，这是王仁煦所著；《唐韵》残本一种，这是孙愐的原著；另外还有五代时刊刻的《切韵》残本一种，再加上《广韵》，把它们上下排比，分栏对照，以便研究，所以称为《十韵汇编》。

《十韵汇编》是研究《切韵》《唐韵》的重要资料书，也是研究《广韵》系统的音韵发展的重要工具书。书前有罗常培编写的"凡例"和序言，以及魏建功写的长篇序言，对治声韵学很有帮助。书后附"分韵索引"和"部首索引"，以便检寻。每一韵部的末尾还附有《广韵校勘记》，也有一定参考价值。

2 《礼部韵略》《韵府群玉》和"诗韵"

《广韵》的分韵办法太琐细，和唐宋时代实际语音已有一定距离。宋、元、明、清以来，作诗的人都以所谓"平水韵"的一百零六个韵部为押韵的根据。从二百零六韵到一百零六韵，中间是有一段过程的。

宋代以科举取士，考试诗赋需要有一部标准的韵书。宋初邱雍等曾将《广韵》删节，选取比较通用的字，编成五卷，名为《韵略》，今已亡佚。这是宋代官定韵书中最早的一种。后来，丁度等根据《韵略》加以修订，成《礼部韵略》五卷，专备礼部科举考试之用。所谓"略"，即略本、节本的意思，表示是《广韵》之类的韵书的省略本。现在的传本名为《附释文互注礼部韵略》，是在丁度的原书的基础上增修的，有商务印书馆《四部丛刊续编》本较为通行。到了南宋时，毛晃也在丁度的原书基础上重新增字、辨误，成《增修互注礼部韵略》五卷，简称《增韵》。但毛书流传不广，近年尤其罕见。

这两种《礼部韵略》的韵部与《广韵》相同，分韵都是二百零六部，次序也没有变，"独用"和"同用"的韵部也标得很清楚。如果把"独用"的韵部算一个单位，把"同用"的几个韵部合起来算一个单位，则上一节所引的上平声的二十八韵，就归并成十五个韵部单位，这就是后来"诗韵"的上平十五韵。其他下平声、上、去、入声的韵部，也按同样办法类推，经过合并，就成为一百零八个韵部单位[①]。《礼部韵略》在当时的具体作用就是让应考的士人按照这一百零八个韵部单位来写应试诗。

---

① 这一百零八个韵部是：上平声十五韵，下平声十五韵，上声三十韵，去声三十一韵，入声十七韵。

南宋末年，平水（今山西新绛）人刘渊作《壬子新刊礼部韵略》（此书也已亡佚），索性采取简化办法，删去了《广韵》中被合并同用的韵部，直接地把独用韵部和同用韵部中最前面的韵目排在一起，更把去声韵部经过合并后的三十一个韵部单位进一步简化为三十个韵部，这样一来，就由二百零六韵简化为一百零七韵，即所谓"平水韵"，并成为金代供科举考试用的官修韵书。到了元代，阴时夫编撰《韵府群玉》，又将刘渊的《壬子新刊礼部韵略》的一百零七韵中的上声韵部再行合并，由三十韵省为二十九韵，这就是元明清以来作五七言诗押韵所根据的一百零六韵，即通常所说的"诗韵"。"诗韵"的韵目见本书"附录三"，可与《广韵》韵目进行比较。

清代康熙年间，根据《韵府群玉》增修，编成《佩文韵府》（这书的内容见本书第八讲），并明确规定《韵府》所有的一百零六个韵部就是当时的标准韵，《佩文韵府》也就成为清代官修的标准韵书。为了当时读书人应考方便，还把《佩文韵府》压缩为五卷本的《佩文诗韵》，即所谓"官本诗韵"。这一百零六个韵部一直沿用至今。清代坊间刊行的《诗韵全璧》《诗韵合璧》《诗韵含英》等书，实际上都是根据《佩文诗韵》改头换面而成的。

《广韵》《集韵》以及《礼部韵略》等书，都把同音字集中在一起，很像今天的《同音字典》，对于解决字音问题很方便。而清人编《佩文韵府》（包括《佩文诗韵》）却打乱了成例，在同一韵部里把常用字列在前面，不常用的字放在后面，而不以音序排列。例如"七虞"韵中读 yu 音的字有虞、愚、娱、禺、隅、嵎、麌等，这在《广韵》里是排在一起的。而到了一般"诗韵"里面，从《佩文韵府》开始，虞、愚、娱、隅就和禺、嵎等字排在两处，中间隔了很多不同音的字；比较生僻的"麌"字就隔得更远。这就使读者无法根据同音串连的方法来识字审音，反而造成了读音的困难。从编排方法来看，这是不科学的。

诗韵的韵目还曾经有另一种用处，即用来代替每月的日子。例如十四日可以用上平声韵目的"十四寒"来代替，二十九日可以用去声韵目的"二十九艳"来代替。如果我们在清末民初的史籍或文件上看到"艳电"字样,就知道这是一份二十九日发出的电报。

诗韵的分韵办法和唐、宋时代的实际语音已有出入;到了今天,差别就更大。我们用普通话读"江"韵和"阳"韵字,已完全没有区别。不过为了便于检查旧有的工具书,熟悉一百零六韵的韵目,还是有其方便之处的。

3 《中原音韵》《洪武正韵》和《音韵阐微》

以上两节所谈的韵书,都是研究我国中古时期音韵学的著作,其内容与宋、元当时实际语音已有较大距离。元代泰定元年(1324年),周德清著有《中原音韵》,却给音韵学史开创了一条新的道路。

《中原音韵》共分二卷,前卷为韵书,后卷为附论,是一部供当时人创作北曲(包括北杂剧和散曲)作为准绳的著作。周德清根据元代当时北方口语的语音和北曲用韵的标准,把一百零六韵简化、压缩成十九部,大大变更了从《切韵》以来韵书的体例。《中原音韵》最大的特点是取消了入声韵部,每韵只有阴平、阳平、上声、去声四部而无入声,每一韵部的字都按阴、阳、上、去四声的顺序排列,入声字则分别归并到平(都是阳平)、上、去声之中。这本来是符合当时北方语音(尤其是"大都话",即现在北京话的前身)实际情况的客观存在。周德清敢于突破旧韵书的传统束缚,首先简化韵部并改变了四声分类,写成这部比较符合北方口语实际情况的韵书,确实是有创造性的。

《中原音韵》的十九个韵部是:一、东锺;二、江阳;三、支思;四、齐微;五、鱼模;六、皆来;七、真文;八、寒山;九、桓欢;十、先天;十一、萧豪;十二、歌戈;十三、家麻;十四、车遮;十五、庚青;十六、尤侯;十七、侵寻;十八、监咸;十九、廉纤。后来北曲家作曲,演员唱曲,发音吐字多以这书为依据。但这部韵书只列同韵的单字,不作意义上的解释,所以是只能查韵脚的工具书。但做为近代普通话的语音资料,这书还是有一定价值的。有《中国古典戏曲论著集成》本最为通行。

明初洪武年间,乐韶凤、宋濂等编撰了《洪武正韵》十六卷。这是明代官修的韵书。文字义训，根据南宋毛晃的《增修互注礼部韵略》；分韵归字，则显然受周德清《中原音韵》的影响，比较接近当时口语读音。全书分七十六个韵部，平、上、去各二十二韵，另有入声十韵。这显然是考虑到我国当时南方方音而编排的。明代作家创作南曲（包括传奇和散曲），多依据《洪武正韵》，正由于这书所收韵部音兼南北而又接近口语的缘故。所以《洪武正韵》成为曲韵南派的始祖。

上述二书，由于与古典戏曲文学创作有关，所以介绍如上。

中国韵书的标音方法，大体分为两种。一种是直音，即用同音汉字给所要标注的字作说明。例如"芸"字音"丘"之类。另一种是反切。现在很多青年文史工作者查旧工具书每因不懂反切而感到很困难，因此这里简单谈几句。

反切似拼音而又不同于拼音。为了克服用旧工具书而又不懂反切的困难，我曾姑且想过一种办法。即取反切上字的声母和反切下字的韵母，把它们拼在一起，就可能读出所要读的字音来。例如"同"字，《广韵》作"徒红切"。"徒"字写成汉语拼音是"tú"，"红"字写成汉语拼音是"hóng"。如果取"tú"的声母"t"，取"hóng"的韵母"óng"，然后拼在一起，成为"tóng"，就是"同"字的读音。

但这种方法并不能彻底解决问题。由于今天的字音和唐宋时代的读法距离较大，即使照上述方法取反切上下字的声韵母相拼合，也还是读不出音来。例如"龟"字，《广韵》作"居追切"，"居"字写成汉语拼音是"jū"，"追"字写成汉语拼音是"zhuī"，把"j"和"uī"拼在一起，根本就读不出音来。这正是反切标音法的最大缺点。

这种缺点在封建社会已经被人发现，清代官修的韵书《音韵阐微》就是为力求解决反切读音的问题而编撰的。

《音韵阐微》十八卷，清李光地、王兰生等主编。康熙五十四年（1715）开始撰修，到雍正四年（1726）成书。这书的特色有以下几点：

一、按"诗韵"一百零六部编排，但遇到《广韵》《集韵》原有韵部中的字仍一一注明。如"锥"字旧在"脂"韵,今并入"支"韵,仍在"锥"下标明"脂韵"字样。有的韵部排列次序已经改动,也都标注出来。如"五微"下面即注明为"旧八微","八微"是《广韵》分部的次序。

二、每一韵部中的字都按三十六字母的次序排列,并照顾到"开""齐""合""撮"的顺序①。这就纠正了自《佩文韵府》以来不把同音字排在一起的缺点。

三、重新规定了每个字的反切上下字。这书"凡例"的第一条提出:"从来考文之典,不外形声二端。形象存乎点画,声音在于翻(反)切。世传切韵之书,其用法繁而取音难。今依本朝字数合声切法,则用法简而取音易。……盖翻(反)切之上一字定母(即声母),下一字定韵(即韵母)。今于上一字择其能生本音者,下一字择其能收本韵者,缓读之为二字,急读之即成一音。……"于是此书选择了一批"能生本音"和"能收本韵"的字作为反切上下字,改变了不少过去韵书中读不出音的缺点。例如"龟"字,改"居追切"为"姑追切"或"姑威切",使反切上字"姑"的声母"g"可以和反切下字"追"或"威"的韵母"uī"拼成"guī";又如"牵"字,《广韵》旧作"苦坚切",拼出来是"kiān",和口语不合,这书于是改成"欺烟切",拼出来是"qiān"音,就不错了。这正是我们今天认为这书还有一定参考使用价值的缘故。所以后来的《辞源》《辞海》,都采用《音韵阐微》的反切给单字注音。

四、在反切前面标有"合声""今用""协用""借用"等字样,都是这书编撰人新标的反切注音。至于这些名词,则是本书在规定反切上下字时拟定的术语,读者有需要时只消一看书前的"凡例"就会理解,这里就不一一加以说明了。

但《音韵阐微》的反切标音只是比较符合清代初年北方的口语,有些读音

---

① "开""齐""合""撮"即所谓"四呼"。"开"指开口音,即韵母中有"a"的;"齐"指齐齿音,即韵母中有"i"的;"合"指合口音,即韵母中有"u"的;"撮"指撮口音,即韵母中有"ü"的。如"an""ian""uan""üan"四个音,即代表四呼。

与今天仍有距离。同时，反切的办法即使得到改善，也依旧有读不出音来的情况。例如"而"字，《广韵》作"如之切"，固然不便拼读；但《音韵阐微》改成"日怡切"，结果还是读不出"ér"的声音来。这样的例子还有很多。从而证明，过去凡是用反切标音的韵书都有其无法弥补的缺陷。只是由于《音韵阐微》在旧工具书中对反切问题比较有些改进，才在这里略加介绍，供读者使用时参考。这书有商务印书馆《万有文库》本，比较通行。

4 《中华新韵》《诗韵新编》和《北平音系十三辙》

下面介绍三种反映当代口语读音的新韵书。

《中华新韵》，中国大辞典编纂处编，1941年初版，1950年由商务印书馆出版了增注本。

据本书编者在"序言"中说，《中华新韵》是以《中原音韵》的音系内容为依据，以民间文艺所用的"十三道辙"为基础，把"北京音系"的口头语言进行了科学分析，重新整理了韵目，才编成的。

这书共分十八韵：一麻，二波，三歌，四皆，五支，六儿，七齐，八微，九开，十模，十一鱼，十二侯，十三豪，十四寒，十五痕，十六唐，十七庚，十八东。另有"儿化韵"（即卷舌韵，又叫"小辙"）九个：即虾儿、蝈儿、鸽儿、雕儿、牛儿、羊儿、蜂儿、虫儿、珠儿；都附在"六儿"韵后面。每韵又按阴平、阳平、上、去四声，并依照"丨"（i）、"メ"（u）、"ㄩ"（ü）的次序，分别排列若干同音常用字汇。每个单字下面都有简单解释。可以做为韵书查，也可以当同音字典用。

《诗韵新编》，中华书局上海编辑所编，1965年4月初版。

这是一本最新的诗韵，是为了适应当前诗歌、戏曲、歌剧作者运用现代语音韵脚进行创作的需要，在现代汉语音韵研究的成果之上，广泛征求意见，参照《中华新韵》《汉语诗韵》等现代韵书编辑而成的。韵目分为十八部，名称和排列次序都与《中华新韵》相同。每部韵目中分为平仄两大类。平声分为阴平、阳平；仄声分为上声、去声及旧读入声（每个入声字都注明普通话的读音)。各部中的同韵字,依照汉语拼音字母的次序排列,同音字并按常用、少用字分前后次序。全书共收单字约八千个。一般单字后面都举出若干可作韵脚用的词语,包括常用词语和旧体诗词中习见的文言词语。如"十模"韵中阳平声的"无"字后面即列举:有无、虚无、绝无、之无、得无、天下无、有若无、淡欲无等。不常见的单字或词语还加以简明解释。

这本诗韵的特点是:一、以普通话的字音为分韵标准,符合现代语音的押韵规律。二、吸收了过去韵书中某些程式,如平仄分列、入声单列一类及同音字按常用、罕用分先后排列等。三、每个单字都用汉语拼音字母注音,有助于正音。四、单字后面的例词有文有白,新旧兼顾。

但有些四字成语,编者为了迁就韵文的需要,硬改成三个字,如"驷马难追"改为"驷马追";"有隙可乘"或"无隙可乘"改为"隙可乘";"如愿以偿"改为"如愿偿"等,都未免生硬牵强。

书后有部首表、检字表、难检字表。另附有《佩文诗韵》,可供参考。

《北平音系十三辙》十三卷,张洵如编著,1937年中国大辞典编纂处出版。这是一部根据北京音系编纂的字书。全书按十三辙的韵母编次,以北京方音为读音标准,每辙中汇列若干单字,并注以简单释义。研究民间文艺的人,戏曲、曲艺创作者和演员,可以依据这书查找十三辙的字汇。一般读者也可以把它当作北京话的同音字典使用。

十三辙是演唱戏曲、曲艺(主要是北方剧种和北方曲艺)的口头辙韵,是民间文艺约定俗成的口头分韵系统。辙目是:一、发花;二、梭坡;三、乜斜;四、怀来;五、灰堆;六、遥条(一作"苗条");七、油求;八、言前;九、人辰;十、江阳;十一、中东;十二、一七;十三、姑苏。除代表北方戏曲、曲艺辙韵的"京剧十三辙"外,还有所谓徐州十三韵,滕县十三韵,滇戏十三韵等。但在韵部的划分上与北京音系十三辙则并无显著差异。这是需要附带说明的。

三　训诂学类

1　《尔雅》《释名》《广雅》及其他

如果说，《说文解字》是中国第一部以分析字形、探讨字体结构源流为主要内容的书，而《广韵》是中国现存的第一部完整的以归纳字音、探求声韵源流为主要内容的书；那么，《尔雅》则是第一部以训释字义和词义为主要内容的书。这三部书是研究中国语言文字方面的基本入门书，也是这方面的原始资料书和重要工具书。《说文》《广韵》发展为后世的字典，《尔雅》则发展为后世的辞典。

在封建社会，《尔雅》被列为儒家经典之一。其实它是一部训诂学方面最早的专门著作，是汉代士人为了研读先秦儒家经典、解决字词义方面的困难而编纂的工具书。其时代和作者已不可考。有人认为《尔雅》第一篇《释诂》是周公所作，后来孔子、子夏又有所增益；又有人认为这书曾由西汉初年的叔孙通所补。这些都是出于后人臆测的无稽之谈，全不足信。大约《尔雅》在秦、汉之际已开始编纂，以后陆续增补，至西汉时成书，并非出于一时一人之手。后来东晋的郭璞用了二十年功夫把这书加以整理注释，北宋的邢昺等又据郭注详为疏解，这就是现在通行的《十三经注疏》本中的《尔雅注疏》。

《尔雅》按照所释词语的内容，分为十九篇：《释诂》《释言》《释训》《释亲》《释宫》《释器》《释乐》《释天》《释地》《释丘》《释山》《释水》《释草》《释木》《释虫》《释鱼》《释鸟》《释兽》《释畜》。前三篇《释诂》《释言》《释训》专门解释一般字义和普通词义；后十六篇是对于百科名词的解释。《释亲》是解释有关家族关系的名称；《释宫》是解释各种建筑物的名称；《释器》是解释大小生活用具、器物的名称；《释乐》是解释乐器的名称；《释天》是解释天文、气象以及有关祭祀、狩猎的名称；《释地》是解释古地理、物产的名称；《释丘》是解释丘陵地形的名称；《释山》是解释山岳和山峦形状的名称；《释水》是解释江河泉渠的名称;《释草》是解释花、草、瓜、果、粮、菜等植物名称;《释木》《释虫》《释鱼》《释鸟》《释兽》《释畜》是解释树木、昆虫、水产、飞禽、野兽、家畜等的名称。所解释的字、词，大部分是单字（单音词），也有一部分是双音词或复合词。单音词例如：

辜、辟、戾：辠（罪）也。
怡、怿、悦、欣、衎、喜、愉、豫、恺、康、妣、般：乐也。
春祭曰"祠"；夏祭曰"礿"；秋祭曰"尝"；冬祭曰"烝"。

双音词例如：

黄发、鲵齿、鲐背、耇老：寿也。
谑浪、笑敖：戏谑也。
惴惴、憢憢：惧也。

前三篇解释字（词）义的方法，主要是用"通训"法，即将许多同义词或意义相近的词集中在一起，最后用一个常用词（通语）来统一解释。例如前面所引的"怡、怿、悦、欣……"等字（词），都是"乐"的意思，就把它们集中起来，以常用词"乐"来统一解释。除去通训以外，还有分训、互训、反训等训释方法。凡一字多义，即采用分训法。如《释诂》：

希、寡、鲜：罕也。鲜：寡也。

"罕"是稀罕，不仅表示"数量少"，而且包含"不常见""不常有"的意思。"寡"是表示一般的"数量少"。在这一组词中，希、寡、鲜，都有"罕"的意思；而其中的"鲜"，又有"寡"的意思。换言之，"鲜""寡"都有两重意义：

一是"罕"（稀罕）；一是"寡"（少）。

互训是意义相同的词互相训释，如《释诂》："亮、介、尚：右也。左、右：亮也。"

反训是以相反的词义训释。如《释诂》："治、肆、古：故也。肆、故：今也。""故"与"今"是反义词，但可以互训。

在其他十六篇里，主要是以今词释古词，如《释亲》：

　　　　父为考，母为妣。

父、母是今词，考、妣是古词。或以常用词（通语）释方言，如《释器》：

　　　　不律谓之笔。（注云："蜀人呼笔为不律。"）

再如《释天》：

　　　　久雨谓之淫；淫谓之霖。霁谓之霁。（注云："今南阳人呼雨止为霁。"）

前者是以通语释方言，后者是方言扩大了使用范围成为通语。从这些例证中可以考查方言与通语之间的互相变化和互为影响。

在《尔雅》里，很多古代的词语、方言，一时找不到相应的后世通语来解释，就对所解释的事物加以具体的描述。例如《释兽》："羆，如熊，黄白文"；"貙，似貍"；"兕，似牛"；"犀，似豕"；"彙（猬），毛刺"；"狒狒，如人，被（披）发，迅走，食人"。再如《释山》："山大而高，崧；山小而高，岑；锐而高，峤；卑而大，扈。"意思是说，又高又大的山叫"崧"；山形虽小而山势高峻的叫"岑"；山势陡削而高的叫"峤"；山不高，但绵延广阔，叫"扈"。

《尔雅》保存了大量秦汉以前的语汇,并加以简括的解释,对阅读古籍和研究古汉语都有较大帮助。从《尔雅》所收的词汇和注疏中,可以看出汉语词汇由单音词向双音词或复合词发展演变的情况,以及通语和方言之间相互影响的关系。此外,从《尔雅》的解说和郭璞的注释中,还可以了解一些古代的社会生活、天文地理以及古生物的情况。

《尔雅》成书于二千年前,解释词义的立场观点有问题,自不待言。解说也嫌过于简略笼统,甚至不易理解,必须依靠注疏才能明白。这些都是很大的缺点。

《尔雅》在封建社会的影响相当大,后世研究和注释《尔雅》的著作很多,其中以清代邵晋涵的《尔雅正义》和郝懿行的《尔雅义疏》比较有学术价值,用处也较大。

历代模仿《尔雅》体例而编纂的训诂专著,以"雅"为名的甚多。其中成就较大、流通较广的两种,是东汉末年刘熙的《释名》(又名《逸雅》)和魏张揖的《广雅》。

《释名》仿《尔雅》体例,全书共分《释天》《释地》《释山》《释水》等二十七篇,今本已有残佚。其特点是:解释词义,全依音训。目的在于根据字、词的语音来探索名物称谓的源流。这在解说中虽有不少穿凿附会、生硬牵强的地方,但也有很多新颖独创的见解。后世的训诂著作、词书、字典以及专书的注疏,采用《释名》论点的很多。清人毕沅的《释名疏证》和王先谦的《释名疏证补》,是研究《释名》较好的参考著作。

《广雅》完全依照《尔雅》的篇目,博采汉儒笺注及汉以前的字书,将《尔雅》内容大为增广,所以题为《广雅》。原书三卷,后来分成四卷,今本则为十卷;但内容却已有缺佚。这书保存先秦两汉古籍训诂方面的材料相当丰富。清人王念孙著《广雅疏证》,对《广雅》阐释精详,无论在学术研究和提供资料方面,都值得参考。

属于《尔雅》一类的著作数量很多。如汉孔鲋的《小尔雅》,北宋陆佃的

《埤雅》，南宋罗愿的《尔雅翼》，明朱谋㙔的《骈雅》，方以智的《通雅》，清吴玉搢的《别雅》，洪亮吉的《比雅》，史梦兰的《叠雅》等，都各有其特色。关于这些著作，刘叶秋在《中国的字典》和《中国古代的字典》两书中都有具体介绍，读者可以参考。这里就不详细叙述了。

2 《经典释文》《一切经音义》和《经籍籑诂》

注解古书的工作始于汉儒。晋代以后，除给古书注释文义外，有的还标注字音。这些注释和音读都散见各书，不便查找。有些旧注今天已经亡佚，更无法见到原书。唐代初年，陆德明编撰了一部《经典释文》，对儒、道两家所谓"经典"的注释和音读进行了汇辑工作。通过《经典释文》，散见的材料便于查找，亡佚的著作得以部分保存。因此这书有一定的学术价值，在汇集古书训诂材料的工作方面也比较有代表性。

《经典释文》共三十卷，内容包括：《序录》一卷；《周易音义》一卷；《尚书音义》二卷；《毛诗音义》三卷；《周礼音义》二卷；《仪礼音义》一卷；《礼记音义》四卷；《春秋左氏（传）音义》六卷：《春秋公羊（传）音义》一卷；《春秋穀梁（传）音义》一卷；《孝经音义》一卷；《论语音义》一卷；《老子音义》一卷；《庄子音义》三卷；《尔雅音义》二卷。《序录》包括"自序""条例""次第""注解传述人"和目录等内容。"自序"是自述著述宗旨；"条例"则阐明体例并交代编撰的规格；"次第"是说明诸书排列先后的原则；而最有参考价值的是"注解传述人"这一部分。其内容是：一、详述秦汉以来经学各家传授的源流；二、详载有关各种"经典"的注释和音读的书籍及其撰述人。这实际上具有书目提要的性质。读者在书中如果看到有征引各家说法而不详其人是谁，则翻检一下"注解传述人"项内对各种古籍的说明，就可以知道。如《尚书音义》引"马云"，"马"指东汉的马融；又如《庄子音义》引"司马云"，"司马"指晋代的司马彪，都见于"注解传述人"项内。

《经典释文》在注音释义方面大致是这样的：一、标注字音，包括直音和反切，而以反切为主；有时并注明这一读音是某一家的说法。二、解释字义，以引旧注或古书来进行注释为主，有时作者也自加注释或按语。三、列出各家不同的注音和训释。四、辨别字体和版本的异同。五、有时涉及断句问题。还有几点要注意：一、除在《周易》《孝经》《老子》和《庄子》四种《音义》中摘引文句较多外，一般只注单字单词，不引全文。二、作者注释音义的工作是在依据旧注本的基础上进行的，旧注已详，则不再加注，所以有详有略，体例并不一律。三、有时还给前人注文中的词语加注释。如《尚书音义》中所加的标音和注释，有些就是注释《伪孔传》注文中词语的。

《经典释文》的主要价值在于保存了唐代以前有关儒、道两家"经典"中的音读和注释，其中包括部分已经亡佚的材料，给后世研究声韵、训诂之学的人提供了丰富资料；其次则有助于对秦汉古籍的考证、校勘工作。至于查阅原书中所标注的音义，可以通过三种办法：一、知道古书的篇目和篇中文句所在的位置，如知道"壹发五豝"句是出于《诗经》的《召南·驺虞》第一章，即直接查检《经典释文》单行本中《毛诗音义》的相应部分。由于《经典释文》还没有索引，这种查法比较费事。二、除《老子》《庄子》外，在通行本《十三经注疏》的注文后面的一个圆圈下面附注的音义，就是《经典释文》的标音和注解；因此可以径查《十三经注疏》。三、关于陆德明本人对字义的解释，以及只有《经典释文》才引到的古人佚说，可以就古书中的字词去查《经籍籑诂》。

唐代佛教盛行，翻译佛经的工作蔚为风气。佛教徒阅读佛经，当然也发生音读和字义方面的问题。因此初唐时僧人玄应撰《一切经音义》（一名《玄应音义》，又叫《众经音义》）二十五卷，僧人慧苑撰《华严音义》四卷，都是给佛经中难读难解的字句标音释义的。玄应的书征引了汉晋以来诸家对秦、汉古书的注解，如郑玄的《尚书注》《论语注》，贾逵、服虔的《左传注》，李巡、孙炎的《尔雅注》等。其中有些是失传的古籍，因此很受清代学者的重视。

中唐时期，僧人慧琳又撰一部大书，也叫《一切经音义》（一名《慧琳音义》，又叫《大藏音义》），共一百卷，把玄应、慧苑的两部著作都网罗在内，并且大为扩充。全书共注释了佛经一千三百部，约五千七百馀卷。书中征引唐以前的著作和佛教经典共七百五十馀种（如果除去佛教典籍，尚有二百五十馀家），很多已亡佚的字书如东汉应劭的《通俗文》、晋吕忱的《字林》等，都可以从这部书里检出佚文，为后世研究声韵训诂之学提供了丰富资料。后来辽僧希麟又撰《续一切经音义》十卷，补慧琳《音义》之所未备。

慧琳的《一切经音义》在我国长期失传。明代初年，由朝鲜传入日本，至清末始又传回中国。现在看到的本子，有日本洛东狮谷白莲寺刊本，日本东京弘教书院排印的释藏本和1926年上海医学书局的排印本，而以白莲寺刊本为最早，后两种即以这种版本为依据。各本都附有希麟的《续音义》在内。

《一切经音义》卷帙繁，材料多，直接翻检很不方便。因此还要依靠为查《一切经音义》用的两种工具书：《一切经音义通检》和《慧琳一切经音义引用书索引》。

《一切经音义通检》，清陈作霖撰，有1923年慎修书屋线装排印本。另外，医学书局排印本也附有《通检》。这书仿《说文通检》的体例，把《一切经音义》正续各卷所注释的词汇汇集起来，取其中做为主要实词的单字（如果一词由多字组成，则往往取末字），先按《康熙字典》的部首分部，再按笔画多寡逐一排列，下注《一切经音义》原书的卷数和页数（据白莲寺刊本），只要一翻，就可查出。例如"京"字在"亠"部六画：

京　六卷七页，十卷十四页，二二卷十页。

依次检寻，即可在第六卷第七页找到"十二京"一条，在第十卷第十四页找到"京者"一条，在第二十二卷第十页找到"王京都"一条，然后就查到这些词汇的音义了。

《慧琳一切经音义引用书索引》共五册，北京大学研究院文史部编，商务印书馆出版。这书是为查找《一切经音义》的引用书目而编的，前有"检目"，把原书所有引用的书名、篇名、作者名等都按照其首字的笔画多寡排列起来，注明页数。在《索引》的正文里，把慧琳所引的每一种书的若干条目都一一罗列。翻到之后，就可以知道《一切经音义》一共引了某书多少条材料。

例如卷一有《大唐三藏圣教序》，其中"毫厘"一条，《音义》引《九章算经》。现在查《索引》二画"九"字，找到《九章算经》的名称，即可看到：

条 目	《音义》卷	叶（页）	众 经 卷 数
毫 厘	一	一 后	大唐三藏圣教序

"一后"指原书在（第一卷）第一页的后半页。《大唐三藏圣教序》本无卷数，所以第四栏也没有注卷数。

通过这两种工具书，对于《一切经音义》中的训诂资料就可以充分利用了。

把古书里面的字词的训诂蒐集在一起，不仅对读某一种书有好处，而且可以触类旁通，随时解决困难。例如《左传》二年写卫士提弥明在赵盾要被晋灵公暗害时立即催促赵盾快走，"遂扶以下"。在《左传》杜预注里并没有解释这个"扶"字。如果我们知道西汉扬雄撰写的《方言》里有"护也"这样一种解释，那就可以懂得这句话是说提弥明保护着赵盾走下殿来，还不仅是搀扶着的意思。要想查这样的训诂材料，最适用的工具书是清代阮元主编的《经籍籑诂》。后来的《中华大字典》《辞源》《辞海》等书，所收的关于字义训释方面的材料，实际上都是承袭了《经籍籑诂》的成果。

《经籍籑诂》一百零六卷，每卷之末，各附"补遗"。全书由阮元本人拟定《凡例》，聘请当时知名学者臧镛堂、臧礼堂、宋咸熙、严杰、赵坦、洪颐煊、洪震煊、倪绶、陈鳣等约五十人，将《十三经》和唐以前（包括唐代在内）的史、子、集部中重要著作的旧注，以及汉、晋以来的各种字书，共约一百馀种[1]，汇集在一起，以单字、单词为条目，依照《佩文韵府》的一百零六个韵部，分平、上、去、入编成，每韵一卷。有的字《佩文韵府》未收，则据《广韵》和《集韵》增补。每字为一条，每条先列字的本义，次及引伸义或假借义。一字如有数音，则分别采入几个韵部，并因字义的不同，各加解释。如果各家说法对某一字的训诂完全相同，也逐一照录，不加删并，不避重复。所不同于一般字书的，是有释义而无注音，只列训诂，不标反切。但各书的异文，还是收录的。

检读《经籍籑诂》时应注意几种符号。第一种是竖线（"丨"），即代替所要查的本字。第二种是圆圈（"〇"），用来表示隔断上下两种不同的解释。第三种是方框（"□"），用来代表书名和篇名。试举去声"霁"韵"闭"字条为例：

闭　丨塞也 广雅释诂三 又 太元（玄）守 丨朋牖注〇壅也 国语晋语 丨而不通注〇丨谓密 素问举痛论 寒则腠理丨寒以丨也注……（下略）

这是说，"闭"作"塞也"讲，见于《广雅·释诂三》和扬雄《太玄经》"守卦"中"闭朋牖"这一句的注文（蜀汉范望《太玄经集解》）；作"壅也"讲，见于《国语·晋语》"闭而不通"这一句的注文（东吴韦昭《国语解》）；作"密闭"讲，见于《素问·举痛论》"寒则腠理闭，寒以闭也"这一句的注文（《素问》是医书，晋人王砯注）。如果仍不能解决问题，再到"补遗"中同一

---

[1] 《经籍籑诂》中所收，经部如《周易》王弼注、李鼎祚《集解》；《尚书·伪孔传》；《诗经》的《毛传》《郑笺》；"三礼"的郑玄注；《左传》杜预注；《公羊传》何休《解诂》；《穀梁传》范甯《集解》；《论语》何晏《集解》、皇侃《义疏》；《孟子》赵岐注；《尔雅》郭璞注等。史部如前四史的旧注和《国语》韦昭注、《国策》高诱注等。子部如《老子》河上公《章句》和王弼注；《庄子》郭象注；《吕氏春秋》《淮南子》高诱注等。集部如《楚辞》王逸注，《文选》李善注等。其他如《山海经》《穆天子传》的郭璞注，《方言》《说文》（见"补遗"）、《广雅》、玄应《一切经音义》等，也都收入。唐以前古注，大致都收全了。

字的条目下去查找。

还有一种情形要注意：有时注文中标明某书转引某书（后者是已亡佚的书），或某书作这个字而他书作另外一字，则其中的一个书名是没有标志的。如上平声"灰"韵中"开"字条有如下的记载（凡"丨"都代表"开"字）：

　　○闿，古一字。匡谬正俗二引 张揖古今字诂
　　○阎，亦一字。一切经音义十三引 声类
　　○ 易系辞 一物成务，释文一王肃作阎。
　　○ 庄子秋水 今吾无所一吾喙，释文一本作关，
　　又作阎。

其中《匡谬正俗》（字书，唐颜师古著）、《一切经音义》（指玄应《音义》）和《释文》（即《经典释文》）三书，都没有用符号括起来。又，原书并无标点，阅读时要注意断句。

查《经籍籑诂》有好几种办法，都因版本不同而异。

第一，查阮氏原刻本，已知所要查的单字在某韵，可直接检某韵查找；或在卷首"总目"内查明某韵在第几卷，然后依韵检字。如果不知某字在哪一韵部，可先查《辞源》《辞海》或《中华大字典》。

第二，如查上海漱六山房石印巾箱本，在每一韵前面有单字的目录，注明每字所在的页数，可以帮助查检。晚出的巾箱本在卷首还编有"检韵"，依《康熙字典》划分部首，并把单字分别部首按笔画多寡排列，凡不知韵部的字都可先查"检韵"。"检韵"的特点是：一、如果一字见于几个韵部，则叠写数字，以清眉目。例如八画中的部首"长"字，共有三种读法和讲法，在"检韵"中就连写三次：

长〔平阳〕 长〔上养〕 长〔去漾〕

这样，我们就知道在下平声的"阳"韵、上声的"养"韵、去声的"漾"韵，都收入了"长"字。二、如果一字有各种不同写法，也一一注出。如"片"部的"牕"和"牎"，"穴"部的"窓"和"窻"，都在下面注有"同'窗'"字样，说明这几种写法都是"窗"字的异体（其实最通用的倒是"窗"字，这正是《经籍籑诂》过于泥古的地方）；而在"穴"部的"窗"字下，则注明"平江"字样，说明它被收入上平声中的"江韵"。

第三，1936 年世界书局曾影印阮氏原刻本，并把"补遗"中的字逐一拆散排在卷中相同的字的后面。书后附有"目录索引"和"同字异体"一表。"索引"按笔画多寡排列单字，每字下面注明页数，查起来十分便利，根本不需要查找单字所在的韵部。"同字异体"则标明各个异体字的写法，通过这个表查到本字，然后再去查"索引"。

第四，如果有《说文检字一贯三》（见上文《说文解字》一节），也可以很快查到某字在某韵，然后再检《籑诂》。

由于《经籍籑诂》一书成于众手，不免有校勘不精和与原文不符的缺点。这在第三讲谈《中华大字典》时已经涉及。因此我们需要引这书所列各项材料时，最好还得核对原书。

四 文言虚字类

所谓文言虚字，指的是之、乎、者、也、矣、焉、哉、耳这些字，相当于现代汉语中连词、介词、助词一类的字和词。虚字（或虚词）在用古汉语写的文言文里占有重要地位。我们阅读文言文，往往因不懂虚词而连贯不下去，甚至讲不通。不能掌握虚字的意义和用法，阅读古籍就会遇到很多困难。因此这里介绍几种专门解释文言虚字的著作。

1 《助字辨略》

《助字辨略》五卷，清人刘淇著。这是中国最早的一部专门研究汉语虚字的著作。全书博采先秦以至宋、元的经、子、史传以及诗、词、俗语，共收虚字（词）四百七十六个，按词目所属的韵部排列，依上下平、上、去、入四声编成五卷。商务印书馆、开明书店都曾印行过，其后，中华书局据开明书店章锡琛校注本重印出版，除校正脱误外，并在书后附有全部词目的笔画索引，查起来比较方便。

刘淇在《助字辨略》中把全部虚词分为三十类，计：重文、省文、助语、断辞、疑辞、咏叹辞、急辞、缓辞、发语辞、语已辞、设辞、别异之辞、继事之辞、或然之辞、原起之辞、终竟之辞、顿挫之辞、承上、转下、语辞、通用、专辞、仅辞、叹辞、几辞、极辞、总括之辞、方言、倒文、实字虚用等。这种分类方法虽然不够科学，有些更嫌重复烦琐，但周详细密仍是其优点。在这以前，还没有人把汉语虚词进行过这样细致的分类。这对汉语的语法和训诂方面都有一定的贡献。作者用来解释虚字的方法，据他自己归纳有六种：一、正训，即按照字的本义来解释；二、反训，即用反义词来解释；三、通训，即用意义相通的词来解释；四、借训，即用音义可以假借的词来训释；五、互训，二词意义相同，可以互训；六、转训，即甲词与乙词意义相同，乙词与丙词意义相同，于是用丙词来解释甲词。

从这里，我们不仅能查到各个虚词的用法，还可以懂得一些训诂学方面的方法和知识。这书的另一个特点是蒐集了一部分方言俗语。如卷二"能"字条下，引用韩愈诗"杏花两株能白红"，及唐子西诗"桃花能红李能白"，来说明"能"字与俗语中的"恁"（这样）相同。又引用皮日休诗"桧身浑个矮，石面得能䫜"，来说明"得能"就是吴语方言的"个样"。这种用方言俗语来训释诗词的作法，在当时也是颇具创见的。

书中也有一些错误的解说，在新版附录的刘毓崧跋和杨树达跋两篇文章中，都有所论列，这里不详细引述。总之，《助字辨略》为汉语虚词研究工作奠定了第一块基石，不仅为后世研究古汉语的人提供了丰富的资料，作为工具书，对一般阅读古籍和学习文言文的人，也有不少帮助。

2 《经传释词》及其他

《经传释词》十卷，清王引之著。这是一部解释古书虚词的训诂学专门著作。全书共收虚字（词）一百六十个。收采和引证范围不及《助字辨略》广泛，只限于"九经""三传"及周秦西汉的古籍（东汉以后的著作不录）。但征引材料比较丰富，解释虚字富有独创见解，在某些方面超过了《助字辨略》的水平[①]。

这书对于所收各字，先简括地解释用法，然后征引古籍来逐一证明。一个词有若干种用法，即分为若干条解释；每条解释都能博引例证，推源溯本，说明其演变情况。如果所引例证有费解之处，再对所引原文进行解释。例如：卷五"苟"字条，共有"诚""且""但""若""尚"五种讲法：

  苟　诚也。《论语·里仁篇》"苟志于仁矣"是也。常语也。

  苟　且也。《论语·子路篇》"苟合矣，苟完矣，苟美矣"是也。亦常语。

  苟　犹"但"也。《易·系辞传》曰："苟错诸地而可矣，藉之白茅，何咎之有？"言但置诸地而已可矣，而必藉之以白茅，谨慎如此，复何咎之有乎？桓五年《左传》曰："苟自救也，社稷无陨多矣。"襄二十八年《传》曰："小适大，苟舍而已，焉用坛？""苟"字并与"但"同义。

  苟　犹"若"也。《易·系辞传》曰："苟非其人，道不虚行。"

[①] 刘淇是清初人，王引之是清中叶人。但王在撰写《经传释词》时，并没有看到《助字辨略》。这里的评语是根据后人的论点归纳而得。王、刘两书有些意见是不谋而合的，有些则显然是王氏后来居上。但王氏也有过于穿凿附会的地方，反不如刘氏的说法平易稳妥，合于字词的原意。这些，都可参考新版的《助字辨略》和《经传释词》两书后面所附的评论文章。

苟　犹"尚"也。《诗·君子于役》曰:"君子于役,苟无饥渴。"言尚无饥渴也。……(下略)

第一、二条用法是"常语",即普通常用的词义。在第三条作"但"字的用法下,先引《易·系辞传》的原文,然后说"言但置诸地而已可矣……"等话,是著者对于《周易》原文的阐述。在解说之中,对于一个词的偶然用法和冷僻用法,不厌反复求证,详加辨析;而对于词的通常用法,解释反而简略。这固然是本书的特点,但也是失之于偏的缺点。

书后附有钱熙祚的跋文,说明《经传释词》将所收虚词分为六大类:一、常语,即一般常用的词义;二、语助词;三、叹词;四、发声词,用于一句之首,是领起全句的语气词,并无具体含义;五、通用词,二词同音,意义相通,如"粤"通"越"、"员"同"云"之类;六、别义,即引申词义,可以作其他解释。这种分类方法,显然比《助字辨略》概括一些。

在引证博赡、论断正确方面,此书的成就虽然较高,但取材范围究嫌太窄。除对研究秦汉古籍有较大作用外,从整个古汉语虚词研究的角度来看,仍有很大的局限性。另外,这书按声部归类的方法检字,即将词目按守温三十六字母排列,查起来很彆扭。中华书局新版的卷一至卷四,收影、喻、晓、匣等声纽的字;卷五收见、溪、群、疑等声纽的字;卷六收端、透、定、泥、知、彻、澄、娘等声纽的字;卷七收日、来声纽的字;卷八收精、清、从、心、邪等声纽的字;卷九收照、穿、床、审、禅等声纽的字;卷十收帮、滂、并、明、非、敷、奉、微等声纽的字。

继王引之后,清代孙经世著有《经传释词补》,共收十三个虚字;又著《经传释词再补》,收"而""如""若""然"四个虚字;吴昌莹著有《经词衍释》,都是补充订正《经传释词》的著作。中华书局除将《经词衍释》排印出版外,并根据清同治戊辰年(1868)成都书局《高邮王氏经传释词并惠安孙氏补、再补合刊》本,将《经传释词》《经传释词补》《经传释词再补》三种著作汇印为一册，参考通行各本及所引原书，校正了原本文字上的一些错误；并改编目录，在每条词目下注明正文页数，查起来比较省力。但书后未附索引，对不熟悉古代汉语声部的人还是不大方便。

新版《经传释词》书后有三种附录：一、《语词误解以实义》，录自王引之《经义述闻》卷三十二；二、《王伯申新定助词辨》，录自章炳麟《太炎文录续编》卷一；三、《经传释词正误》，录自裴学海《古书虚字集释》附录。后两篇文章对《经传释词》的优缺点有所评价，并指出书中失误的地方，可以参阅。

3 《词诠》

《词诠》十卷，杨树达著，1928 年商务印书馆初版，1954 年由中华书局重印出版。这书收采古书中常用的介词、连词、助词、叹词及一部分代名词、动词、副词等，共五百多字，是同类工具书中收字最多的著作。

《词诠》解释词义的体例，比较完善谨严。首先标明词类，其次说明义训，最后举例证明。所举例证，每条都详细注明原文书名、篇名的出处。例如卷六"胥"字条：

> 胥　一、副词　皆也。"眠娗、諈諉、勇敢、怯疑四人相与游于世，胥如志也。"（《列子·力命》）
> 　　二、副词　相也。"民非后，罔克胥匡以生。"（《书·太甲》）"重我民，无尽刘，不能胥匡以生。"（又《盘庚上》）"汝曷弗告朕而胥动以浮言？"（又）
> 　　三、语末助词　无义。"君子乐胥。"（《诗·小雅》）"侯氏燕胥。"（又《大雅·韩奕》）

说明"胥"字有"皆也""相也"、语末助词三种用法，每种用法各举古书例证证明。所引古书如《列子》《尚书》《诗经》等书名和篇名都注得很详细，可据以查对原文（但"君子乐胥"句见《小雅·桑扈》，作者失引）。

《词诠》对于每条词目，不论是普通用法或例外用法，都详引例证，分条解说。某些常见习用的虚词，如"也""且""故"等字即各列十种用法；"之""然""如"等字各列十二种用法；"其""焉"等字各列十四种用法；"若""于"等字各列二十种用法；最多的如"以"字条下竟列有二十二种用法。而且在古汉语中，部分常用虚词同时含有具体实义，如"则"字解释为"法则"，即是名词；"如"字解释为"往"，即是动词等，这书也标明其词类，说明用法，这是它的主要特点。

全部词目按注音字母次序排列，书前并有部首、笔画索引，查起来很方便。

这书编写意图，作者在《序例》中说"意在便于初学"。从内容和体例上看，对于青年人阅读古籍，确有较大帮助。但由于成书较早，有些观点不免陈旧，再加上仍用文言解说，不易理解，而且有时失之过于简略。这都是比较明显的缺点。

4 《古书虚字集释》

《古书虚字集释》十卷，裴学海著，1934年商务印书馆初版，后由中华书局重印。作者参考刘淇、王引之（《经传释词》《经义述闻》）、俞樾（《群经平议》《诸子平议》《古书疑义举例》）、杨树达等人之说，自周、秦、两汉古籍中收采虚字二百九十个，逐字加以辨析，说明用法。采用各家之说，又以《经传释词》为主。《经传释词》所收之字及所有之训，除少数实义词外全部采入。凡虚字不见于周秦两汉古籍的不收；虽见于秦汉古籍，但其意义已为刘、王、俞、杨诸书解说详尽，也不收。据作者在《自叙》中说，此书编撰目的是将"前修及时贤之未及者补之；误解者正之；是而未尽者申证之"，所以也可看作前三部书的补充之作。在体例上与《经传释词》大同小异。书中创见不少，但也有穿凿附会的地方。

此书虽然后出，却仍按守温三十六字母编次。卷一、二、三、四均收喉音字（影、喻、晓、匣四母）；卷五收牙音字（见、溪、群、疑四母）；卷六收舌音字（端、透、定、泥、来、知、彻、澄、娘九母）；卷七收半齿音字（日母）；卷八、九收齿音字（精、清、从、心、邪、照、穿、床、审、禅十母）；卷十收唇音字（帮、滂、并、明、非、敷、奉、微八母）。因此检索时不够方便。

书后有附录三种：一、《经传释词正误》；二、《类书引古书多以意改说》；三、《本书说解述要》。第二种附录说明本书编撰的最初意图，是要纠正古代类书在援引古书时擅自改动原文的失误。例如《晏子春秋·杂篇》："景公游于纪，得金壶，发其视之。"《太平御览》的引文改"其"作"而"。再如《荀子·荣辱》："伤人之言，深于矛戟。"《艺文类聚》的引文改"之"作"以"。实际上，"其"字本可以作"而"字解，"之"字也可以作"以"字解，原文不错，类书引文的改动是不正确的。这都是由于类书的编撰者，对于古书中的虚字没有进行深入研究所致。作者这篇文章帮助了读者对古书虚字有进一步的了解。

5 《文言虚字》

《文言虚字》是一本解释文言文中虚字用法的普及读物，吕叔湘著，1944年由开明书店出版。其后，中国青年出版社、新知识出版社和上海教育出版社先后重印出版。新版对解释和例句作了一些修订。

此书分为十二篇，共收常用的文言虚字之、其、者、所、何、孰、于、与、以、为、则、而、虽、然、且、乃、也、矣、焉、耳、乎、哉、欤、耶等二十余字。对每个字都确定词性，充分举例，详细分析，说明它们在语法上的作用，并尽可能与现代汉语比较，使读者易于理解和掌握它们的用法。解说全用语体文，浅显易懂。每篇后面都附有习题，目的是使初学者通过实践来加强认识，加深印象，对青年读者帮助较大。

书后附有作者写的《开明文言读本导言》，里面谈到更多的虚字，可补正文的不足。

五　方言俗谚类

　　劳动人民的口头语言是最为丰富生动的。但在封建社会，统治阶级及其知识分子却轻视这种语言，认为是些低级、庸俗、不登大雅之堂的东西。历代封建文人只注意辑录、整理和研究前代的书面语言，而听任人民口头的各种语汇自生自灭，不加一顾。虽然也有少数文人作了一些蒐辑、保存人民口头语言的工作，但流传下来的材料却为数极少。

　　人民口头语言表现形式很多。方言、土语虽然流通的区域有限制，但能显示出某一特定区域中人民的生活面貌，具有鲜明的地方特色。古代的方言俗语还能反映出当时的时代特征。成语、谚语则常常是人们对社会生活的认识与意见的概括，或是人们生产劳动经验的集中反映。谚语的特点是：三言两语，平易通俗，形象生动，语言精练而含意深刻隽永。例如："早起三光，晚起三慌""越吃越馋，越睡越懒""三天不念口生，三天不做手生"等，是鼓励勤劳、批评懒惰的；"没有乡下泥腿，饿死城里油嘴""乡下人不种田，城里人断炊烟"等是赞扬农业生产劳动、蔑视剥削者坐享其成的；"上山擒虎易，开口告人难""一个和尚挑水吃，两个和尚抬水吃，三个和尚没水吃"等是反映社会上自私自利的人情世态的。这些谚语都很简练、通俗，它们是从当时普遍的生活现象中归纳出来的，所以又具有较深远而典型的意义。成语的结构更严密，表现方法更加集中概括，常常是用几个字（用四个字的最多）来表示一个完整的概念，或说明一种社会现象。有的成语里面还包含一个情节生动的典故——典故本身就是这一概念或社会现象的具体说明。例如"精卫填海""愚公移山""逼上梁山""掩耳盗钟"（现已演变为"掩耳盗铃"）、"鹬蚌相争，渔人得利"等，都是历代相传，各包含一个生动故事的优美成语。

　　古代的方言、俗语、成语、谚语都是封建社会的产物，有些难免沾染上封建毒素，有些甚至是封建统治阶级编撰、窜改，用来欺骗人民的，我们今天使用、研究时，必须细致地分析、批判，严加取舍；但这些来自民间的语言，经过甄别以后，大部分还是比较健康适用的。

1 《方言》《通俗编》《恒言录》《新方言》及其他

中国第一部收集方言的专门著作，是西汉末年文学家扬雄编撰的《方言》。这书原名《輶轩使者绝代语释别国方言》，今本十三卷，收集西汉时代黄河流域、长江流域以及当时东北方部分地区的方言，逐条加以比较和解释。从内容分类上看，很像《尔雅》，但分类不够系统。卷一、二、三、六、七、十、十二、十三等八卷，解释普通语词；卷四解释衣服装饰名称；卷五解释用具、器物名称；卷八解释动物名称；卷九解释车船、兵器名称；卷十一解释昆虫名称。从解说体例看，也很像《尔雅》，但比较详尽。除每条词语（或一组词语）下面都有解说外，再分别说明这一词义在各地方言中的不同说法。例如卷一中的一条：

眉、梨、耋、鲐：老也。东齐曰眉。燕、代之北鄙曰梨。宋、卫、兖、豫之内曰耋。秦、晋之郊，陈、兖之会曰耇鲐。

又如卷四释衣服的一条：

汗襦：江、淮、南楚之间谓之禕；自关而西或谓之袛裯；自关而东谓之甲襦；陈、魏、宋、楚之间谓之襜襦，或谓之禅襦。

但有些解说也很简略，卷十二、十三尤其显著。词目下面只简单地注明词义，如："儒输，愚也"；"忽达，芒也"；"跌，蹶也"等。不再将各地方言对照比较。从分类的错杂凌乱和解说体例前后不一致等现象来看，说明今本《方言》已非扬雄原书。或是原本散佚，经后人重新整理；或是原本残缺，又由后人增补的。

《方言》一书保存了不少古代口头语汇，为研究古汉语的学者提供了丰富的语言资料。从中可以看出：很多古代方言已经扩大为今天的通语；或是经过音变仍旧保留在今天的方言里；另有不少方言虽然已经废止使用，但仍能从中寻出与后世方言语汇的渊源关系。扬雄对各地方言的蒐辑和整理工作，为后世收集方言俗语的著作树立了良好的榜样。

《方言》有晋人郭璞注本。清人戴震作《方言疏证》，钱绎作《方言笺疏》，对《方言》都有整理、阐发之功。1956年科学出版社出版的《方言校笺及通检》，周祖谟校笺，吴晓铃编通检，是近年来既便于检索使用，又比较完善的版本。

从汉代到清代，一千多年间，专门收集民间方言俗语的著作传世者极少。到清代中叶，才出现了《通俗编》等几部专著。

《通俗编》三十八卷，清翟灏撰。全书收集俗语方言五千多条，分为天文、地理、时序、伦常、仕进、政治、文学、武功、仪节、祝诵、品目、行事、交际、境遇、性情、身体、言笑、称谓、神鬼、释道、艺术、妇女、货财、居处、服饰、器用、饮食、兽畜、禽鱼、草木、俳优、数目、语辞、状貌、声音、杂字、故事、识余等三十八类。这书从经、史、子、集、小说、戏曲、佛经等古籍中蒐取俗语资料，加以解释，然后再引古书考证。对很多词语还探索其语源和演变情况，对于研究汉语语源有一定参考价值，也可以当作古代俗语、成语词典来使用。但有些说法近于穿凿，有些材料在征引时没有注明出处，甚至还有错误的地方，如卷十五引陆游诗："不如意事常八九，可与人言无二三。"便是一个明显的例子。这两句诗见于南宋人方岳《秋崖小稿》诗集卷八，并非陆游之作，而且"可与人言"应作"可与言人"才正确。可见这一条倘非翟氏误记，即是转钞类书致误。因此对此书不能毫无选择地使用，如果征引出处，还需核对原文。

《通俗编》除旧有刻本和排印本外，商务印书馆于1959年重新出版了精装排印本，书后附有词头单字的四角号码索引，检查较便。特别是这个本子附印了清人梁山舟的《直语补证》，这是与《通俗编》性质相类而以前从来没有刊印过的一部收集方言俗语的小书，其中不但蒐集了一些俗语，而且作者有时还发表了比较精到的见解，对检索俗语和研究汉语都有用处。

《恒言录》六卷，清钱大昕著。此书蒐辑罗列汉语中的方言、俗语、成语、谚语共八百多条，分为：吉语、人身、交际、毁誉、常语、单字、叠字、亲属称谓、仕宦、选举、法禁、货财、俗仪、居处器用、饮食衣饰、文翰、方术、成语、俗谚有出等十九类。所收词语，除一般单音词和复合词外，还有双声词，如含糊、埋没、摆布、新鲜、料理、希罕、真正等；有叠韵词，如殷勤、商量、支持、因循、丁宁、懵懂、笼统等；有民间口头习惯用语，如劳动、多谢、招呼、提拔等；有通俗成语，如对牛弹琴、掩耳盗铃、吹毛求疵、百孔千疮等；有俗谚，如"闲时不烧香，忙时抱佛脚""牡丹虽好，绿叶扶持"等；有词素颠倒的等义词、近义词，如喜欢和欢喜，整齐和齐整等；有词素类似的同义词、近义词，如安稳、稳当、稳便、平安、安宁、康宁等。对这些词语，都能征引古籍，考证源流，对于汉语语源的探讨，以及词义辨析和构词法的研究，都有一定的参考意义。作为一部词典性质的著作，《恒言录》要比《通俗编》的体例更完善，解说更精审一些。

清嘉庆时，陈鳣将《恒言录》中的许多词目，逐条征引古籍，补充证明，题名为《恒言广证》。商务印书馆于1959年将《恒言录》与《恒言广证》合印为一册，书后也附有四角号码索引。

除上述书籍外，商务印书馆在1959年还把其他五种同类的著作汇印在一起，名为《迩言等五种》：

一、《迩言》六卷，清钱大昭著。所收词语都是"俗语、俗事之见于经史子集者"；其蒐辑、考证的目的是使"一话一言亦不可无所根据"，而最后达到"里巷中只言片解俱合于古"的愿望。从材料看，还比较丰富，但作者浓厚的学究气，也局限了他选材的范围。

二、《释谚》一卷，清平步青著。书名"释谚"，其实收录的仍是一般词汇。所收词目很少，不足二百条。

三、《语窦》一卷，清胡式钰著。篇幅较短，收录词语只有三百多条，但内容很杂，方言、俚语、成语、俗谚都有一些。有些词目纯粹是从口语中采集得来，如"大头"（即现在所说的"冤大头"）、"穷困""忒杀"等，都比较有意思。

四、《常语寻源》二卷，清郑志鸿著。原分十册，上卷为甲、乙、丙、丁四册，下卷为戊、己、庚、辛、壬、癸六册，共收录常语一千零六十八条。所谓"常语"，指的是古代知识分子口头通常用语。太文的所谓"雅语"，或太俗的所谓"俚语"，都不收入。甲乙二册收二字、三字普通词语；丙丁戊己庚五册收四字成语；辛册收五字成语；壬册收六字成语和谚语；癸册收七字以上的谚语、成语和短语，编排体例比较完善。收录最多的还是成语，约占全书词目百分之七十，可以算是较早的一部成语词典。

五、《俗说》一卷，罗振玉著，目的是补充《通俗编》《恒言录》的不足，共收词语三百多条，其中包括很多称谓名词和器具、食物名称。

这本书后面附有四角号码索引，是把五种书混合在一起编的。

做为《方言》的续书出现的，有清杭世骏的《续方言》二卷，专门蒐辑唐宋以前古籍中的方言词语，以补《方言》的不足。后来程际盛作《续方言补正》，徐乃昌作《续方言又补》等，也还是同一类型的著作。这些著作，虽然对语言学和古典文学研究者都有一定参考阶值，但其材料来源大都是从古书中爬梳出来的第二手材料，不是取自人民口头的活的语言。他们用以考证俗语词义和语源的根据，也是引经据典，以书证书，仍旧在古书堆里兜圈子，所以局限性是很大的。

另外有《新方言》，章炳麟著，收在《章氏丛书》中，也有单行本。这书共分《释词》《释言》《释亲属》《释形体》《释宫》《释器》《释天》《释地》《释植物》《释动物》等十篇，末附《音表》一篇和《岭外三州语》一篇。全书搜罗方言俗语八百余条，逐条加以注释，并有所辨析和考证。其特点是根据古今声韵转变的规律,来探求方言的语源。这种因声求义、以义正声的方法是比较科学的。例如《尔雅》和《方言》里都有"鲐背"一词。《尔雅》训为"寿也",《方言》训为"老也",都是"老人"的意思。二书的注疏对于"鲐背"的解释,都是说老人皮肤皱缩,脊背上有"鲐文"。章炳麟则认为"台""佗"双声,"鲐背"即"佗背"(驼背)的音转,"老人多偻,故以此状之"。这样讲还是比较合理的。但章氏在探索语源时,主要仍以《尔雅》《方言》《说文》等书为依据,企图把近代方言的一字一句都从古书里找出"娘家",这就必然有牵强附会、生搬硬套的地方。因此章氏比翟灏等人虽然跨进了一大步,但基本上仍没有跳出清代学者从书本上作学问的圈子。何况古今方言虽然有渊源继承的关系,但近代方言和秦汉古语相去毕竟太远,要求逐字逐句都能找出二者之间的来龙去脉,显然是在受复古主义思想的支配,而且作法也是不切实际的。

2 《吴下方言考》《方言词例释》《北京话语汇》《北京话单音词词汇》《北京话轻声词汇》等

上一节里所介绍的各种有关方言、俗语的资料书,都是从书本上蒐辑起来的。把真正活在人民中间的口头语言及时搜辑整理而成书的,要算清人吴文英编著的《吴下方言考》最有成绩。

《吴下方言考》十二卷,蒐集今江苏省苏州一带的方言俗谚并加以考证。吴氏是清中叶以后的人,他所记录的虽是当时的吴语资料,但因去今未远,对今天研究吴语系统的方言还是有参考价值的。

此外,当代专门收集现在方言词汇的书也有一些,这里择要介绍几种:

《方言词例释》,傅朝阳编,1957年通俗读物出版社出版。这书从二百一十三种文艺作品(除《水浒》《红楼梦》和少数翻译作品外,主要是现代文艺作品,包括一些短篇创作)中,收集方言词汇约三千多条。凡是文艺作品没有用过的方言词汇则一概不收。每条词目都有简单的解释,并引录作品原文作为例句。词目按照第一字的音序排列,书后附有笔画索引。

这书选材来源只限于某些现代文艺作品,范围终有局限;而且来自书面,仍是第二手材料。文艺作品中的方言俗语，大都经过作者加工，其性质、含义、用法，与日常生活中的口头方言相较，或多或少总不免有些出入。纯粹用某一地区方言写成的文艺作品，毕竟是很少的；而且这书也没有按照方言区域对这些词汇进行系统的归类和科学的整理。严格地讲，这些词汇既与原始方言有出入，也与普通话有距离。因此当作阅读文艺作品时的参考材料则可，如果作为专门研究方言的工具书，就感到不足了。

《北京话语汇》，金受申编，1961年商务印书馆出版，1965年增订重版。书中共蒐辑北京方言语汇一千三百多条，每条词目下面都加以注释，并各举简单例句。词目中的每个单字都注以汉语拼音，按词头的音序排列，书前有"音序表"。

所收语汇包括单音词、双音词以至十几个字的短语。单音词如"抄"（乱拿）、"搡"（推）、"品"（考察、尝一尝）、"且"（距离尚远，时间尚早或"从"之意）等；双音词如"抻练""估摸""别价""边式""丁对"等；多音词和多音语汇如"压根儿""撒鸭子了""筋头马脑儿""绷着发麻，吊着发木""摁着葫芦抠子儿""一个莲花一个牡丹"等，都是比较纯粹的北京方言。不过北京的歇后语、俏皮话也相当多，本书只择要收录了几条。在内容方面，本书也大体经过了选择。一般宣扬封建思想、传播迷信思想和宿命论的，以及人身攻击、骂人的语汇，大都没有收入。另外有些专有名词也没有收入。

总的来说，这是一本材料比较丰富的北京语汇小词典，而且是作者从生活语言中日积月累通过辛勤劳动采辑得来的，是比较珍贵的第一手材料。

《北京话单音词词汇》，陆志韦编著，1951年人民出版社出版，1956年由科学出版社出版了修订本。

全书分两部分，第一部分是"说明书"，分两章。第一章说"词"，第二章说"词类"。第二部分是"词汇"，共举出北京话的单音词和单音词根的例句六千多条，借以说明每一个词或词根的用法。全部单音词都按照拉丁字母的次序排列。据作者介绍本书的用处是：一、可以当作研究汉语语法的参考书；

二、用拼音文字写北京话时，可以用它作为参考书；三、可以做学习北京话的补充材料。

《北京话轻声词汇》，张洵如编，1957年中华书局出版。本书利用几种民间文艺小说及报纸，蒐集北京话中各种轻声字数千条，其中包括普通话词汇和北京方言，按照词中轻声字的读音，依音序排列，用汉语拼音字母（据草案修正第一式，与现在拼法有出入）标音，兼标注音字母。凡是比较费解的轻声词汇都简单地注明词义。例如：

    ku（ㄎㄨ）
    辛苦 hin ku（ㄒㄧㄣ·ㄎㄨ）
    挖苦 wɑ ku（ㄨㄚ·ㄎㄨ）
    套裤 tɑu ku（ㄊㄠ·ㄎㄨ）[①]

这书可以作为一般教学和推广普通话的参考资料。另外，文字改革委员会普通话语音研究班编有《普通话轻声词汇编》，商务印书馆出版，共辑录普通话双音节轻声词一千零二十八条，按照词头用汉语拼音的音序排列，逐条注音，大多数词目都附有简单解释。这两本书都是查普通话词组音变的工具书，可以参阅。

  3 《汉语成语小词典》《现代汉语成语词典》及其他

1916年，庄适编有《国文成语辞典》，所收词语多半是一般文言词汇，与成语无关。1926年，中华书局出版一部《国语成语大全》，郭后觉编著，收集成语三千二百多条。但兼收成语、俗语、俗谚，以至短语、歇后语，内容芜杂，解释简略，文字粗糙。1936年，中华书局又出版了一部《中华成语词典》，吴廉铭编。这书的编者对"成语"的概念并不明确，因此所收词语包括：一、

[①] "辛"，汉语拼音应写作"xīn"；"套"，汉语拼音应写作"tào"。

应用熟语；二、常用复合词；三、习见、习用，已经成语化的名词。书中所收大部分是双音词汇，真正的成语并不丰富，实际上只是一部供当时中等程度读者使用的一般词典而已。

上述这几种所谓"成语"词典，已经不适用于今天的读者。不过这些书在当时还起过一些作用，这里姑且提一下罢了。至于比较切实可用的工具书，则有《汉语成语小词典》和《现代汉语成语词典》两种。

《汉语成语小词典》，北京大学中文系1955级语言班编，1958年中华书局初版，修订后于1962年改由商务印书馆出版，1972年，又出版了第三次修订本。这是目前流通最广的一本成语词典，共收集古今成语（包括部分熟语）三千零十三条。所收成语以现代汉语中通用的为准，包括新出现的一些类似成语或正向成语方向发展的词组，如"求同存异""灭资兴无"等，以及在群众中经常使用的一些熟语，如"让高山低头，叫河水让路"等，也都酌予收入。过分陈旧和冷僻不常见的成语，都不在收采之列，在选材方面是比较谨严的。

在注释方面，体例也较完善。有这样一些特点：

一、解说文字一般都能做到通俗流畅，简明扼要。解释之后，有的还附有简明而又结合现实的例句。

二、成语中的生僻字、词，都加以注释。如"流水不腐，户枢不蠹"的"户枢"，即注明是"门的转轴"；"箪食壶浆"的"箪"，即注明是"古代盛饭的圆形竹器"等。容易读错、写错的字，则以"注意"字样标出。如"公诸同好"的"好"字，注明不读上声而应读去声（hào）；"草菅人命"的"菅"字，注明不能写作"管"，不能读作 guǎn，而且在解释这条成语时，说明出于《汉书·贾谊传》，并把所引《贾谊传》原文中"如艾草菅然"的"艾"字标出读音和讲法；这些都是比较缜密细致的地方。

三、成语的每个单字，都用汉语拼音字母注音，这可以帮助读者在口头或书面上正确地使用这些成语。在修订本中，对有些难字还加注了同音字。

四、成语中如果包含典故或故事，为了有助于理解这一成语的意义，则注明出处,并加以解释。如"风声鹤唳,草木皆兵""望梅止渴""请君入瓮""守株待兔""数典忘祖"等,都解释得很清楚;又如"鞭长莫及",除引《左传》原文外,并说明成语的原意是什么,现在应怎样理解。特别是修订本,适当增引了成语的出处。

全书的词目都按照汉语拼音字母音序排列,以成语第一字的第一字母为序。书前有"音序表"和按汉字笔画排列的"条目笔画索引",查起来很方便。

但这部成语词典也还有一些可以商榷的地方:

一、有个别词目不能列为成语,也不是熟语,如"绿林好汉""莫予毒也""破除迷信"等,似乎可以不收。"绿林好汉"是专有所指的名词,"莫予毒也"是一句古书,"破除迷信"只是一个普通的动宾结构短语,都不能算成语。如果这一类都作为成语收入,就不免挂一漏万;而且兼收并蓄,实有失之太滥之嫌。

二、有个别词目,如"故步自封"又作"固步自封",其实"故步"是正确的,"固步"是错误的,既有"故步",就不必再收"固步";二者并存,反而使一般读者莫衷一是。

三、有些成语,标音错误,而且在"注意"字样下面反以不误的读音为误。如"量才录用""量力而行""量入为出""量体裁衣"的"量",是动词,根本应读阳平,现在口语里还保留着平声的读法。而本书泥于审音委员会的错误拟音,一律标作去声,并注明不应读平声,显然是颠倒了是非(在"量才录用"条内,把"衡量"的"量"注明要读平声,而对于当"衡量"讲的"量才录用"的"量",却硬要读为去声,实属自相矛盾)。因为在口语中,说到"量一量衣服的尺寸"时,谁也不说"亮一亮"而是说"liáng一liáng",然则"量体裁衣"的"量"之不应读去声,是非常明显的。又如"别无长物""身无长物"和"一无长物"的"长",应读去声,现在把"长"读成阳平,也是错误的。

四、有些习见的成语,如"才疏学浅""渐入佳境"等,都没有收入。

《现代汉语成语词典》，中国科学院语言研究所词典室集体编纂，1959年商务印书馆出版。全书共收成语三千二百余条，体例与优缺点，与《汉语成语小词典》大致相似，词目较多而谨严略逊。此书流通不够广泛，1960年以后未见再版。

4 《古今谚》《古谣谚》《俗语典》《中华谚海》《中国谚语资料》等

古代谚语散见于前人各种著作，很少专书辑录。明代杨慎编撰《古今谚》，有古典文学出版社排印本，集中保存了一批古代谚语资料。但所收谚语大都录自各种古籍，收采民间口头的谚语材料并不多。清代杜文澜蒐辑古籍中所引上古至明代的谣谚，并注明谣谚出处与有关本事，编为一百卷，题为《古谣谚》，有中华书局重印本。此书材料虽然比较丰富，但仍未脱离转录古书的范围。"五四"以来，近人所辑的俗语谚语总集则有《俗语典》《中华谚海》等书。现简单介绍如下：

《俗语典》，胡朴安著，1922年广益书局出版。这书是收集曾见于文字记载的古今俗语编辑而成，蒐罗较富，但内容过于芜杂。其中包括：一、一般词语和当时社会流行的特殊名词、称谓词，如"串戏""乖张""定盘心""伪君子"等；二、成语，如"对牛弹琴""弄巧成拙""爱屋及乌""狗尾续貂"等；三、谚语，如"外头赶兔，屋里失獐""弄花一年，看花十日""入田观稼，从小看大"等；四、文言俗语，如"噬犬（咬人的狗）不露齿"等；五、口语中习用的俗语，这一类材料最多，如"闻名不如见面""闲时做下忙时用""先打后商量""打破沙锅问到底"等。其优点是：一、收入不少迄今仍在群众中流行的古代民间俗语，并从古人书面记载中挖出了不少还有生命力的语汇，这就为研究民间文艺和学习民间语汇提供了比较多的资料和线索；二、每条词语尽可能注明出处，并给现代的口头俗语找出语源。缺点是：一、收录的材料一方面嫌太杂，不纯粹是俗语；而另一方面又嫌只拘泥在古人的书面记载中，缺乏从生活中汲取到的活材料。二、虽注出处而不加解释，因此有些词目意义不明确。

《俗语典》所收全部词汇都按词头的部首和笔画排列，便于检查。

《中华谚海》，史襄哉编，1927年中华书局出版。这书从当时全国三十四种谚语集内取材，共收谚语一万二千四百二十四条，有古代的文言谚语，也有口头的通俗谚语，是当时蒐辑谚语最多的一本书。其中一部分还有生命力的谚语为《中国谚语资料》（详下）所未收，可以补充其不足。但因出版时间较早，缺点还是很多的。一、很多陈腐、迷信以及带有浓厚封建意识的谚语都收录在内，精华与糟粕并列；二、体例不严，所收太泛，除谚语外尚有成语、歇后语和一般词语在内，连"龙行虎步""洞房花烛"等也算一条，未免与谚语距离太远了；三、除极个别的谚语有解释外，一般只照录词语本文，而毫无说明。如果能全部加以注释说明，那会比现在有用得多。

《中华谚海》按每条谚语第一字的部首排列，每部中再按笔画多寡为序。书前有"检字索引"。

这一类的书以《中国谚语资料》为最完备，它是目前蒐辑谚语最多的一部书。

《中国谚语资料》共分上、中、下三册，中国民间文艺研究会资料室主编，由兰州艺术学院文学系五五级民间文学小组集体编辑，1961年上海文艺出版社出版。全书收谚语四万五千八百零三条。上、中册是一般谚语，另附歇后语三千八百零五条；下册专收农谚。按每条谚语首字的笔画多少编次，同一笔画中按起笔的"、""一""丨""丿"顺序排列。

由于这书是资料汇编性质，所收谚语一般都不解释词义。而且收录的尺度较宽，除明显色情的不录外，其余的尽量收入。同一谚语的各种异文，有的虽仅一、二字之差，也都尽量保存。如"一个萝卜一个窝"和"一个萝卜一个垱"；"一个将军一个令"和"一个师傅一个令"；"留得青山在，不怕没柴烧"和"留得青山在，依然有柴烧"等，都分列为两条。此外，无论是格言、成语、俗语、歇后语、对联、歌谣以及新产生的标语口号等，只要有与谚语近似或存在着互相交叉、借用和转化情况的材料，也都酌量收采。

所收谚语中，凡能注明产生地区和民族的，都尽量注明。如：

  人死勿希奇，心死无药医。（浙东）
  有钱人心狠，穷人们力强。（湖北）
  饥不饥，带干粮；冷不冷，带衣裳。（河北）
  地没懒地，戏没懒戏。（河南）
  益友百人少，损友一人多。（藏族）
  夏季玩一天，冬季饿十日。（朝鲜族）
  为人立定志向，钉子戳进石头。（维吾尔族）
  狸猫颈上挂念珠，它也仍然要捕鼠。（蒙古族）

其中歇后语所收条目之多，也是目前最为完备的资料。

  这书美中不足的是：一、只是资料的总汇，缺少解释和整理。二、着重收采民间口头的俗谚，这当然很好；但不少古谚反被忽略，有些顾此失彼。三、也有少数遗漏的谚语，如"一个萝卜一个窝""一个萝卜一个挡""一个萝卜一个眼"等，都收入了，但北方最常说的"一个萝卜一个坑"，反而没有收。四、编排方法不够科学，例如前面所引的"一个萝卜一个窝""一个萝卜一个挡""一个萝卜一个眼"等条，都没有排在一起，查起来很不方便。

第八讲　查古典文学作品词语的工具书

阅读古典文学作品，主要的困难有两方面：一、不了解词汇的意义和用法；二、不熟悉典故。而古典文学作品中的典故和词汇，又常常密不可分，典故本身就是词汇，词汇里面也常常包涵着典故。例如"推敲"，本身是个词，但也是典故。再如"向隅""薪水"等，都是常见的词汇，虽不包涵有具体情节的故事，但也各有出处。这样的词汇也可以算是典故。所以旧时查典故和词汇的工具书并不能截然分开。下面就分别介绍几种查典故和词汇的工具书。

一　《佩文韵府》和《骈字类编》

《佩文韵府》是清康熙帝玄烨命张玉书、陈廷敬等主持编纂的。康熙四十三年（1704）开始纂修，五十年（1711）成书，是一部规模较大的官修工具书。"佩文"是玄烨的书斋名，所以叫《佩文韵府》。

《佩文韵府》是以元代阴时夫的《韵府群玉》和明代凌稚隆的《五车韵瑞》为底本，又大加增补而成。原书一百零六卷，到乾隆年间修《四库全书》时，改为四四四卷。编纂的目的是为了御用文人吟诗作赋时运用词汇、查阅材料的方便；今天我们则用来查字面的出处和一般典故。例如在诗文中看到"桃花潭"，不了解这个词的意义，查下平声"十三覃"的"潭"字，可以知道这个词是出自李白诗："桃花潭水深千尺，不及汪伦送我情"，然后可以进一步理解这个词的引申意义是"友谊"或"朋友"。但这部书所收的材料只限于经、史、子和元明以前的某些诗文集,词曲均不收录。所据资料,大都从其他"类书"辗转钞袭,错误很多。而且出处只注书名,一般不注篇名,也不解释词义,还得根据原文去寻求解释,这是本书的最大缺点。但由于不注原书的篇名或题目,又很难查对原文。再加上有些出处不够原始,和引文有错误或有删节改动,以致与原文不符,所以实在不算一部理想工具书。

《佩文韵府》的体例和查法,大致是这样:

一、按韵分部。全书分平、上、去、入四声,每声均按平水韵目分部,共分一百零六部。

二、每个韵部中,排列同韵字。如上平声一东韵,排列东、同、铜、桐、童等字;六鱼韵排列鱼、渔、初、书、舒、居等字。

三、以"字"为单位,下列以这个单字为词尾的词汇,如"东"字下列"门东""河东""墙东""征东""江东""玉门东""五湖东"等词汇。先列二字词汇,然后三字,四字的词汇按字数顺序排列。至于同样字数的词汇排列的先后,则按经、史、子、集的顺序,同时照顾到朝代先后,如同属集部,则朝代早的排在前面。

四、每个单字字头下面,标出反切,注明最原始、最简括的训诂和出处。如:

功　古红切。《说文》以劳定国曰功。《广韵》功绩也。

辞　似兹切。《说文》不受也。又《史记》辞决而行。

五、单字下面,罗列词汇。每条词汇下面注明出处,然后引用包含这个词汇在内的原文。词汇又分两部分:第一部分标为"韵藻",这是根据《韵府群玉》《五车韵瑞》原有的材料钞录的；第二部分标为"增"，这是《佩文韵府》的编撰者后来增补的。今天对我们有用的，主要是这两部分。

六、"韵藻"和"增"的后面，还有"对语""摘句"两栏。"对语"是汇辑的（也有编者自撰的）对联，"摘句"是摘录的五七言诗句。举例说明一下。如"滋"字在上平声四支韵：

滋　　子之切。《说文》水名。多也，益也。一曰蕃也，旨也。《增韵》液也，浸也。

〔韵藻〕

务滋　《尚书》树德——。

阜滋　班固《东都赋》鸟兽——。

荣滋　嵇康《琴赋》乐百卉之——。李白诗：江湖发秀色，草木含——。

露滋……

丹滋……

乱逾滋……

景云滋……（下略）

〔增〕

水滋……日滋……繁滋……草木滋……新雨滋……咀嚼华滋……（下略）

〔对语〕

风软，雨滋；黄茂，碧滋；时雨足，夏云滋；……（下略）

〔摘句〕

晨英玉露滋；雨沐翠条滋；寒轻菊吐滋；……

（下略）

在《佩文韵府》的后面，附有《韵府拾遗》一百零六卷。康熙五十四年（1715）至五十九年（1720），由张廷玉等编纂成书，目的是补《佩文韵府》的遗漏，体例与《韵府》）同，分为"补藻"与"补注"两栏。"补藻"是补充前编所没有收入的词汇，"补注"是前编已收入的词汇，再补入若干条出处和引文。

《佩文韵府》除旧刻本外，商务印书馆有精装缩制影印本。查旧刻本，须通过《辞源》《辞海》，先查出词尾字的韵部，然后按韵检索；《佩文韵府》查不到，再查《韵府拾遗》。商务影印本则附有词头字的四角号码索引，是把《韵府》和《拾遗》合编在一起的，查阅比较方便。

《骈字类编》二百四十卷，清康熙五十八年（1719）开始编撰，雍正四年（1726）成书。书名只标"御定"字样，不著录编撰者的名字，是一部纯粹官修的工具书。其目的专为御用文人作诗文时查检词汇之用；今天我们则用来查找典故和词汇的出处。

《骈字类编》在内容和体例上有如下特点：

一、只收双音词，不收单音和多音词，故名"骈字"。

二、只收实词，不收虚词。而且实词之中，凡封建士大夫认为"不甚雅驯"或是对于作骈文律诗无大用处的词汇，也不收录。

三、词汇按类编排，故名"类编"。大类共分为：天地、时令、山水、居处、珍宝、数目、方隅、采色、器物、草木、鸟兽、虫鱼等十二门，另有补遗一门：人事。共十三门。其中数目、方隅、采色等类，为以前类书所没有的类别。

四、体例，查法与《佩文韵府》不同。《佩文韵府》所收词汇，自单词至四字词都有，以词尾为主要组成部分，如"天"字，《韵府》收"丽天""参天""苍天""九天""洞天""沧浪天""不夜天""为章于天"等；《骈字类编》正相反，只收两个字组成的实义复词，以词头为主要组成部分，如"天"字，即收"天汉""天津""天都""天马""天表""天听"等。在这一点上，与

《佩文韵府》正好互相补充。《佩文韵府》的查法是按韵部查词尾,《骈字类编》的查法是按类别查词头。

五、十三门里面,各分若干子目。每个子目本身,就是一个实词,也就是双音词的词头。例如"天地门"分为天、日、月、星、风、云……地、土……等子目。"珍宝门"分为玉、琼、瑶、琪、琳、琅……金、银、铁、铜……等子目。"方隅门"分为东、西、南、北、上、中、下、前、后、左、右、内、外、旁、侧等子目。其中的每一子目,既是这一子目的类别,又是双音词的词头。例如"日"字类,即收"日月""日晕""日食""日晏"等若干条词汇;"瑶"字类即收"瑶池""瑶山""瑶殿""瑶台"等若干条词汇;"西"字类即收"西陂""西垂""西夏""西偏"等若干条词汇。这些词汇的排列先后都按照全书十三门分类的次序,属于天地门的在先,时令类次之,以下类推。

但很多词汇只是以这一个单字为词头,在意义上并无必然联系,如"铜"字在"珍宝门",而"铜仁"是地名,与珍宝并无意义上的关联。

这一体例的优点是:同一词头的词汇,都集中在一起,便于检索,所收材料也相当丰富。缺点是:词头数目有限,所收词汇就大为减少,加上为体例所限,只求尽量搜罗同一词头的词汇,难免滥入。

六、每一条词汇下面,引录包含这一词汇在内的原文、原句,只注明出处,不注字音,不释词义。不过出处注得比较明确、详细。例如:

西檐　李白《答裴侍御以书见招期月满泛洞庭诗》忆昨新月生,——若琼钩。韩偓《春尽日诗》树头初日照——,树底蔫花夜雨霑。

东带　《后汉书·冯衍传》上党有四塞之固,——三关,西为国蔽。

琼瑾　江淹《金灯草赋》非锦属之可学，讵——之能方。

这些引文的书名、篇名、诗赋题目，都注得很清楚。

七、选材来源，经史子集都有，韵文只限于诗赋，不收词曲。

《骈字类编》虽然查法比《佩文韵府》方便，但限于体例，收词有限，流通不够广泛。

二　《辞通》和《联绵字典》

《辞通》二十四卷，朱起凤著，1934年开明书店出版，分上下两册。这书引用唐代以前经、史、子、集材料，专收双音词，共蒐集词汇近四万条。作者把同音异形的词，音近假借的词，义同通用的词都收集在一起，征引古籍中的例证，说明其用法。例如"禁中"一条，首先解说是："天子所居之处也。"下面援引很多原文，以资证明。又附列"省中""禁内""行内"等词，因为这些词都和"禁中"同样解释，属于义同通用的范畴。再如"殷勤"一条，首先解说为"款曲也""周至也"，然后分列"慇懃""因勤""憫憨""慇勤"等同音异形的变体字或假借词，以及"丁宁"之类的音近通假的词。其排列的规律是把常见、常用的词放在前面，下面依次排列与其意义相同的双音词，使读者利用同音通假的原则，养成"以声求义"的习惯。并在每组词汇后面附加按语，说明字形、字音、词义三者的流变情况。这是本书的最大特点。试举一例说明其内容。如卷五，十一真韵，"彬"字条——

彬彬　音宾。——，文质相杂之貌。〔论语〕质胜文则野，文胜质则史。文质——，然后君子。〔郑注〕——，杂半貌也。〔晋书·虞溥传〕文质——，然后为德。

份份 〔玉篇·上·人部〕份，彼陈切。《说文》云，文质备也。《论语》云，文质——。亦作彬彬。

斌斌 〔晋书·卫恒传〕质——其可观。

分分 〔荀子·儒效〕——兮其有终始也。〔杨注〕事各当其分，即无杂乱，故能有终始。分，扶问切。

斑斑 〔太玄经·文首〕文质——，万物粲然。

按 《广韵》十七真，"彬"，文质杂半，古文"份"也。"斌""彬"音义同。文质相杂而不乱，故《荀子》言"有终始"。"分"盖"份"字之省。杨氏读为名分之分，失之。"彬""斑"双声，古亦通用。

这一条按语，即详细说明这几个词语相互间的关系。"彬彬"是常见词；"份"是"彬"字的古体；"斌"字是"彬"字同音异形的变体；"分"是"份"字的省体；"斑"和"彬"字是双声通假。这样一考证，不但阐明这几个同音、同义而异形的词汇的源流演变，同时也纠正了古注中读音和训义的错误（杨倞读"分"为名分之分是错误的）。

《辞通》的另一个特点是：不仅谈到假借，而且重视校勘。所收词汇如有字形或读音讹误，或有别体字、古体字，也明确标出。例如：

一、十一真部"婚姻"条下，列有"昏姻""敃敃"等词。按语说："婚字古作昏。'敃敃'左右互易，即'婚姻'之别体。"这是说明古体字和别体字的例子。

二、七虞部"斯须"条下，引《淮南子·缪称》："小快害道，斯颜害仪。""斯颜"应作"斯须","颜"字实际是"须"的讹字。

三、十一真部,"比邻"条下,列有"比隣""骈隣""骈怜"等同义词,其中"骈怜"是"骈隣"之误。以上两条是校勘讹字的例子。

这书所收各词,按照词尾的字所在的韵部,依平水韵编次。例如一东韵中,收录以"中""风""公"等字为词尾的词汇,如"梦中""禁中""折中";"秋风""景风""大风";"三公""王公""寓公"等。七虞韵中,收录以"湖""于""儒"等字为词尾的词汇,如"江湖""五湖";"友于""单于";"宿儒""腐儒"等。正编之外,还有"补遗"。

另外,这书还有"附录"。凡字同而义异、音异的都收入"附录"。例如：

一、"良人"有四种解释：1.妇称夫之辞；2.夫称妇之辞；3.善人；4.汉代女官名。

二、"大家"有五种解释：1.汉代女官名；2.汉代列女名,班昭号大家（音义同"太姑"）；3.大族；4.天子之称；5.大众。

书后附有词头的笔画索引和四角号码索引,不熟悉韵部的可以据"索引"查找词目。

《联緜字典》三十六卷,符定一撰,1943年排印出版,共分十册。名为"字典",实际是一部专收双音词汇的工具书。凡是由两个单字组成的复合词、双音词,这书都按联緜词收入：双声词如姬姜、奔败、夭隐等；叠韵词如嶙峋、婀娜、屠苏、希夷等；重叠的双音词如居居、寂寂、帖帖、娟娟等。此外,助词、虚词以及一般复合词也收了不少。其特点是：

一、每个词的单字都注明反切。

二、每条联緜词的后面,都注明双声、叠韵、同声、同音、声近、音近、谐声、对转等声韵上的相互联系,有助于读者对古代词汇在声韵方面的了解。

三、所收词汇以隋末为限,征引古书原文,比较谨严精确,不改原书,有删节一律标明。

四、书中蒐辑大量转语,这对研究古代词汇的语源和演变情况,有较大用处。如"娥娥"一词,即收录"印印""巖巖""元元""言言""嬴嬴""靡靡""佗佗""委委"等八条转语。而"委蛇"一词,转语竟收至六十条之多。但作者有时好奇贪多,所收所谓"转语"不无牵强附会的地方。

五、谐声词或字形互异而音义相近的词,收录也较多,而且互为注解,在训诂学上有些用处。

但更大的用处是帮助读者阅读古典文学作品中的生僻词汇。有些词汇在《辞源》《辞海》中不收的,往往从《联緜字典》中找到解释,而且供给了原始出处。

这书最大的缺点是论文字的形体完全拘泥于《说文》,不采他说,观点保守。有些音义相近的词没有互相转注,查起来不方便。如"顿仆"和"顿踣","仆""踣"音异义同。这书在"顿仆"条下标出"顿踣",但在"顿踣"条下却未标明又见"顿仆",读者就容易顾此失彼。

全书按首字的部首和笔画多寡分十二集(从子集至亥集)排列,每一词目单标一行,条理清楚。另有"索引"一册,可供翻检之用。

《辞通》和《联緜字典》成书较早,观点不免陈旧,我们当然不能按照现代词典的水平来要求它们,这是在使用时应该注意的。

三 《诗词曲语辞汇释》及其他

阅读古典的诗、词、曲等文学作品,会发现很多费解的古代口头语言。尤其是方言俗语,当时虽普遍流行,一旦时过境迁,就不大容易理解。这些古代口语,在所谓正统古籍中不常见,旧辞书中也很少收录、解释。下面介绍的几种近人著作,就是专门为了解决这方面问题的工具书。

1 《诗词曲语辞汇释》

《诗词曲语辞汇释》六卷,张相著,中华书局1953年初版,以后陆续重版多次,并改为横排本。这书汇集唐、宋、金、元间流行于诗、词、曲中的特殊语词，引证原文，排比材料，然后加以解释。蒐罗的范围，诗以唐人为主，宋诗次之；词以宋人为主，金元词次之；曲以金元人为主，元以后作品次之。收录的词目包括方言、俗语和诗词中常见的一般古代口语。所收单字和词组，约有六百多条。有的单字下面附有许多词语，如"许"字条下，附有"如许""尔许""能许""宁许""奈何许""可怜许"等十七条；"能"字条下，附有"能尔""能底""得能""能可"等十条。而有的词语又分为若干条解释，如"且"字有六种解释，"可"字有九种解释，"与"字有十一条解释，"着"字则竟有二十二条解释之多。这样总数即有二千条左右，内容相当丰富。

这书虚词、实词兼收；虚词多，实词少。虚词是根据文学作品的用法加以解释、分析；实词也属诗词中通用的词汇，如"僝僽""看承""分付""商略""凝伫"等。至于俗语、方言，解释也比较确切、扼要。如"伶俐"释为"干净"；"撑达"释为"漂亮解事""老练"；"生受"释为"有吃苦或为难义""有麻烦或烦劳义"；"打当"释为"打算或准备"等。很多宋元市井俗语中的称谓词，如"歪刺骨""冤家""浑家""男女""使数""路岐""牙推"等，也收录在内。

有不少词语的解释，完备而精辟，可以见出作者的治学态度和功力。如"坐"字条，即分别列出"自也"，"正也、适也"，"遂也、顿也、遽也"，"甚辞，犹深也；殊也"，"徒也、空也、枉也"，"致也"，"因也，为也"等各种不同解释。兹将第九条摘引如下：

> 坐，犹因也；为也。古诗《陌上桑》："行者见罗敷，下担捋髭须；少者见罗敷，脱帽着帩头；耕者忘其犁，锄者忘其锄。来归相怨怒，但坐观罗敷。"言亡魂失魄，大家只为看美人罗敷而已。杜牧《山行》诗："停车坐爱枫林晚，霜叶红于二月花"（小如按：前两句是："远上寒山石径斜，白云深处有人家"，通首看，更明白些）。言为爱看红叶而停车也。……

这样的解释是贴切的,引证也很恰当。

这本书的特点是:一、蒐罗丰富;二、解释词义不是凭空杜撰,而是在归纳很多具体材料之后,自然得出的结论,方法灵活,又有说服力;三、不仅注意解释词义,有些地方还涉及词语的语源和文法结构的探索、分析。缺点是:诗词中的语汇收录较多,戏曲中的语汇(尤其是俗语)收录还不够完备。全书解释都用文言,也嫌不够通俗。另外,个别错误和解释穿凿之处也有。例如"却"字第六条解释是"还也,仍也",引杜甫《羌村》诗:"娇儿不离膝,畏我却复去。"并从而解释:"言娇儿防我之还家而仍复去家也。"实际杜诗原句是:"娇儿不离膝,畏我复却去",这里的"却"字应该释为"退后""避开",是个实义词。一字颠倒,解释迥异[1]。还有一些虚词的解释只靠上下文的比较,缺乏训诂上的根据,有待进一步研究。不过到目前为止,这还是一部材料丰富、使用便利的工具书。书后附有"语辞笔画索引",检查很方便。

2 《金元戏曲方言考》

《金元戏曲方言考》,徐嘉瑞著,1948年商务印书馆初版,1956年修订重版。这本书收集了《元曲选》《古今杂剧三十种》、元人散曲,以及明人剧作中比较费解的方言词语,约六百条;另有补遗一百五十五条。采用"以曲释曲"的办法,加以解释。

所收词语,均按每条词头的笔画排列,书前有目录可查。每条词语下面先有简明的注释,然后摘引戏曲原句,作为例证。所引戏曲剧本,用简称代替。如(单)指李文蔚的《单鞭夺槊》,(扬)指孔文卿的《扬州梦》,(㑳)指郑光祖的《㑳梅香》等。书后有引用书名及简称对照表,可以查阅。试举"㑳"字一条为例:

---

[1] 有人认为杜诗另一种版本作"却复去",目前还无确证。而且即使作"却复去",也应该解作"却又离开",主语是孩子而不是句中的"我"。

> 偢，音邹，瞭亮，文雅。（单）：凭着他相貌偢，武艺熟。（扬）：体样儿偢。（偢）：他生的乖觉，咏吟写染的都好，无一句俗语，都是文谈，因此唤他做偢梅香。

所谓"以曲释曲"，就是举出若干例句，互相参照，以证明作者诠释的不误。

书中所收方言，大部分是现在比较费解的词语，如"俏泛儿""哼嗻""兀良""统馒""既不沙"等。但也有一部分并不费解的习见词语，如"头口""跷蹊""摆划""员外""抢白"等。

《金元戏曲方言考》是这一类工具书中最早出版的一部，对其他著作有一定启发意义。有些解说的引证（如"合笙"条）广博而具体，不仅对于研究戏曲有帮助，对于治文学史、小说史的人也有参考价值。但也正因为是滥觞之作，不免有些缺点和错误。归纳起来，有这样几点：

一、作者限于所见，很多词语只能举出一条例证，显得单薄无说服力。

二、引文太简单，有时只引一句，不引上下文，无法贯穿语气，加深对于文义的理解。有的甚至只引一个断句，使人无从索解。如"五代史"条，解说为"胡乱吵闹"，后引《风月紫云亭》杂剧曲词。原句是："我唱的是三国志先饶十大曲，俺娘便五代史续添八阳经。"这里的"五代史"和"八阳经"，都是能说会道、唠叨饶舌、废话连篇、歪搅胡缠的意思。书中只引了半句"俺娘便五代史"，就看不出"五代史"解释为"胡乱吵闹"的来龙去脉了。

三、有部分词义解释错误。朱居易在《元剧俗语方言例释》的《自序》里，已经指出若干条，如"绿豆皮""梦撒撩丁""鳖懆""中注""单注"等。其中"绿豆皮——请退"，是现在还通行的俏皮话，徐书却解释为年青，显然是错误的。

四、有部分词义解释得不确切。除朱居易指出的"肉吊窗""装孤"等条以外，再如"抬颏"（亦作"胎孩"），现在北方方言中尚有此语。本为极其舒适泰然或踌躇满志的意思，引申之也可以解为过分松懈或故意"摆谱儿""端架子"的意思。书中只解释为骄傲，似嫌不够贴切。又如"抢白"，本来含有顶撞、驳斥或争辩时不容对方开口等意义，书中只解释为"骂也"，似嫌太笼统简单。又如前引"佾"字条，根据不同剧本或不同的上下文，"佾"字可以解释为乖巧、伶俐、俏皮，甚至英俊、轩昂，不仅是漂亮、文雅的意思。

3 《元剧俗语方言例释》

《元剧俗语方言例释》，朱居易著，1956年商务印书馆出版。由于出版较晚，体例比前面的两部书完善。此书专门诠释元代杂剧中的俗语、方言，只收短语和复合词，不取单词，共录入一千零数十条。其中已见于《金元戏曲方言考》和《诗词曲语辞汇释》的约二百余条，但举例不尽相同，解释也不尽一致。

本书收录的词语，除方言俗语外，还包括一些意义明显的谚语和古代的俏皮话、歇后语。谚语如"马死黄金尽""大缸里翻油，沿路拾芝麻"等，俏皮话如"大拇指头挠痒""哈叭狗儿咬虼蚤"等，对于研究俗文学的人有用处。所收词汇只限于元剧，但例证引文有时也兼采元人散曲，明初人剧作，以及话本小说等做为旁证。专就元人杂剧中的俗语方言来看，此书收录的材料还是比较丰富的。

全书词汇都按词头的笔画排列，书前有详细目录，书后有四角号码索引。每条词目下面，先作简单解释，然后举例引证。有的词语和上下文连在一起比较费解，就在例证后面再作一些说明。每条例证不仅注明采自哪个剧本，还加注曲牌名和折数；如果引用宾白，也加以注明，以便读者查对原文。据"凡例"说：本书"系为供初学者的参考，故仅汇例取义，并不考其语源和它在文法上的结构用法"，体例与《诗词曲语辞汇释》有所不同。举两个例子来说明：

一、取次　随便，等闲，轻易，草草。

《董西厢》四、恋香衾曲："苒苒征尘动行陌，杯盘取次安排。"
《绯衣梦》剧一折、天下乐曲："咱人这家寒，休将人取次看。"

《西厢记》剧三本二折、三煞曲:"他人行别样的亲,俺跟前取次看。"

《儿女团圆》剧四折、俫儿念诗云:"璧玉连枝取次分,铁人无泪也销魂。"

《救孝子》剧三折、孤白:"外郎! 如今新官取次下马,也还要做过准备。"

这一条前三例是唱词,都注明剧本、折数和曲牌名,后二例是念诗和宾白。

二、一二三　　模样,痕迹。

《董西厢》四、中吕尾曲:"掂详了这厮趋跄身分,便活脱下锺馗一二三。"

《雍熙乐府》十、一枝花道情套:"飘零的不知明暗,默默的自取勘。眼底浑无一二三,流落在江南。"这是说现在流落江南,往事都无一点点痕迹。

这一条是在引文后面又加以说明的例子。

四　《敦煌变文字义通释》

《敦煌变文字义通释》,蒋礼鸿著,1959年中华书局出版,1962年经作者增订修改后重印。

敦煌变文是我国古代民间文学的重要组成部分,对后来的小说、戏曲和民间说唱文学的影响很大。这书主要以人民文学出版社出版的《敦煌变文集》为依据,将变文中某些现已不易理解的难词,加以考证和解释,不仅在读者阅读或研究变文时有帮助,而且对于诗、词、戏曲和古汉语的研究者也有参考价值。

变文是唐、五代时的民间文学作品，保存不少当时的口语材料。但由于书写者多是民间艺人，或是下层知识分子，文中假借字和本字杂出互见，简体字、俗体字甚至错别字与正字并列；而且由于年代久远，字音多有转变。又有些词语，字面与含义不一致，甚至似是而非，与现代词义有很大差异。如"忽然、忽尔、忽而、忽如、忽其、忽"等词作"假使、倘或"解，如果单从表面上去了解，势必把词义弄混；必须从若干例证中排比会通，始能归纳出确切的解释。《敦煌变文字义通释》即是"归纳整理变文材料，以期窥探唐五代口语词义的一个尝试"（见原书作者"自序"）。

全书共分六篇：

一、释称谓。如"博士"指有技艺的人；"所由"是吏人名称。而"所由"因其具体职务和所在官署不同，又分为若干种类："捉事所由"和"停解所由"都是缉捕罪人的胥吏；"度支所由"是"度支使"属下的差吏；"进士团所由"是伴从新进士的人，等等。这些名词的解释不仅对于了解变文词义有用，对于阅读唐代的文献资料也有帮助。

二、释容体。如"妖桃"指美色；"丑差""差恶"指丑陋，难看；"攒蚖""专颛"指缩手缩脚、无精打采、倒霉的样子。

三、释名物。如"苂火"指柴火，"火曹"指烧焦的木头等。

四、释事为。如"透"是跳；"抱"是抛；"趁"是追赶等。

五、释情貌。如"哈哈、咳咳、该该"释为喜笑貌；"惨醋、憯酢"释为气恼、羞愧；"冒惨"就是"氍氀"；"踊移、勇伊"就是"犹豫、游移"等。

六、释虚字。这一部分词目最多。如"熠没"释为"这么、如此"；"阿莽"就是"怎么样"；"只手、只首"释为"实在、诚然"等。

书后有《变文字义待质录》《敦煌词校议》两篇附录。前一篇汇集变文中至今不易诠释的词语，做为存疑。后一篇对敦煌曲子词的各种校勘本提出自己的不同看法。末附四角号码索引，供读者查阅词目之用。

五 《小说词语汇释》

《小说词语汇释》，陆澹安编著，中华书局上海编辑所编辑，1964 年中华书局出版。

这本书从六十四种古典白话小说（下迄清末为限）中摘录词语八千余条，加以简明注释，并举各种带有这一词语的作品原文为例句，做为佐证。另辑《小说成语汇纂》一卷，收成语两千余条，不加注释，附录于后。凡一词数义者，每一种意义均予举出，并各附例句。所收词语，除两字以上者之外，有些单字在小说中另有意义，非一般字典所能查出，也收入书中，以备检索。例如"毛"字可作"伛偻"解（如"毛腰"），"村"字可作"粗野"解，都列为一条。有些小说中的词语往往与戏曲中用语相同，故于解释中每引元、明戏曲的曲文和宾白，以资旁证。

诠释古典小说中的词语是很重要的工作，本书作者以个人的力量蒐辑成这本工具书，筚路蓝缕，功不可没。但成书仓猝，不仅词目不够完备，而且有明显错误。如九画中有"查儿脖子"一条，释为"头颈"，例句引的是《儿女英雄传》第五回：

那和尚生得浓眉大眼，赤红脸，糟鼻子，一嘴巴硬触触的胡子，查儿脖子上带着两三道血口子。（标点悉依原书）

这里显而易见，编著者是把句子断错了，"查儿"二字应连上文，"胡子查儿"是一个词。"查"今通写作"碴"或"茬"，也可写作"楂"。如《新华字典》"茬"字下第三个注释说："短而硬的头发、胡子。"大概作者是南方人，对普通话并不全懂，才闹出这样的笑话。因为在古今汉语中是从来找不出"查儿脖子"这样一个词的。

这书按词头首字笔画多寡排列，笔画相同，则依据字典的部首顺序排列。书后附引用书目，分"演义"和"话本"两类，把《红楼梦》《儒林外史》等列入第一类，似亦不大合理。

近年上海古籍出版社曾请人对此书重加审订，现已修改出版。

第九讲　类书和政书

一　类　书

类书是我国古代工具书的一种，编纂目的主要是为了寻查典故，性质与现在的资料汇编近似。它把很多古籍中的原文，按其内容性质，分门别类地编排、摘录，汇集成书，为读者提供参考材料。原文只是根据需要部分地、片段地摘录，不加说明解释，因此从这些古代类书中，还可以窥见不少失传古籍的佚文。旧名"类书"，是取分类纂集的意思。第八讲中谈到的《佩文韵府》《骈字类编》等书，也是把古代诗文中习见的词汇、语汇分韵或分类纂集在一起，所以也属于类书的性质。

类书的分类，大抵是根据封建社会的政治、经济、文化制度和社会生活的需要，划分若干大的部类。例如关于自然现象方面的，一般都分为天文、地理、山、水、鸟、兽、草、木等部；属于政治、经济、文化、礼教范围的，一般都分为帝王、后妃、职官、州郡、政理、产业、人、礼、乐等部；属于社会生活方面的，则分为居处、服饰、器物、珍宝等部。在每个大的部类里面，再分为若干子目。例如在"天"部里面一般都分为天、日、月、星、云、风、雨、雷、雪……等子目；"人"部里面一般都分为忠、孝、富、贵、圣、贤、师、友……等子目；"乐"部里面一般都分为歌、舞、琴、筝、鼓、箫、笙、笛……等子目;"居处"部里面,一般都分为宫、殿、楼、阁、亭、台、苑囿、园圃……等子目。这些部类内容和分类方法,充分反映了封建社会时代面貌的特征。我们查类书,首先必须熟悉它们的大小类目,知道所查的材料典故属于哪一个部类,才便于寻检。

我国最早的类书,是魏文帝曹丕时(公元220年至226年)刘劭、王象等纂辑的《皇览》;其后南北朝北齐时(公元550年至576年)祖珽等又编有《修文殿御览》。但这两部书早已散佚,现存《皇览》有清人辑本一卷;《御览》则后来在甘肃敦煌发现了唐人写本残卷,只存有二百五十六行。真正有大批类书出现,还是始于唐代。唐代初年所编的类书,据史籍所载约有十余种,现在流传下来的有《北堂书钞》《艺文类聚》和《初学记》等数种。以后宋代、明代、清代初年,也都编过大型的类书。

在封建时代,较大规模地编辑类书,都是在一个封建王朝的开创时期,其中自有其经济和政治的原因。试以唐代为例。唐王朝统一后,社会生产逐渐恢复,随着经济基础的日趋巩固,文化建设也势必有所发展。从初唐到盛唐时代,各种文化(包括文学、艺术)的普遍繁荣,就是当时社会生产力比较发展的明显反映。类书的编纂也是适应这种时代需要而产生的。搞这种工作需要集中较多的人力物力,所以必须在社会生活比较安定、人力物力比较充裕的时候,才搞得起来。唐代类书大部分修于高祖、太宗、玄宗时代;宋代官修类书主要修于太宗、真宗时代;明代的《永乐大典》成书于成祖时期;清代的《古今图书集成》《佩文韵府》《渊鉴类函》《四库全书》等大部头的类书和丛书,基本上都是成书于康熙、雍正、乾隆三朝,就是最好的说明。

封建统治者支持这种工作,自然还有其更重要的政治目的:一、为了巩固文化统治,控制文化发展方向,使文化为封建王朝的利益服务;二、借此笼络人才,集中一大批知识分子,给予他们以较长期、较稳定的"述而不作"的工作,使他们可以死心踏地地为封建王朝效力;三、用文化的"繁荣"来粉饰所谓的"太平盛世"。

这些类书虽然只是古代书籍的片段摘录，但由于保存了大批的古代文献，作为研究古籍，包括辑佚和校勘工作的参考材料，还是有其一定价值的。这里从唐代的类书谈起。

1 《北堂书钞》

《北堂书钞》一百六十卷，虞世南编撰。虞世南是隋末唐初人，曾任隋代的秘书郎。"北堂"是秘书省的后堂，这书是虞世南任秘书郎时所撰，所以叫《北堂书钞》。其内容是蒐辑古籍中可供吟诗作文之用的典故、词语和一些诗文的摘句，分门别类地钞撮而成。全书共十九部，子目八百五十二类。据《旧唐书·经籍志》和《新唐书·艺文志》，这书原有一百七十三卷。现在的一百六十卷本，与《宋史·艺文志》所载卷数相符，可见这本书在宋代已有佚缺。明初有写本，极难得。清代学者孙星衍、严可均等，根据宋明善本，对本书都曾进行过较精密的校订。清末光绪年间，孔广陶在前人的基础上对本书作了全面的校注工作，一方面把每条正文都注明出处，另一方面把全书作了精审的校勘。所以现在流传的《北堂书钞》，以光绪十四年（1888）南海孔氏刊本为最善，比较接近原书的面目，也比较易得。另有明万历年间由陈禹谟删补刊刻的一百六十卷本，一般公认是一个较劣的本子。因为陈禹谟把晚唐五代杂书中的材料羼入不少，又把原有的部分删改很多，去虞书本来面目已经很远了。

现在把《北堂书钞》的十九部总目依孔广陶校注本照录如下：卷一至卷二十二，帝王部；卷二十三至卷二十六，后妃部；卷二十七至卷四十二，政术部；卷四十三至卷四十五，刑法部；卷四十六至卷四十八，封爵部；卷四十九至卷七十九，设官部；卷八十至卷九十四，礼仪部；卷九十五至卷一百零四，艺文部；卷一百零五至卷一百十二，乐部；卷一百十三至卷一百二十六，武功部；卷一百二十七至卷一百二十九，衣冠部；卷一百三十至卷一百三十一，仪饰部；卷一百三十二至卷一百三十六，服饰部；卷一百三十七至卷一百三十八，舟部；卷一百三十九至卷一百四十一，车部；卷一百四十二至卷一百四十八,酒食部;卷一百四十九至卷一百五十二,天部;卷一百五十三至卷一百五十六,岁时部;卷一百五十七至卷一百六十,地部。

2 《艺文类聚》

《艺文类聚》一百卷,唐初武德年间(618至627)欧阳询主编。这书引用古籍达一千四百馀种,隋代以前的佚书遗文、零章断句,赖以保存的不少。宋代藏书家陈振孙曾说过:"其所载诗文赋颂之属,多今世所无之文集。"足见这书保存了不少文学资料,对古典文学研究工作者用处较大。

《艺文类聚》共分四十八部类,现照录如下:卷一至卷二,天部;卷三至卷五,岁时部;卷六,地部、州部、郡部;卷七至卷八上,山部;卷八下至卷九,水部;卷十,符命部;卷十一至卷十四,帝王部;卷十五,后妃部;卷十六,储宫部;卷十七至卷三十七,人部;卷三十八至卷四十,礼部;卷四十一至卷四十四,乐部:卷四十五至卷五十,职官部;卷五十一,封爵部;卷五十二至卷五十三,治政部;卷五十四,刑法部;卷五十五至卷五十八,杂文部;卷五十九,武部;卷六十,军器部;卷六十一至卷六十四,居处部;卷六十五至卷六十六,产业部;卷六十七,衣冠部;卷六十八,仪饰部;卷六十九至卷七十,服饰部;卷七十一,舟车部;卷七十二,食物部;卷七十三,杂器物部;卷七十四,巧艺部;卷七十五,方术部;卷七十六至卷七十七,内典部;卷七十八至卷七十九,灵异部;卷八十,火部;卷八十一,药、香部、草部上;卷八十二,草下;卷八十三至卷八十四,宝玉部;卷八十五,百谷部、布帛部;卷八十六至卷八十七,果部;卷八十八至卷八十九,木部;卷九十至卷九十二,鸟部;卷九十三至卷九十五,兽部;卷九十六至卷九十七,鳞介部、虫豸部;卷九十八至卷九十九,祥瑞部;卷一百,灾异部。

每部下面又分若干子目,共有子目七百二十九项。每一子目下征引古书中的有关材料,依次罗列。例如"岁时部",在"寒食"子目下,即引《周礼》《荆楚岁时记》《先贤传》《邺中记》《后汉书》《古今艺术图》等古书中有关寒食节的记载、解释和传说。在这一部分的后面,又标一诗字,再引李崇嗣、宋之问、沈佺期等有关寒食的诗句[①]。然后再标一令字，引魏武帝《明罚令》，说北方天冷，寒食容易得病，所以下令禁止寒食。

所标的诗和令，视各个子目所引的文体而定。除去"诗""令"以外，还有"论""述""赞""序""赋""表""颂""箴""铭""诔""碑""书""启""文""教"等各种不同文体的引文，内容确实比较丰富。

从所分部类和编排方法来看，《艺文类聚》是早期类书中体例比较完善的一种。但《四库全书总目提要》认为此书分类仍有"繁简失宜、分合未当"的地方。如"山"部，五岳只著录嵩山、华山、衡山等三处，而不及泰山和恒山；"帝王"部，三国有魏武帝、魏文帝和吴大帝，而不录蜀汉；"针"宜入"器物"、"钱"宜入"宝玉"而列于"产业"；案、几、杖、扇、麈尾、如意之类宜入"器物"，而列于"服饰"。在子目方面，"鸿"之外，别出"雁"；"蚌"之外，别出"蛤"；"鹤"之外，又别出"黄鹤"等等。此外，"人"部下的子目过分芜杂，分了五十八类，五花八门，无所不包。可见在选材和分类上，此书也还有很多粗疏、遗漏、烦琐、重复之处。

1959年，中华书局根据上海图书馆所藏国内唯一的宋刻本影印出版，共十六册，分装二函，是目前最名贵的一种版本。1965年，中华书局上海编辑所又据影宋本，并用明本、冯舒校宋本及《北堂书钞》《初学记》《太平御览》等进行比勘，出版了排印本。此本凡宋本的误处，都已校正，是一个比较完善的普及本。

3 《初学记》

《初学记》三十卷，唐玄宗开元年间（713至742）徐坚等编撰。唐代初年，骈体文仍很盛行，作文章讲求堆砌辞藻典故。唐玄宗为了诸皇子作文时引用典故、检寻事类的方便，命令徐坚、韦述等编纂此书，所以名叫《初学记》。

[①] 《艺文类聚》中收有苏味道、李峤、宋之问、沈佺期等人的作品，他们都晚于欧阳询，这些作品显然是后人窜入的。

《初学记》比一般类书分类简括，叙述扼要，也就是这个原因。

全书共分为二十三部。计：卷一至卷二，天部；卷三至卷四，岁时部；卷五至卷七，地部；卷八，州郡部；卷九，帝王部；卷十，中宫部、储宫部、帝戚部；卷十一至卷十二，职官部；卷十三至卷十四，礼部；卷十五至卷十六，乐部；卷十七至卷十九，人部；卷二十，政理部；卷二十一，文部；卷二十二，武部；卷二十三，道释部；卷二十四，居处部；卷二十五至卷二十六，器物部；卷二十七，宝器部（附花草）；卷二十八，果木部；卷二十九，兽部；卷三十，鸟部、鳞介部、虫部。在二十三部下面，再分三百一十三项子目。

这书的体例，先为"叙事"，次为"事对"，最后是征引诗文。《四库全书总目提要》认为它"叙事虽杂取群书，而次第若相连属。……在唐人类书中，博不及《艺文类聚》，而精则胜之。若《北堂书钞》及《六帖》（即《白孔六帖》，见本讲），则出此书之下远矣。"对它的评价较高。下面举第二十八卷果木部"柏"第十四为例：

〔叙事〕《尔雅》曰：柏，椈也（按：中华书局新版作"掬"，误）。《史记》曰：松柏为百木长而守宫闾。《尚书》曰：荆州，厥贡杶干栝柏。《周官》曰：冀州，其利松柏。刘向《列仙传》曰：赤松子好食柏实，齿落更生。《汉武内传》曰：药有松柏之膏，服之可以延年。《三辅旧事》曰：汉诸陵皆属太常，不属郡县，其入盗柏者弃市。《抱朴子》曰：天陵偃盖之松，大谷倒生之柏，凡此诸木，皆与天齐其长，地等其久也。《广志》曰：柏有续柏，有計柏。崔寔《月令》曰：七月收柏实。

这一段"叙事"，引述了《尔雅》《史记》《尚书》等书的原文来解释有关柏树的各个方面。首先引证《尔雅》，说明柏和椈是同一种类的植物。引证《史记》，说明松柏在树木中的地位，亦即人们对松柏的看法。引证《尚书》《周官》，说明柏树的产地。引证《列仙传》《汉武内传》，说明柏实可以入药，并叙述有关柏树的神话传说。引证《三辅旧事》，介绍汉代陵园的管理制度，及有关柏树的历史故实。引证《抱朴子》，说明柏树的寿命长久。又从植物学和农学观点，引证《广志》《月令》，说明柏树的品种和结实的季节。而从《列仙传》到《抱朴子》，又都是引述有关柏树的一些典故。这就是一方面"杂取群书"，一方面根据编撰者自己的意图，把这些引文串连成一段互有联系的解说文字，即所谓"次第若相连属"。

"叙事"以后是"事对"。在"柏"这一条下面，共著录了"卫国舟，殷人社""鹊立，鸾栖""泰山千树，华林二株"等几个联句。这些都是根据前代典故，由编者自撰的。每一副联语都引用古籍原文，注明典故出处。如"卫国舟"出自《诗经》的《柏舟》，"殷人社"取自《论语》的"哀公问社于宰我"等。

"事对"的后面是摘录有关柏树的诗文，如西晋左九嫔《松柏赋》中的一段，和北齐魏收的《庭柏诗》。

在很多"叙事"的解说里，涉及封建社会的政治经济制度和意识形态等方面的问题，都充满了封建士大夫的观点，如在"帝王""中宫""储宫""帝戚""政理"等部类，以及"人"部中的圣、贤、忠、孝、贵、富等子目中，表现得都很明显。这也是所有古代类书共同存在的问题。我们必须用批判的态度把它们只当作文献资料来使用。

清人严可均有《初学记》的校本，未刊行。后来陆心源录为校勘记，刻于《群书校补》中。1962年，中华书局根据几种不同版本重新把《初学记》点校出版，每卷后面都附有"校勘表"，可供与正文对照参考之用。

4 《白孔六帖》

《白孔六帖》一百卷，唐白居易撰，宋孔传续撰。白居易的原书本名《白氏六帖事类集》，只有三十卷。其内容是：把唐以前的经籍史传和其他杂书中的典故、词语、重要字句以及诗文著作中的名篇佳句，分门别类地片段地钞录、汇集在一起，性质与《北堂书钞》类似，而更加零散琐碎。北宋时代，孔传把唐、五代时的史籍和诗文依白氏原书体例续加钞辑，又成三十卷，名叫《六帖新书》。到了明代，不知是谁把这两部书（共六十卷）合编在一起，分为一百卷，这就是我们通常说的《白孔六帖》。

流传到今天的《六帖》，共有两种：

第一种是《白氏六帖事类集》三十卷的单行本。原书是南宋刻本，曾为傅增湘所藏，1933年5月影印问世。这种版本的版心有"帖册一"至"帖册六"的字样，可见原本是曾经分为六部分的，所以据傅增湘的看法，这就是"六帖"命名的由来。兹将《白氏六帖》原书三十卷的分类总目照录如下：

第一，天、地、日、月、星辰、云、雨、风、雷、四时、节、腊；第二，山、水、川、泽、丘、陵、溪、洞、江、河、淮、海、泉、池、宝货、布、帛；第三，京都、邑居、道路、郊野、封疆、馆驿、楼阁、仓、库、舟、车；第四，衣服、印绶、刀剑、器物、裀褥、笔、砚、纸、墨；第五，酤榷、饮食、酒、肉、醢、醯、茶、盐、蜜、酪、米、面、柴、草、菜、炭；第六，宗亲、奴婢；第七，人状貌、贵贱、隐逸、杂举措；第八，孝行、情性、忠、义、智谋、仁、信、贞、俭、恭、慎、傲慢、勇、壮；第九，言语、视听、律吕、医、相、书、算、卜筮、图画、方药、博弈；第十，宾旅、干谒、朋友、推荐、离别、赠贶、庆贺、馈遗、奉使；第十一，帝德、朝会、宫苑、皇亲、制诏、图书、表奏、对见、谏争；第十二，理道、清廉、贪浊、暴政、威名、俸禄、举选；第十三，刑法、断狱、拷讯、议谳、改制、赃贿、冤狱；第十四，赏赐、战功、谏臣、田宅、车服、杂器物、封建、嗣荫；第十五，军旅、出征、战阵、训练、救援、献捷、伏兵、险阻、戎狄；第十六，资粮、屯田、用兵、戎服、兵器、险固、防备；第十七，礼仪、享宴、冠礼、乡饮酒、上寿、养老、致仕；第十八，乐、制乐、知音、六代四夷乐、杂戏、歌、舞；第十九，丧服、殡敛、祭奠、哭、踊、吊、葬、坟墓、忌日；第二十，祭祀、蒸荐、宗庙、木社、地祇、释奠、杂祀；第廿一，职官；第廿二，户口、征赋、贡献、储蓄、均输；第廿三，劝农、开垦、耕耘、收获、农器、百谷、丰稔；第廿四，商贾、功（工）巧、材木、胶、皮、染练、金冶、土工；第廿五，畋猎、陷阱、网罟、射；第廿六，文、武、三教；第廿七，鬼、神、祷祀、妖怪、变化；第廿八，叛乱、寇贼、谄佞、仇怨、黜辱、妖讹、咒诅；第廿九，鸟、兽；第三十，草木、杂果。每卷更分子目若干，共有一千三百六十七项子目。这里举《白氏六帖事类集》卷三里面的一条子目为例：

郊第七　申画郊圻　遂士掌四郊（注：主四郊之狱。《周礼》）　郊劳（聘客至郊，使人郊劳。）　太学在郊　邑外谓之郊（《尔雅》）　郊迓（郊迎。）　近郊（远郊。）　多垒（《礼》曰：四郊多垒，卿大夫之辱。）不雨（《易》曰：密云不雨，自我西郊。）　适彼乐郊（《诗》）

据南宋人晁公武《郡斋读书志》所记，白氏的原书只有正文，正文下面的小注是他的曾祖晁仲衍（北宋时人）加上的。

这种版本的特点是：一、保存了白氏原书的本来面目；二、比明代所刻的《白孔六帖》多出若干条正文和注文，以及若干脱文；三、由于这是宋刻本，做为校勘古籍的材料有比明刻本更为可靠的地方。

第二种是《白孔六帖》一百卷本，最早有明刻本。这种把《白帖》《孔帖》合刻的本子只用《白帖》中一千三百六十七项子目做标题，不另设总目。每一门内，《白帖》在前，《孔帖》在后。由于孔氏续帖与《事类集》体例相同，不再举例了。

《白孔六帖》与其他类书一样，保存了若干古籍的佚文，对后世学术研究自然有一定贡献。例如南唐后主李煜的诗集已经失传，而《孔帖》中就有六处引了李煜诗的断句（共十句）。注文中某些材料，也可供读古书时参考。例如相传为李白写的《菩萨蛮》，末二句为"何处是归程，长亭更短亭"。在《白氏六帖事类集》卷三"馆驿"门就有"长亭短亭"一条，注文说："十里五里，长亭短亭。（按，这两句出自北周庾信《哀江南赋》，原书未注明。）言十里一长亭，五里一短亭。"又如古典诗歌中常有"玉箸"一词，查《事类集》卷十九"泣"门（附在"哭"门的后面）有"玉箸"一条，注文说："甄后面白，泪双垂如玉箸。"（原书未注明出处。）这对我们了解文义是有帮助的。此外，在校勘古书方面，这书也有一定使用价值。例如唐韦应物有《长安遇冯著》诗，《白孔六帖》卷三"春"门《孔帖》引这诗中的两句，下注出自韦诗《长安遇贫者》，题目与《韦苏州集》不同。又如杜甫《洗兵马》有"身长九尺须眉苍"句，《白孔六帖》卷二十一"长大人"门《孔帖》引此句作"鬓眉苍"。这对校读唐诗也有一定帮助。

作为类书，《白孔六帖》的缺点还是很多的。一、很多引文根本没有任何解释，后人几乎无法利用。这从上文所引的《白帖》原文就可以看得出来。二、有的材料不注出处，或仅注一个书名，不便查检。三、有的材料虽注出处，却有错误。如《白孔六帖》卷一"月"门，《孔帖》引了"尝闻古老言，疑是虾蟆精"和"臣有一寸刃，可剖凶蟆肠"等诗句，这都出自韩愈的《月蚀诗效玉川子作》，《孔帖》却把它们置于李白《古风》引文的后面，而标着"同上"字样，这就使人误认为出自李白的《古风》。而且这里不引卢仝《月蚀诗》原作而只引韩愈的拟作，也是不恰当的[①]。

以上是唐代的类书。下面再谈宋代的几部重要的类书。

5 《太平御览》

宋代自开国以后，到太宗赵光义即位，国内形势逐渐呈现相对稳定的局面。从太宗太平兴国二年（977）到真宗大中祥符六年（1013），前后三四十年

[①] 这一节凡引自《白帖》的材料，都据影宋本《白氏六帖事类集》；凡引自《孔帖》的材料，都据《白孔六帖》。

间，集中了大批人力物力，编纂了大型类书《太平御览》《册府元龟》，以及诗文总集《文苑英华》和小说总集《太平广记》。这对保存古代文献和提供研究资料方面，都有不少贡献。

《太平御览》一千卷，李昉等撰。从太平兴国二年（977）三月开始编纂，到太平兴国八年（983）十二月成书。初名《太平总类》，书成后改用今名。据书前"图书纲目"所载，这书所引用的经史图书计一千六百九十种（实际不足此数，因有一书两见、三见的），至于杂书、诗、赋、铭、箴等则不包括在内。据近人马念祖考订，其中引书实有二千五百七十九种（见《水经注等八种古籍引用书目汇编》），非但征引赅博，而且所引用的古书十之七八今已失传。可见《太平御览》不但是一部重要的综合性的资料工具书，而且是保存古代佚书最为丰富的类书之一。

《太平御览》共分五十五个部门，计：卷一至卷十五，天部；卷十六至卷三十五，时序部；卷三十六至卷七十五，地部；卷七十六至卷一一六，皇王部；卷一一七至卷一三四，偏霸部；卷一三五至卷一五四，皇亲部；卷一五五至卷一七二，州郡部；卷一七三至卷一九七，居处部；卷一九八至卷二零二，封建部（以上中华书局新版影印本第一册）；卷二零三至卷二六九，职官部；卷二七零至卷三五九，兵部；卷三六零至卷四五七，人事部上（以上新版第二册）；卷四五八至卷五百，人事部下；卷五零一至卷五一零，逸民部；卷五一一至卷五二一，宗亲部；卷五二二至卷五六二，礼仪部；卷五六三至卷五八四，乐部；卷五八五至卷六零六，文部；卷六零七至卷六一九，学部；卷六二零至卷六三四，治道部；卷六三五至卷六五二，刑法部；卷六五三至卷六五八，释部；卷六五九至卷六七九，道部；卷六八零至卷六八三，仪式部；卷六八四至卷六九八，服章部；卷六九九至卷七一九，服用部；卷七二零至卷七三七，方术部（以上新版第三册）；卷七三八至卷七四三，疾病部；卷七四四至卷七五五，工艺部；卷七五六至卷七六五，器物部；卷七六六至卷七六七，杂物部；卷七六八至卷七七一，舟部；卷七七二至卷七七六，车部；卷七七七至卷七七九，奉使部；卷七八零至卷八零一，四夷部；卷八零二至卷八一三，珍宝部；卷八一四至卷八二零，布帛部；卷八二一至卷八三六，资产部；卷八三七至卷八四二，百谷部；卷八四三至卷八六七，饮食部；卷八六八至卷八七一，火部；卷八七二至卷八七三，休征部；卷八七四至卷八八零，咎征部；卷八八一至卷八八四，神鬼部；卷八八五至卷八八八，妖异部；卷八八九至卷九一三，兽部；卷九一四至卷九二八羽族部；卷九二九至卷九四三，鳞介部；卷九四四至卷九五一，虫豸部；卷九五二至卷九六一，木部；卷九六二至卷九六三，竹部；卷九六四至卷九七五，果部；卷九七六至卷九八零，菜部；卷九八一至卷九八三，香部；卷九八四至卷九九三，药部；卷九九四至卷一千，百卉部（以上新版第四册）。每部之下又分若干子目。如大的部门包括范围太广，则在子目之前标出类别。例如"地"部，除一些著名大山如昆仑山、嵩山、华山、泰山、庐山等自成一目外，还在某些卷前面标出"河南宋郑齐鲁诸山""关中蜀汉诸山""河北诸山""江东诸山"等。在"江东诸山"一类里面，再列举敬亭山、九华山、牛渚山等。子目总数不下五千。征引浩博，材料相当丰富。

  这书的查法、体例与其他类书大致相同，例如要查"牛郎织女"的故事，就去查"天"部，在"天"部的"星""汉"等子目中，就可以查出十几条有关牵牛织女星的传说和记载。再如我们想查"螳臂当车"的典故出处，就去查"虫豸"部，在第九四六卷，"虫豸"部的第三类中，有"螳螂"子目。在这里就可以发现其中有两条都涉及这一典故。一是《韩诗外传》里齐庄公出猎，遇有"螳螂举足，将搏其轮"的故事；一是《庄子》里"螳螂怒臂，以当车辙，不知不胜任也，是才之美者也"一段叙述。就在这"螳螂"子目里，我们还可以发现《韩诗外传》所载的孙叔敖谏楚庄王，《吴越春秋》记述的太子友谏吴王夫差，用的都是"螳螂捕蝉，不知黄雀在后"的故事。查一而知二，可以增加不少历史知识。再如，查古人勤学读书的故事，就去查"学"部；查"完璧归赵"的故事，就去查"珍宝"部中"璧"这一子目。总之，如果能熟悉所查材料属于哪一个部目，查起来还是很方便的。

这书以《四部丛刊三编》的影印本为最好。1960年，中华书局据此本重新印行，共分四厚册，书前有详细目录可查。

6 《册府元龟》

《册府元龟》一千卷，王钦若、杨亿等编撰。这书从宋真宗景德二年（1005）九月开始纂修，至大中祥符六年（1013）八月成书，历时八年。全书九百多万字，共分三十一部，每部前有总序；部以下分若干门，共有子目一千一百零四门，每门之前又有小序。各门材料按照年代先后顺序排列。现将三十一部名称照录如下：卷一至卷一八一，帝王部；卷一八二至卷二一八，闰位部；卷二一九至卷二三四，僭伪部；卷二三五至卷二五五，列国君部；卷二五六至卷二六一，储宫部；卷二六二至卷二九九，宗室部；卷三百至卷三零七，外戚部；卷三零八至卷三九九，宰辅部；卷三四零至卷四五六，将帅部；卷四五七至卷四八二，台省部；卷四八三至卷五一一，邦计部；卷五一二至卷五二二，宪官部；卷五二三至卷五四九，谏诤部；卷五五零至卷五五三，词臣部；卷五五四至卷五六二，国史部；卷五六三至卷五九六，掌礼部；卷五九七至卷六零八，学校部；卷六零九至卷六一九，刑法部；卷六二零至卷六二五，卿监部；卷六二六至卷六二八，环卫部；卷六二九至卷六三八，铨选部；卷六三九至卷六五一，贡举部；卷六五二至卷六六四，奉使部；卷六六五至卷六七零，内臣部；卷六七一至卷七百，牧守部；卷七零一至卷七零七，令长部；卷七零八至卷七一五，宫臣部；卷七一六至卷七三零，幕府部；卷七三一至卷七五零，陪臣部；卷七五一至卷九五五，总录部；卷九五六至卷一千，外臣部。

这书专门著录历代帝王将相、士大夫等阶层的事迹，所以最初拟名为《历代君臣事迹》。宋真宗命王钦若等编撰此书的目的，是为了以历代君臣的事迹做为榜样，使后世的大小封建统治者都能从中取得经验教训，供行事的鉴戒。所以书成后定名为《册府元龟》。"册"是书籍，"府"是储藏东西的府库，"元龟"是大龟。古人迷信，认为龟可以用来占卜，能预见未来，测定吉凶，引申之则有鉴戒的意思，因此也称为"龟鉴"。《册府元龟》命名的意思是说，这是一部蕴藏丰富，可以供君臣上下行事借鉴的典籍。从编书的目的看，这显然是专为封建王朝服务的工具。因而封建正统思想也就成为全书取舍材料的唯一标准。据《四库全书总目提要》介绍，当时的最高统治者对这部书非常重视，"其间义例，多出（宋）真宗亲定"，而"于悖逆非礼之事（即触犯封建统治、违反封建礼教的事）亦多所刊削，裁断极为精审"。可见封建统治者的"政治标准"是很严格的。因此这书的取材范围也就只限于六经、子、史，凡小说、杂书以及自述、家传等，概不收录。宋代当时就有人批评这部书"遗弃既多，故亦不能该备"（南宋洪迈《容斋随笔》）。这是本书最大的缺点。另外，参加编纂的人手众多，征引资料错误、罣漏和互相矛盾的地方也不少。而且所引书籍都不注明出处，寻检原文也很不方便。

但《册府元龟》还是保存了相当丰富的历史资料，所引正史多为北宋以前的古本，可据以校补今本正史的不足。尤其是隋唐五代的史料，因为时代距离较近，征引比较详备；很多史实和现在流传下来的正史也有所不同。例如60年代初期史学界研究有关武则天的一些材料，就是从《册府元龟》里找到的。何况十七史卷帙浩繁，各个朝代性质相近的历史事件更是散见各处，查找不便；《册府元龟》把自上古至五代的历朝史实，都按照其性质，分门别类地集中在一起，要想考察某一种历史现象，只要按类寻找，去翻检子目，就可以集中地获得较多的同类材料。例如"总录"部下有"诙谐"一门，宋朝以前历代有关善于诙谐、讽刺的人物如柳下惠、淳于髡、优孟、优旃、东方朔、枚皋等，以及他们的故事，都可以在这个子目里找到。总之，对于史学工作者来说，《册府元龟》不失为一部有用的工具书。

1960年，中华书局将《册府元龟》影印出版，共分十二厚册。书前有总目，每册有分部目录，书后有全部类目索引，可据以查找原书的正文。

《太平广记》和《文苑英华》虽也具有类书性质，但主要属于总集类。这两部书的内容已详第一讲，这里不再重复。

7 《玉海》及其他

《玉海》二百卷，南宋王应麟撰。全书分二十一类，每类下有子目若干，共有子目二百五十馀项。现将这书总目照录如下：卷一至卷五，天文；卷六至卷十三，律历；卷十四至卷二十五，地理；卷二十六至卷二十七，帝学；卷二十八至卷三十四，圣文；卷三十五至卷六十三，艺文；卷六十四至卷六十七，诏令；卷六十八至卷七十七，礼仪；卷七十八至卷八十四，车服；卷八十五至卷九十一，器用；卷九十二至卷一〇二，郊祀；卷一〇三至卷一一〇，音乐；卷一一一至卷一一三，学校；卷一一四至卷一一八，选举；卷一一九至卷一三五，官制；卷一三六至卷一五一，兵制；卷一五二至卷一五四，朝贡；卷一五五至卷一七五，宫室；卷一七六至卷一八六，食货；卷一八七至卷一九四，兵捷；卷一九五至卷二百，祥瑞。书后还附有《辞学指南》四卷，搜辑了有关文学方面的资料。

唐玄宗时，曾经开设"博学宏词科"，用来选拔博学能文的知识分子供朝廷委用，这是封建统治者在正规的科举制度之外的一种笼络读书人的手段。南宋初年，宋高宗赵构也以同样名目来网罗一些所谓"通儒硕学"的人才为自己服务。《玉海》就是专为当时知识分子应付"博学宏词科"而编撰的工具书。人们可以用它来查找典故、丰富辞藻和积累"学问"。根据这种编辑目的，编撰人所采录的就大半属于"吉祥善事"，以求适应封建统治者的口味，因此在取材上受到很大限制。但本书也有一个特点，即辑录宋朝当代的掌故，大都依据"国史"和《实录》，这些都是研究宋代历史比较珍贵的第一手材料，有一定学术价值。

《玉海》的编撰者只是把许多资料分别从各种书中钞录下来，并没有进一步考订这些材料的是非真伪。因此有时出现自相矛盾或明显错误的内容。这是类书的通病，也是读者引用时应当注意的。

上述几种宋代类书都是比较重要的。此外还有：

一、《事物纪原》十卷，宋高承撰。此书专门考订事物的起源。

二、《海录碎事》二十二卷，宋叶廷珪撰。此书体例与《白孔六帖》相近，而简单的程度有过之无不及。但比较难得。

三、《山堂考索》前集六十六卷，后集六十五卷，续集五十六卷，别集二十五卷，宋章如愚撰。此书与《通志》《文献通考》体例相近（后二书详下文），详于典章制度和文史经籍，尤重时政。

四、《古今合璧事类备要》前集六十九卷，后集八十一卷，续集五十六卷，别集九十四卷，外集六十六卷，宋谢维新编撰。此书分若干门，每门分若干子目，每目前列事类，后列诗歌，体例与《艺文类聚》相近。特点是多收宋代本朝人的遗事佚诗，于当代官制尤详。

五、《事文类聚》前集六十卷，后集五十卷，续集二十八卷，别集三十二卷，宋祝穆撰；新集三十六卷，外集十五卷，元富大用撰；遗集十五卷，元祝渊撰。此书分部与《艺文类聚》《初学记》相近，而略有变易。每部又分若干子目，每一目中前列"群书要语"，摘引古籍中有关文句；次列"古今事实"，摘钞历朝有关故事（但不尽注出处）；后列"古今文集"，收有关诗文作品。引文较详备，但嫌糅杂。

六、《锦绣万花谷》前集四十卷，后集四十卷，续集四十卷，撰人不详。这书所钞录的材料不免琐碎割裂，但遗文佚诗较多，尚可供参考。

上述这几种书中也还有一些可参考的地方。由于一般读者不常使用，这里就不详细介绍了。

下面谈谈明代著名的类书《永乐大典》。

8 《永乐大典》及其他

《永乐大典》是中国封建时代一部规模巨大的类书。可惜由于明、清王朝的统治者和民国时代军阀政府不予重视，再加上外国侵略者的大肆劫掠，这部书现在已经所存无几了。

《永乐大典》凡二二八七七卷，另外有"凡例"和"目录"六十卷，共装成一万一千零九十五册。这书是明成祖永乐元年（1403），命令词臣解缙等编纂的。初名《文献大成》，后又有所增益，参与编辑者有二千一百余人，历时五年，至永乐六年（1408）冬天始编辑完成。书成后改名《永乐大典》，其中"目录"六十卷有单行本。

此书收录经史子集以及天文、地志、阴阳、医卜、释道、技艺等古今图书达七八千种，保存了不少宋元以前的佚文秘籍。其编辑体例，是把所辑录的文章、著作的题目，按明初官修韵书《洪武正韵》的韵部编排。例如元末明初的古本《西游记》平话有一段佚文，题为"梦斩泾河龙"，就收在《永乐大典》第一三一四九卷"送"韵的"梦"字条下。

此书是钞本，原本仅有一部。明世宗嘉靖至明穆宗隆庆年间，重新钞录了正副两本。原本存南京，正本存北京文渊阁，副本存皇史宬。清人入关后，南京原本全部焚毁。顺治时，分别将正副本移存于乾清宫和翰林院。此时副本已缺二四二二卷。乾隆时修《四库全书》，辑出佚文秘典入《四库全书》者凡四百余种。嘉庆年间，乾清宫失火，正本又全部烧光。从此只剩了一部副本，而副本至光绪时，已不足五千册。光绪二十六年庚子（1900），八国联军入侵，又有一部分被毁，未毁的也大部分被侵略军劫走。经过这次动乱，只剩有三百余册。辛亥革命以后陆续丢失，仅余六十四册，移存于当时教育部图书馆。现经多方面的努力，由国家保存的《永乐大典》钞本，已增加到二百一十五册。1960年，中华书局曾将现有存书影印出版，合共七百三十卷。虽然只有原书的百分之三，但仍是一份比较珍贵的历史资料。

明代人治学问态度很不严肃，所以明代的类书往往摘引材料不注出处，甚至任意增损。这里约略介绍几种，以备参考。

一、《经济类编》一百卷，明冯琦编。冯琦未编完即死去，由其弟冯瑗和弟子周家栋、吴光仪等稍加排纂，删定而成。全书分二十三类，性质、体例都与《册府元龟》相近。但《册府元龟》只录事迹，此书兼收文章；《册府元龟》仅据史传，此书则诸子百家，无所不包。内容虽略嫌芜杂，但征引材料还比较谨严，比一般明代类书为优。

二、《天中记》六十卷，明陈耀文撰。此书因作者居住在天中山附近而得名。特点是：一、引用材料标明出处；二、搜罗较广，内容丰富；三、对材料的是非真伪有所考证，为其他类书所不及。但此书成于一人之手，难免有所遗漏。

三、《山堂肆考》二百二十八卷，补遗十二卷，明彭大翼撰。此书分五集，四十五门，每门又分子目若干。网罗材料较多，但未免驳杂。补遗中有若干训诂材料，可资参考。

上述三书，在明代类书中学术价值较高，但都不甚流行，所以就不作详细介绍了。

下面简单介绍几种清代官修的类书。

9 《古今图书集成》

《古今图书集成》一万卷，总目四十卷，是康熙时由陈梦雷，及雍正时的蒋廷锡等先后主持编纂而成的。这是中国现存的一部最大的类书。

这书共分六汇编，三十二典，计：一、历象汇编，内分乾象典、岁功典、历法典、庶徵典；二、方舆汇编，内分坤舆典、职方典、山川典、边裔典；三、明伦汇编，内分皇极典、宫闱典、官常典、家范典、交谊典、氏族典、人事典、闺媛典；四、博物汇编，内分艺术典、神异典、禽虫典、草木典；五、理学汇编，内分经籍典、学行典、文学典、字学典；六、经济汇编，内分选举典、诠衡典、食货典、礼仪典、乐律典、戎政典、祥刑典、考工典。每典再分子目若干部，共六千一百零九部。每部先列"汇考"，次列"总论"；收录内容共分图表、列传、艺文、选句、纪事、杂录、外编等项。分类细致，条理明晰，只要熟悉类目性质和内容，比较便于查阅。但也有以下的缺点：

一、校核粗疏，引文错误多。如果需要比较精确的材料，只能以此为线索，找到材料后，还要查对原文才更为可靠。

二、类目名称和分类方法，与现在的习惯距离很大，例如"岁功""庶徵""皇极"诸典的名目，一般人很难了解其含义；又如"艺术典"在"博物汇编"，"文学典"在"理学汇编"，"乐律典"在"经济汇编"等，不熟悉古籍的人，查目录都有困难。

这书原本是铜版活字精印本，后来有石印、铅印诸本。中华书局曾据殿版原本缩小影印，共八百册，目录八册，查阅比较方便。

10 《渊鉴类函》及其他

《渊鉴类函》四百五十卷，张英、王士禛等主编，康熙四十年（1701）成书。

明代俞安期把《北堂书钞》《艺文类聚》《初学记》《白孔六帖》等唐代类书归纳合并，删汰重复，编成《唐类函》。康熙帝玄烨认为《唐类函》"博而不繁，简而能核"，就命张英等在原书的基础上进行增补，所以《渊鉴类函》实际是《唐类函》的扩编。《唐类函》收录的典故、诗文，断至初唐为止；《渊鉴类函》更博采《太平御览》《玉海》《山堂考索》《天中记》等书，广收宋、元、明各代的文章事迹，胪列纲目，汇为一编。从资料的数量来看，《渊鉴类函》自然较为丰富。但因书成于众手，也有不少讹误。

《渊鉴类函》共分四十五部，计：天部十一卷，岁时十一卷，地部十七卷，帝王部十七卷，后妃部二卷，储宫部一卷，帝戚部一卷，设官部五十七卷，封爵部四卷，政术部三十二卷，礼仪部三十卷，乐部八卷，文学部十四卷，武功部二十四卷，边塞部十二卷，人部七十四卷，释教部二卷，道部二卷，灵异部二卷，方术部二卷，巧艺部八卷，京邑部二卷，州郡部六卷，居处部十五卷，产业部四卷，火部二卷，珍宝部四卷，布帛部二卷，仪饰部三卷，服饰部十二卷，器物部四卷，舟部一卷，车部一卷，食物部六卷，五谷部二卷，药部二卷，菜蔬部一卷，果部六卷，花部三卷，草部四卷，木部六卷，鸟部十一卷，兽部八卷，鳞介部八卷，虫豸部六卷。每部又分若干子目，每项子目著录五类内容，按以下次序编排：一、释名、总论、沿革、缘起；二、典故；三、对偶；四、摘句；五、诗文。如果有的子目不具备这五项内容，则付阙如。每一类内容都分为"原""增"两部分。"原"的部分表示是《唐类函》原书所有，"增"的部分则为清代人编此书时所续增。

《渊鉴类函》版本很多，以1883年上海点石斋石印本最便使用。

清代官修的类书很多。除上述二种以及第八讲中已谈到的《佩文韵府》《骈字类编》外，还有一种《子史精华》比较通行。

《子史精华》一百六十卷，康熙末年由吴襄等编撰，至雍正五年（1727）成书。全书分三十部，下有二百八十个子目，体例与《北堂书钞》《白孔六帖》相近，但采摭更为繁富。内容以摘引史传和诸子为主，兼及稗官野记，而不及儒家经籍。凡子、史两部图书中的"名言隽句"，都分条钞录，句下注明出处，以备查检。目的在于供一般士人查找辞章和典故，在清代影响较大。以1887年蜚英馆石印本最为简便。

但这书与许多类书一样，征引材料只注出书名而不注明篇名卷数，查对原文颇为不便。引文也往往有所增删，使用时更须注意。

清代私人著述的类书，以《格致镜原》较为精核。

《格致镜原》一百卷，陈元龙编撰。这书体例与《事物纪原》相近，也是探求事物的本原始末的。所谓"格致"，取《礼记·大学》"格物致知"之义；"镜原"则是探本鉴源的意思。全书分三十类，每类分子目若干，每一子目分列若干项内容，收采极博而编次颇有条理。自经、史至稗编野乘，都在摘钞范围之内，而以明人著作为下限。征引材料都注明出处，但也没有一一注出篇名和卷数。

此外，官修类书如《分类字锦》六十四卷，何焯等编撰；私人著述的类书如《事类赋统编》九十三卷，黄葆真增辑，此书系把宋人吴淑的《事类赋》、清人华希闵的《广事类赋》、王凤喈的《续广事类赋》、吴世旃的《广广事类赋》等蒐辑在一起，并加以补充而成；小型类书如《角山楼增补类腋》，姚培谦原撰，赵克宜增辑：上述诸书，都是堆砌华丽辞藻，讲求骈偶声律，供写作应制诗赋或骈文之用，当时虽较流行，今天却早已失去意义，这里就不一一介绍了。

二　政　书

政书本是我国历史著作中的一个门类。由于内容主要是记载历代典章制度的沿革变化以及经济、文化发展情况的，具有资料汇编性质，所以也成为阅读古籍、研究历史时需要翻检的一类工具书了。

政书涉及的内容范围很广，政治制度、经济制度、文化制度以及天文、地理、文学、艺术都包罗在内。编辑体例一般是分门别类，同时又按时代先后排列，比较便于查阅。例如我们要想了解汉武帝以前的典章制度，可以阅读《史记》里面的"八书"，"八书"是：《礼书》《乐书》《律书》《历书》《天官书》《封禅书》《河渠书》《平准书》。要想了解西汉的政治、经济制度和文化状况，可以去查《汉书》"十志"中的《食货志》《刑法志》《礼乐志》《艺文志》等（"十志"的其他六志是《天文志》《五行志》《地理志》《沟洫志》《律历志》《郊祀志》）。《史记》的"八书"和后来正史里面的"志"，都具有政书性质。但这些材料比较分散，有些也不够详备，要想比较系统地知道某一种制度的沿革，或要了解在正史以外的更多的材料，就须依靠一些专门的政书。当然，封建时代由士大夫阶层写的著作，都带有一定的局限性，今天我们只能把它们当作历史资料来批判地使用。

政书基本上可分为两大类：一类是"通古今"的，即所谓"三通""九通""十通"；另一类是断代的，即所谓"会要"和"会典"。另外还有一些谱表之类，也属于政书性质。这里就分别介绍一些主要的著作。

1　"三通""九通"和"十通"

唐代杜佑的《通典》，宋代郑樵的《通志》，元代马端临的《文献通考》，是三部最早的政书，后人总称为"三通"。

《通典》的作者杜佑，唐德宗时人，曾经做过德宗、宪宗两朝的宰相。杜佑以前，刘秩作《政典》三十五卷，杜佑认为不够详备，于是上溯远古黄帝、尧、舜时代，下迄唐代天宝年间（肃宗、代宗以后，间有沿革，也附载注内），写成《通典》二百卷。据说一共用了三十年时间。

《通典》共分八门，计：食货十二卷，选举六卷，职官二十二卷，礼一百卷，乐七卷，兵刑二十三卷，州郡十四卷，边防十六卷。每一门下，又分若干子目。每事以类相从，把历朝政治、经济的沿革详加记载，"详而不烦，简而有要"。其取材范围不限于正史，博及五经群书和汉魏六朝人的文集奏疏，凡有关政治得失的材料，无不网罗在内，资料相当丰富。书中又引证很多经籍旧注，对于古代经书的训诂材料，也有所保存。这书另一个特点是：取材范围虽广，但取舍谨严，判断精确，条理明晰，脉络清楚。在体例上比后出的《通志》还要谨严些。

《通志》是南宋人郑樵编著的，凡二百卷。郑樵是著名的史学家，提倡实学，反对空疏的义理辞章之学。平生著作很多，以《通志》为最有名，也最有价值。《通志》的体例与《通典》有所不同。《通典》著录的内容，只是政治、经济方面的典章制度，近于正史中的"书""志"一类。至于人物的传记，《通典》则不收。郑樵的学问渊博，他想继《史记》之后，编一部大型的通史，内容不仅著录典章制度，而且对于人物传记的材料也广为蒐罗。因此他编的这部《通志》，就分为两大部分：第一部分是"纪传"，即帝纪、皇后列传、世家、年谱、列传（一般传记）等，共一百四十八卷；第二部分是"二十略"，共五十二卷。但后者才是全书的精华。我们今天重视《通志》的价值，主要是由于这"二十略"。明朝人把"二十略"单独刻印行世，是有道理的。至于那些传记，全钞正史，并无新意，所以价值不大。

所谓"略"，是大纲、概略的意思。其性质与正史中的"志"相似，专记典章制度的沿革演变，但同时也包括文化艺术发展的情况。二十略著录的时代，起自上古，下至唐代。细目是：一、氏族略六卷；二、六书略五卷；三、七音略二卷；四、天文略二卷；五、地理略一卷；六、都邑略一卷；七、礼略四卷；八、谥略一卷；九、器服略二卷；十、乐略二卷；十一、职官略七卷；

十二、选举略二卷；十三、刑法略一卷；十四、食货略二卷；十五、艺文略八卷；十六、校雠略一卷；十七、图谱略一卷；十八、金石略一卷；十九、灾祥略一卷；二十、昆虫草木略二卷。

在这二十略中，大致可以归纳为这样几类：

一、记述内容与《通典》相同或相近的，有《礼》《乐》《职官》《刑法》《选举》《食货》等略，有些材料甚至全钞《通典》。

二、《天文》《地理》《灾祥》《器服》等略的内容，《通典》虽不具备，但旧史中却都有的。

三、在政治、经济之外，郑樵更注意到文化艺术发展的情况，如《六书》《七音》《艺文》《校雠》《图谱》《金石》等略的内容，都是《通典》所没有涉及的。其中《艺文》《校雠》二略，是研究中国目录学和校雠学的重要文献。《艺文略》是一部宋代以前的图书分类目录，共收录图书一万零九百一十二部，十一万零九百七十二卷。作者采用了三位分类法，大类分为：经、礼、乐、小学、史、诸子、天文、五行、艺术、医方、类书、文等十二类；类下分子目；子目下再分若干种。例如在"经"类下面，分为《易》《尚书》《诗》《春秋》《国语》《孝经》《论语》《尔雅》、经解等九个子目；在《易》这一子目下，又分为：古《易》、石经、章句、传、注……等十六种。其他子目如《尚书》分为十六种，《诗》分为十二种，《春秋》分为十三种等，"经"类的子目共分为八十九种；每种之下再罗列图书若干部、若干卷。这种比较细致的三位分类法，是中国目录学史上的一大进步。

在《校雠略》里，郑樵明确地提出目录学的主要任务是辨别和分清学术源流，因为"类例分，则百家九流各有条理"，在"书守其类"的基础上使得"学有所专"。而《艺文略》的分类方法就是他自己这种主张的具体实践。根据这样的论点，郑樵还提出图书分类的原则和编辑目录的方法，以及如何搜访古籍的具体办法。这些，在当时都是具有独创性的见解。

由于种种局限，郑樵所持有的目录学的各种论点自然也有不少缺点。具体表现在《艺文略》里，如类目有的设置不当；分子目时，或按书的内容，或按书的撰写体例，或按书的文体，缺乏统一标准，有的书籍分类错误，不免疏漏。至于五行阴阳、谶纬迷信之说，在郑樵的类目里占有重要位置。这一方面反映了当时思想界的真实面貌，一方面也反映了郑樵本人思想上的局限。

四、《昆虫草木略》属于博物范畴，仿《尔雅》的体例，搜求各种方言异名，汇释草木虫鱼的名称，也是其他史书少有的内容。这对于研究生物学史可能也有一定参考价值。

五、增加了《氏族》《谥》《都邑》等三略。《谥略》把古代二百一十种谥法划分为上中下三类加以论述，是专为封建统治者服务的"理论"，除对于专门的史学家有参考价值外，一般人用处不大。《都邑略》分为两部分：一部分记述上古至隋代历朝建都的地点、位置、形胜，以及选择该处建都的原因和优缺点；另一部分记述域外诸国（实际包括当时汉族以外的若干部族）的地理位置。关于后者多采自传说，不甚可靠。《氏族略》则是记述姓氏来源的氏族谱系之学。郑樵曾著有《氏族志》《氏族源》《氏族韵》等书，《氏族略》就是这些著作的压缩本。

"二十略"的撰写体例分为两类：一类是前有总序，序后再按记述的内容分列子目。如《氏族略》即是如此，前有序文，序后分列"以国为氏""以郡国为氏""以邑为氏""以乡为氏""以亭为氏"……等子目，分别加以论述。另一类是略前无序，开始即分列子目，按类叙述。如《选举》《食货》《艺文》等略都是如此。

《通志二十略》是材料比较丰富的工具书，郑樵在书中也颇有精辟独到的见解。但缺点也正在于取材宽泛，未免滥收。在敢于发表独到见解的同时，也不免有很多自以为是、主观臆断的看法。

《文献通考》三百四十八卷，元马端临编著。全书共分二十四考（门），计：田赋七卷，钱币二卷，户口二卷，职役二卷，征榷六卷，市籴二卷，土贡一卷，国用五卷，选举十二卷，学校七卷，职官二十一卷，郊社二十三卷，宗庙十五卷，王礼二十一卷，乐二十一卷，兵十三卷，刑十二卷，经籍七十六卷，帝系一卷，封建十八卷，象纬十七卷，物异二十卷，舆地九卷，四裔二十五卷。据作者自序说，前十七门和末二门虽与《通典》的类目名称不同，但"俱效《通典》之成规，自天宝以前，则增益其事迹之所未备，离析其门类之所未详；自天宝以后，至宋嘉定之末，则续而成之"。至于《经籍》《帝系》《封建》《象纬》《物异》五门，"则《通典》未有论述，而采摭诸书以成之昔也"。可见此书基本上是仿照《通典》的体例，但著录时代比《通典》更长，取材范围也比《通典》更广。南宋嘉定末年（一二二四）以前，历代政治、经济、文化、艺术各方面的沿革演变的材料，都包括在内，只是不像《通志》那样，记录人物传记和氏族、谥法罢了。此书约有以下几个特点：

一、比《通典》材料详赡，比《通志》体例谨严。各种材料分门别类，条理明晰，叙述得也比较清楚细致。

二、对宋代制度叙述得最详、最多，可以补《宋史》的疏漏不足之处（《宋史》在正史中是很粗糙的一部）。

三、作者对各种制度沿革和历史现象的按语，能够贯穿古今，进行归纳，从而得出比较概括的结论，使读者从按语中能得一较完整明确的印象。所以明清以来的史学家对于《文献通考》的评价都比较高。

"三通"以后，明代王圻编撰过一部《续文献通考》，万历十四年（1586）成书。全书二百五十四卷，共分三十门，除《文献通考》原有的二十四门外，又增加了氏族、六书、道统、节义、谥法、方外等六门。著录年代上与《通考》相接，下至明代万历初年。但内容与普通类书相仿，并非"文献"专著，而且叙述杂乱，水平不高，流传也不广。唯一的优点，是蒐集明代第一手的史料比较丰富，可以做为研究明史的参考资料。这部书是不算在"九通"或"十通"之数的。

清代乾隆时，集中群力编了六部书，即《续通典》《续通志》《续文献通考》和《皇朝（清）通典》《皇朝（清）通志》《皇朝（清）文献通考》。连同

"三通"，即所谓"九通"。

《续通典》一百五十卷，乾隆三十二年（1767）官修。内容是著录自唐肃宗至德元年（756）至明崇祯十七年（1644）这将近九百年间的有关政治、经济方面的典章制度①，其中以明代史料最为详备。《清通典》一百卷，乾隆三十二年官修，著录清代乾隆以前的典章制度，主要是根据《清律例》《清一统志》等书中的材料，删并编纂而成。两书都按杜佑《通典》的篇目分类，只是将"兵刑"一门分为《刑典》《兵典》两部分，共为九门。

《续通志》六百四十卷，乾隆三十二年官修，内容体例也基本上仿照郑樵的《通志》，但缺"世家""年谱"两类。二十略的内容有所增补。时代则上续《通志》，自五代开始，至明末为止。纪传从唐代开始，至元末为止。列传中增加孔氏后裔、贰臣、奸臣、叛臣、逆臣等传，而将游侠、刺客、滑稽、货殖等传加以删并。《清通志》一百二十六卷，乾隆三十二年官修。内容只有二十略，而无纪传、年谱。二十略中，除氏族、六书、七音、校雠、图谱、金石、昆虫草木诸略外，其他记述政治经济方面的典章制度诸略，基本上与《清通典》类似，两书重复之处甚多。

《续文献通考》二百五十卷，乾隆十二年（1747）官修。此书以王圻的《续文献通考》为蓝本，又参考宋元以来的史书、史评等加以订正改编而成。内容叙述宋、辽、金、元、明五朝四百多年间（南宋自宁宗以后，至明崇祯以前）的事迹，史料相当丰富。《清文献通考》三百卷，乾隆十二年官修。叙述自清代开国至乾隆年间的事迹。其中有很多材料，如关于"八旗"的田制、兵役、学制等，都是研究清初历史的有用资料。这两书的体例和篇目，都仿照马

---

① 历来谈《续通典》的内容，都说它叙述了自唐肃宗至德元年到明崇祯末年共约一千年的典章制度，自《四库全书总目提要》至最近出版的某些工具书都是如此。其实这是错误的。因为从公元756年至公元1644年中间只有八百八十八年。错误的来源是由于《续通典》原序上有"是书所续，自唐肃宗至德元年，讫明崇祯末年，……九百七十八年内典制之源流，政治之得失……"的话，因而才以讹传讹的。兹特更正，并加说明如上。

端临的《文献通考》，只是从"郊社""宗庙"二考中又分出"群祀""群庙"二考，共计二十六门。

"三通"和"续三通"都是"通古今"的政书；"清三通"则是专述清朝一代的典章制度的，实际应该属于断代的体例。但习惯上都把"九通"连在一起说，不单独分开，确算得是封建时代比较重要的历史文献。

辛亥革命以后，刘锦藻又编著了一部《清朝续文献通考》，共四百卷，1921年完成。著录内容由清乾隆年间开始至宣统三年为止。分类在二十六门之外又增加外交、邮传、实业、宪政四考，共三十门。各门子目也根据清代中叶以后的实际情况有所增加，共列子目一百三十六项。此书与"九通"合起来，就成为"十通"。

"九通"旧有合刊本。商务印书馆曾将"十通"汇印为精装本出版。书前有索引，共三部分：一、说明，有"十通一览表"；二、四角号码索引，把所有名词术语都按首字的四角号码顺序编排，下注书名和页数；三、分类详细目录。这是目前最便于检索翻阅的一种版本。

2 《唐会要》《五代会要》

"会要"是断代政书的总称。"会"是集中、总汇的意思，"要"是概要的意思。所谓"会要"，即是将一代的典章制度集中在一起，扼要地加以叙述。其性质和前面谈到的"典""志""考"等相近，但特点在于断代。"会要"原是官修政书的名称，后来因私人编撰"会要"的日益增多，"会要"就成为私人编撰的政书的通称了。"会要"之外，有所谓"会典"，这是明清两代官修政书的名称。明代以前，只以"典"为名，如《唐六典》《元典章》等。下面当分别介绍。

最早出现的"会要"，是宋代初年王溥编撰的《唐会要》和《五代会要》。

《唐会要》一百卷，五百一十四目。唐德宗时，苏冕将唐高祖至唐德宗九朝的典制事迹，编纂为《会要》四十卷；宣宗时，杨绍复、崔铉等又续纂四十卷，这是《唐会要》的底本。王溥在这底本的基础上补收宣宗至唐末的史实，将全书体例统一，以记述唐代政治、经济、文化等各项制度的沿革为主要内容，题为《唐会要》。这书的特点是：一、王溥距唐代较近，所以征引材料比较翔实，可以补充新、旧《唐书》甚至《文献通考》所缺的史料。二、在每一门类之后，大都附有"杂录"一项，收录不少琐细而较有价值的史料，值得注意挖掘。可惜原本已有残缺，现在已不能看到完整的全书了。

《五代会要》三十卷，二百七十九目。王溥本人在五代的汉、周两朝做过官，对于五代的各种制度非常熟悉。这书即根据五代十国的"实录"，分类记述这五十年间的典章制度，内容自然比较翔实。《五代会要》成书于宋太祖建隆二年（961），当时《旧五代史》尚未成书，所以这部书是研究五代史的必读资料，并可用来订正后出的两部《五代史》的错误和遗漏。

《唐会要》和《五代会要》保存史料较多而且比较可信，是各朝"会要"中比较有价值的重要著作，中华书局都有重印本。

3 《西汉会要》和《东汉会要》

《西汉会要》七十卷，《东汉会要》四十卷，都是南宋人徐天麟编撰的。

《西汉会要》主要据《汉书》的内容编订，分帝系、礼、乐、舆服、学校、运历、祥异、职官、选举、民政、食货、兵、刑法、方域、蕃夷等十五门，记述西汉典章制度，体例较为谨严精审。但取材范围过于狭隘，史料价值不大。

《东汉会要》主要根据《后汉书》的内容编订，记述东汉一代的典章制度；但旁采各书，取材较为广博，质量比《西汉会要》高些。所分门类则与《西汉会要》相同，也是十五门。其优点是：一、叙述眉目清楚，体例也很谨严。二、有作者的论断按语，间或征引前人史评，可供研究者参考。

徐天麟是南宋中叶的人，距离汉代已远，采用的文献也是根据前人撰述，大都属于第二手材料。但有些材料在宋朝也许并不希奇，而今天原书已经亡佚，只能以徐氏的著作为凭了[①]。

[①] 关于两汉官制方面的原始资料，可以参考清孙星衍辑的《汉官七种》，收入《平津

所以这两部书仍可当作检索资料的工具书使用。中华书局都有重印本。

4 《宋会要辑稿》及其他

宋王朝自统一以后，即设有"会要所"，在当时就开始辑录各种典章制度以及政事得失的事例，为修纂会要做准备工作。经过北宋、南宋两阶段，前后共修撰十次，成书两千二百余卷，规模宏大，为明清两代所不及。但这些材料始终没有正式刊行。当时北宋王朝还有一项特别措施，即许可"臣民"（实际上只是大臣）将《会要》内容自由传钞。因此南宋在临安（今杭州）建立逃亡政府之后，国史散佚，经朝臣请求，政府便答应派人到私人家中去钞录《会要》，作为编纂国史的材料。这也是当时的一种怪现象。元朝灭宋，两宋积年编撰的全部《会要》钞本都被运往燕京（今北京）。后来元代修《宋史》，各志的材料主要即来源于此。明初修《永乐大典》，将宋代《会要》中的材料分别采入各韵。明代宣德年间（一四二六至一四三五年），内廷失火，《会要》原本全部烧毁。从此《宋会要》的内容，只有在《永乐大典》中还保存了一部分。

清嘉庆时，徐松在内廷担任纂修《全唐文》的工作，需要从《永乐大典》中辑录有关材料。其时《永乐大典》已残缺千余册，但还十存八九。徐氏蓄意要从《大典》中把《宋会要》原文辑出，但自己又无力全部摘录，只能借纂修《全唐文》的机会，凡在《大典》中见有《宋会要》原文的地方，即另纸签注"全唐文"三字，交给官方代自己誊录。就这样偷天换日，徐松共辑出《宋会要》原文约五六百卷。徐松未及整理就死去，稿归张之洞的幕僚缪荃孙所有。后又被一名叫王秉恩的人私自藏匿。1915年，刘翰怡以重金买到，交给刘富曾整理。不料刘富曾竟将原稿痛加删并，任意增改。1931年，北京图书馆从刘

馆丛书》甲集。这七种书的子目是：一、《汉礼器制度》一卷，汉叔孙通撰；二、《汉官》一卷，撰人不详；三、《汉官解诂》一卷，汉王隆撰，汉胡广注；四、《汉旧仪》二卷，补遗二卷，汉卫宏撰；五、《汉官仪》二卷，汉应劭撰；六、《汉官典职仪式选用》一卷，汉蔡质撰；七、《汉仪》一卷，三国东吴丁孚撰。通行本有商务印书馆《丛书集成初编》本，和中华书局《四部备要》本，但《备要》本无《汉礼器制度》。

翰怡处买到原稿，再借刘富曾改本互相对勘，发现改本所有，已为原稿所无。1933 年，由陈垣主持将原稿影印出版，名为《宋会要辑稿》。中华书局于 1957 年重印，分为八册出版。

《宋会要辑稿》现存三百六十六卷，计分为：帝系十一卷，后妃四卷，乐八卷，礼六十二卷，舆服六卷，仪制十三卷，瑞异三卷，运历二卷，崇儒七卷，职官七十九卷，选举三十四卷，食货七十卷，刑法八卷，兵二十九卷，方域二十一卷，蕃夷七卷，道释二卷。共十七类，每类卷数自成起讫。全书内容十之七八为《宋史》各志所不载，是研究宋代历史的重要文献资料。

考查宋代的典章制度，除《文献通考》和《宋会要辑稿》外，还有一些比较原始的史籍可供参考，现分别介绍如下：

一、《宋大诏令集》二百四十卷，现阙佚四十四卷。据南宋陈振孙、王应麟、赵希弁等人的意见，认为此书是宋绶的子孙所编纂。这书保存了北宋时代有关政事和典章制度等第一手资料。1962 年中华书局把此书排印出版，附有"校记"，便于检查。

二、《续资治通鉴长编》五百二十卷，南宋李焘编撰。这是一部编年体的北宋史，书中保存了很多现已失传的第一手宋代史料。例如关于王安石变法的事迹和新旧两派人物的奏章言论，以及当时颁行的新法条例和实施办法等，在书中都有详细记载；而在后来的《宋史》中则已被歪曲窜改，有些甚至面目全非。可惜到目前为止，还没有把全书重印问世。

三、《建炎以来系年要录》二百卷，南宋李心传编撰。此书是南宋高宗一朝（1127 至 1163）的编年史，记述时间与《续资治通鉴长编》相衔接。其中保存了丰富的有关典章文物的第一手资料。中华书局曾重印出版。

四、《建炎以来朝野杂记》四十卷，李心传撰，辑录南宋高宗、孝宗、光宗、宁宗四朝的礼、乐、刑、政、职官、科举、兵、农、食货等方面的典章制度和史实，材料丰富，实是一部具有"会要"性质的政书。

五、《三朝北盟会编》二百五十卷，南宋徐梦莘编撰。这书记载自宋徽宗政和七年（1117）至宋高宗绍兴三十二年（1162）共四十五年间的外交内政和宋、金双方的斗争和妥协的史实，凡诏敕、国书、奏疏、记、序、碑、志无不备载，引用书籍多至一百九十六种（文集不包括在内），也具有政书的作用。这书有排印本行世。

六、《宋朝事实》，宋李攸编撰。原本三十五卷，早已散佚，清初从《永乐大典》中辑出佚文二十卷，其中收入了宋代的典章、诏令、掌故、史实等，也颇有希见的史料。例如卷二十"经略幽燕"一节，记述五代石敬瑭割十六州与契丹的史实。所谓"十六州"，是指代北、范阳山前、山后等三个地区，比新、旧《五代史》笼统地说成"山后十六州"更为确切。这应该也算作一本带有政书性质的著作。此书1955年中华书局有重印本。

5 《春秋会要》《秦会要订补》《三国会要》和《明会要》

清代学者曾补撰了几种古代的"会要"，这里也简单介绍一下。

《春秋会要》四卷，清姚彦渠著。这书只有"世系"和"五礼"（吉、凶、军、宾、嘉礼）两大部分，体例与其他"会要"不同，实是受材料的限制。作者主要用《春秋三传》的史实和"三礼"所载的制度互相印证沟通，是在清儒治经的基础上写成的一种专著，对研究儒家经籍略有用处，史料价值不大。中华书局有重印本。

《秦会要》本是清末人孙楷所作，成书于1904年，遗漏错误较多，流传不广。近人徐复取原书逐条加以订正补充，题为《秦会要订补》，于1955年由中华书局出版。全书二十六卷，分为十四门，辑录古籍中所载的秦代典章制度，材料不算丰富。书后附录近人所撰写的有关秦代典制的论文，可以参阅。

《三国会要》二十二卷，清杨晨撰。这书除取材于《三国志》及裴松之注外，还征引了南北朝以下诸家著述，撰写态度比较谨严。书前有引用书目，可以参考。今有校点重印本。

以上三种是后人编撰的古代"会要"，由于时代较远，材料都采自前代文献，只能做为寻检线索的工具。如果进行专门学术研究，查到材料，最好还去核对原书，不宜轻信。例如我们想要了解关于魏晋时代的"九品中正制"，查《三国会要》固然可以知道梗概，但仍以《三国志》《通典》等书为依据，才更为可靠。

此外，清人龙文彬还编纂了一部《明会要》，共八十卷。龙氏生平不详，但根据书前的"例略"，知道作者曾引用过《通鉴辑览》等书，当是于乾隆以后才成书的。全书分十五门，与《两汉会要》大致相同，下面更分四百九十八项子目。每门除列举史实外，兼及琐言轶事。其中第一手材料较少，所引有关典章制度方面的文献，大都转钞自他书，无甚新奇。中华书局有重印本。

6　《唐六典》《唐大诏令集》《元典章》《明会典》《清会典》

古代官修的政书，有《唐六典》《唐大诏令集》《大元圣政国朝典章》(简称《元典章》)、《明会典》和《清会典》等。

《唐六典》三十卷，题为唐玄宗撰，李林甫奉敕注，实则出于张九龄等人之手，是唐代官修的政书。这书内容以三师、三公、三省、九寺、五监、十二卫等分目，共为六大部分，每一部分列其职司官佐，叙其品秩，其沿革则附见于注文中。这是现存的关于唐代官制的最早的一部著作。其中有些制度规程，在当时并未完全实行，但有很多内容足以反映唐代政治、经济的实况，可供研究唐史的人参考。

《唐六典》之外，还有一部《唐大诏令集》，也是属于政书性质的原始资料。

《唐大诏令集》一百三十卷，宋宋敏求编。这书收录唐代皇帝颁布的诏令文件，都是《新唐音》所不载的(《旧唐书》虽载有一些，也多缺漏错讹)，因此是研究唐史的重要资料。由于长期只有钞本流传，已残缺了二十三卷。至 1914 年始有刊本，收入《适园丛书》。1959 年商务印书馆据旧钞本排印，并与刊本进行了比勘，是目前通行的版本。

《元典章》一书，已残缺，但为研究元代政治、经济、法律、习俗的重要资料。现仅存"前集"六十卷，记载从元世祖即位(1260)至仁宗延祐七年（1320）这一时期的典章制度，材料多为《元史》所不载。另附"新集"，续载元英宗至治元年（1321）、二年（1322）的法令文件。全书分诏令、圣政、朝纲、台纲、吏部、户部、礼部、兵部、刑部、工部十门。清光绪三十四年（1908）沈家本有刊本行世，缮刻虽精而谬误不少。陈垣著有《沈刻〈元典章〉校补》十卷和《元典章校补释例》六卷，指出沈家本的刻本错误之处达一万二千余条。所以使用《元典章》时，最好与陈书参看。

《明会典》是明代官修的政书，内容详尽，远在《明史》诸"志"之上。最初是明孝宗弘治年间命令徐溥主编的，弘治十五年（1502）成书，共一百八十卷，曾于正德年间刊行。至嘉靖八年（1529）续修，修至嘉靖二十八年（1549），成书五十三卷，但未刊行。至万历四年（1576）重修，于万历十三年（1585）成书。这次重修本共二二八卷，题申时行等撰。全书体例以六部为纲（六部即吏、户、礼、兵、刑、工部），分述各级行政机构的职掌和事例。书中关于九边形势、冠服仪礼等还附有插图，是研究明代典章制度的重要资料。除明刊本外，以商务印书馆"万有文库"本为最易得。

《清会典》是清王朝仿照《明会典》的体例，由政府官修的政书。这书在清代先后共纂修了五次。第一次始于康熙二十三年（1684），二十九年（1690）成书，取材始于清太宗崇德元年（1636）至康熙二十五年（1686），共一六二卷。第二次修于雍正二年（1724），雍正十一年（1733）成书，取材始于康熙二十六年（1687）至雍正五年（1727），共二五〇卷。第三次修于乾隆十二年（1747），乾隆三十年（1765）成书，取材始于雍正六年（1728）至乾隆二十三年（1578），共计"会典"一百卷，"则例"一八〇卷。第四次修于嘉庆六年（1801），嘉庆十八年（1813）成书，取材始于乾隆二十三年至嘉庆十七年（1812），共计"会典"八十卷，"事例"九二〇卷，图一三二卷，目录二卷。最后一次自光绪九年（1883）开始修订，至光绪二十五年（1899）成书。这次重修将嘉庆十八年以后所增订的一切典礼及修改各衙门的则例，一概收入，取材从清初开始，至光绪二十二年（1896）止，共计"会典"一百卷，事例一千二百二十卷，图二七〇卷，卷首一卷。所以这书又称《五朝会典》。其体例是"以官统事，以事隶官"，根据清政府的行政机构依等级排列，每衙门之下更逐年排比，记载各级官吏的职掌和事例。从乾隆朝重修时，即开始把"会典"和"事例"分别纂辑。所谓"事例"，是指各个部门逐年的因革损益、变迁改动的具体情况。这部庞大的政书是研究清代典章制度的重要资料；但事例过多，未免失之太繁。做为翻检用的工具书，显然是不够方便的。

7 《明实录》《清实录》《东华录》等

所谓"实录"，是封建时代每一个王朝官修的编年体史料长编。从唐代开始，每一个皇帝死后，都由朝廷派专人入史馆撰写"实录"。这是纂修一代史书最原始的材料之一。但唐宋以来，至明代以前，历朝帝王的"实录"，除了唐代韩愈撰的《顺宗实录》五卷、宋代钱若水撰的《太宗实录》二十卷和南宋刘克庄撰的《宁宗玉牒初草》二卷之外，其余都没有保存下来。

据史籍所载，明代的实录自太祖到熹宗共十三朝（其中建文帝附于太祖，景泰帝附于英宗），都已修成，共二千七百零九卷。崇祯一朝，则有后人补辑的十七卷。但历来并无刊本，仅靠钞本流传。前南京国学图书馆（又名龙蟠里图书馆）藏有钞本《明实录》一部，分十六朝，计：一、太祖洪武（惠帝建文附）；二、太宗（即明成祖）永乐；三、仁宗洪熙；四、宣宗宣德；五、英宗正统；六、代宗景泰（即明废帝）；七、英宗（复辟）天顺；八、宪宗成化；九、孝宗弘治；十、武宗正德；十一、世宗嘉靖；十二、穆宗隆庆；十三、神宗万历；十四、光宗泰昌；十五、熹宗天启；十六、怀宗（又谥思宗）崇祯。全书共二千九百二十五卷。1940年有影印本行世，凡五百册。这书是研究明史的第一手资料，史料价值较高。但因未经校勘，错误很多，有待进一步加工整理。

清代的制度，每一个皇帝死后，即设实录馆，负责纂修实录，事毕撤销，与常设机构国史馆是有区别的。修成的实录用汉、满、蒙三种文字缮写，每种誊清五部，分藏在五处。但《清实录》的史料价值是不高的，因为清朝统治者经常窜改，许多重要史实都没有得到较确切的反映。例如太祖、太宗、世祖三朝实录，雍正时就明令改写，到乾隆初完成。用后来在内阁大库中发现的太祖、太宗、世祖三朝实录的初纂本来与改订本比较，就发现修改的地方是很多的。伪满时期，曾把从清太祖努尔哈赤到德宗载湉的十一朝实录，加上《宣统政纪》，一并影印出版。全书一百二十二帙，一千二百二十册；外目录一帙，十册。为了掩饰清王朝统治者对人民的残暴凶狠以及封建政治的腐朽黑暗，伪满政权对这些实录大加窜改，《德宗实录》的窜改尤其显著，有些训谕和奏议，已非本来面目。其史料价值反不如《东华录》等为高。

《东华录》是清代蒋良骥、王先谦等摘钞《实录》而成的编年体史料长编。乾隆三十年（1765），清王朝重开国史馆，由蒋良骥任纂修，就《实录》及其他文献摘钞清太祖、太宗、世祖、圣祖、世宗（从天命元年到雍正十三年）等朝的史料，成《东华录》三十二卷。这是由于国史馆设在东华门（今北京故宫博物院东路入口）内而命名的。光绪初年，王先谦续钞乾隆、嘉庆、道光三朝史料，并就蒋书加以增补，于光绪十年（1884）成书，凡一百二十卷。后来潘福颐辑《咸丰朝东华录》，王先谦加以增补；王氏又自辑《同治朝东华录》，与前合并成书。王书后出，记载详尽；但蒋书所据《实录》后经清王朝多次窜改，面目已非；而蒋书所录的文件和史实，往往有为传本《清实录》所不载的史料，因此也有一定价值。

继王书之后，朱寿朋又辑《光绪朝东华录》二百二十卷，于宣统元年（1909）出版。这书又名《东华续录》，内容多根据当时邸钞、京报及其他新闻资料辑成，体例与蒋、王二氏所编之书相同。但此书成于《德宗实录》之先，材料比《实录》多出四分之一。很多文件没有被载入《实录》，却能见于此书，因此史料价值较高。

明、清实录（包括《东华录》）卷帙繁多，内容驳杂，只能供研究者翻检而不便阅览，所以这里也做为工具书略加介绍，以资参考。

8 《廿一史四谱》

政书除"十通""会要""会典"等外，还有一些用谱表形式写成的专著。

这是从正史中的"表"类因袭而来。例如《汉书》有《百官公卿表》，《新唐书》有《宰相世系表》，其作用与"典""志"之类是十分相近的。下面就简单介绍几种比较通行而便于使用的谱表类政书供读者参考。

《廿一史四谱》五十四卷，清沈炳震著。所谓"廿一史"，指自西汉至元代的历朝正史。"四谱"则是：一、《纪元谱》四卷；二、《封爵谱》二十四卷；三、《宰执谱》十卷；四、《谥法谱》十六卷。

《纪元谱》并不是逐年记事的大事表，也不是历表。第一、二卷记载历朝帝王建元年号和使用年数，附带说明帝王即位、禅位或兴废经过，以及建元、改元的由来和年号建立的意义等，带有政书性质。遇到三国、十六国、南北朝、五代十国及宋与辽、金对峙的时代，也一并著录，而用"僭号"字样来区别那些"非正统"的王朝。卷三则记载每个王朝的农民起义或统治阶级内部叛乱集团所建立的朝代和年号，而称之为"乱贼"。这充分反映出作者浓厚的封建正统观念。卷四是"总类"，实即分韵索引。把历代纪元年号的首字依诗韵平上去入的次序排列，在每一年号下面注明朝代和帝王名称，以供查检。

《封爵谱》的第一卷简述历代封爵制度。从第二卷起，把封爵名称的首字依诗韵平上去入的次序排列，在同一封爵的后面，又分出王、公、侯、伯、子、男以及郡侯、亭侯、乡侯等项，把历朝受封者的姓名事迹逐一列出，并注明出处。举卷六上平韵的"东阿"为例：

王　　陈思王曹植　《魏志·宗室传》，初封雍丘王，明帝太和三年改封（东阿王），又进封陈王。

公　　文烈公元顺　《魏书·景穆十二王传》，任城文宣王子，孝明帝时封。

侯 　苗光 《后汉书·宦者传》，顺帝永建元年封。安康文贞伯元忻之 《魏书·道武七王传》，以军功封，改袭爵安康伯。（下略）

伯 　文贞伯山伟 《魏书·本传》，前废帝时赐爵。山昂 伟子。（下略）

这就是说，"东阿"是封爵名，而历代受封者又有东阿王、东阿公、东阿侯、东阿伯的不同。曹植在太和三年曾受封为东阿王，后又进封陈王。陈王是曹植最后的封爵，"思"是谥号，所以在曹植的前面冠以"陈思王"，以下都依此类推。北魏的元顺，曾受封为东阿公，谥文烈；后汉时宦官苗光受封为东阿侯；北魏的元忻之也曾受封为东阿侯，最后改封安康伯，谥文贞；北魏的山伟受封为东阿伯，谥文贞；山伟的儿子山昂也袭封为东阿伯……等等。

《宰执谱》的第一卷简述历代宰执制度。第二至第七卷分别排列自上古至元代每一个皇帝在位时所任命的执政的宰相，具体官名则因每一王朝职官名称的不同而异。如汉文帝时，丞相为陈平、周勃、灌婴、张苍、申屠嘉等；太尉为灌婴；御史大夫为申屠嘉、冯敬、陶青等。姓名下面注明史传的出处及任免年月等。卷八至卷十是"类姓"，即索引，把所有担任过宰相职务的官员，按其姓氏（复姓则取首字）依诗韵平上去入的次序排列，每一姓氏又以朝代先后为顺序。姓名之下注明帝王名称及简历，表示他在这个皇帝在位时担任过宰相职务。如下平声的"房"字项下列有：

后汉 　房植　桓帝。

唐 　房玄龄　太宗。○《旧书·本传》，名乔，字玄龄，齐州临淄人，谥文昭。

　　房融　武后。

房琯　玄宗。○《新书·本传》，字次律，河南人，融子。

五代

房暠　唐废帝。

《谥法谱》的第一卷简述历代谥法制度。第二卷载帝王谥号，第三卷载历代追尊的谥号。如三国时魏代追尊曹操的祖父曹腾为高皇帝，追尊操父曹嵩为太皇帝，追尊曹操本人为太祖武皇帝等。第四卷载后妃公主的谥号。从第五到第十二卷共八卷，载诸臣的谥号；其中前六卷是根据《史记·谥法解》的次序排列的，凡得到同一谥号的人又依时代先后顺序排列。第十一卷是《谥法解》所不载的谥号，更据《通志·谥法略》的次序排列。第十二卷则是连《通志》也不载的谥号，更据史传一一列入。第十三至第十六卷是"类姓"，即索引，把史传中得谥人的姓氏（复姓取首字）依诗韵平上去入的次序排列，同一姓氏再按朝代先后排列，在每个姓名下面列出谥号，以便查检。如下平声"欧"字里面有"欧阳"一项，列有：

陈　欧阳颀　穆
宋　欧阳脩　文忠
元　欧阳玄　文

这就是说欧阳颀谥穆，欧阳脩谥文忠，欧阳玄谥文。

《廿一史四谱》对初学读史书的人有一定帮助。有些史料被作者汇钞在一起，免得再向史籍中翻检。作者在各种谱后（《封爵谱》例外）都列有索引，固然给读者带来方便，但作者在书中并未列举韵部，如果读者对诗韵不熟悉，就不知如何查找。《谥法谱》的排列方式尤其不合常理，如果不靠"类姓"部分，简直就无法查找。这些都是非常明显的缺陷。

《廿一史四谱》有《广雅丛书》本和商务印书馆《万有文库》本，比较易得。

9 《历代职官表》及其他

封建统治者为了巩固政权，根据长期封建社会积累下来的经验，建立了一套复杂的官僚机构和严密的官僚制度。这一套官僚制度是逐渐建立起来的，而且各个王朝都有一些不同程度的发展和改变。要想了解每一个朝代的官制，可以查历朝正史中的《志》，或"九通"中的"职官"部分；明、清两代的《会典》更提供了丰富的原始资料。但我们如果想要对历代官制获得比较完整的印象并便于得到寻检的线索，还须依靠一部工具书，这就是清代乾隆年间官修的《历代职官表》。

《历代职官表》七十二卷，乾隆四十五年（1780）纪昀等主编，乾隆四十八年（1783）成书。这书以清代的官制为纲，然后分栏列举历代官制。自王朝的中央行政机构（内阁、六部）至边疆、藩属的各种官职，分门别类地叙述其职掌、建置的情况，并比较其异同。凡是"今之某官即前代某官，又或古有今无，或古无今有"的，都"详稽正史，博参群籍，分晰序说"，然后"勒定成书"，使"览者一目了然"。

此书体例是每卷叙述一个行政单位，如"宗人府""大理寺""翰林院"等。如单位内容复杂，一卷容纳不下，则分为几卷，如"内阁"等。或叙述一类官职，如"总督、巡抚""知州、知县"等；或叙述一种官职，如"学政""提督"等。每个单元叙述时又分为三部分：第一部分是历代职官建置的对照表；第二部分是"国朝（即清朝）官制"的说明；第三部分是"历代建置"的说明。

第一部分是表格形式。例如卷九"礼部表"的第一、二两栏：

三代	礼部尚书	礼部左右侍郎	……
殷	太宰		
周	太宰 上伯 宗人	小宗伯 中大夫 少宗	
秦	尚书不分曹		
汉	客曹尚书		
后汉	南主客尚书曹 北主客尚书曹		
三国	客曹尚书 魏 祠部尚书		
晋	祠部尚书		
宋齐梁陈	祠部尚书		
北魏	仪曹 祠部尚书		
北齐	殿中尚书 祠部尚书		
后周	春官大宗伯	小宗伯	
隋	礼部尚书	礼部侍郎	
唐	礼部尚书 司礼 太常伯 春官尚书	礼部侍郎 司礼少常伯 春官侍郎	
五季	礼部尚书	礼部侍郎	
宋	礼部尚书	礼部侍郎	
辽	总知朝廷礼仪 礼部尚书	总礼仪事	多啰伦 穆腾
金	礼部尚书	礼部侍郎	
元	礼部尚书	礼部侍郎	
明	礼部尚书	礼部侍郎	

一、横栏第一格中的"礼部尚书""礼部左右侍郎"（后面还有：仪制司郎中、员外郎、主事、祠祭司郎中、员外郎、主事等，这里从略），都是清代"礼部"中设置的官员名称。

二、竖栏第一行是各个朝代的名称。

三、各个朝代左面横格中的官名，是与清代建置相当的官职名称。例如清代的"礼部尚书"即相当于汉代的"客曹尚书"、晋代的"祠部尚书"以及隋、唐、五季（即五代）、宋、金、元、明等朝的"礼部尚书"；清代的"礼部左右侍郎"即相当于后周（即北周）的"小宗伯"和隋、唐、五季、宋、金、元、明等朝的"礼部侍郎"。

四、表中的空白格，即说明该朝无此建置。如清朝的"礼部左右侍郎"，自秦至北齐各朝，就都没有设置这一级的官职。

每一类的表格后面是这一部门的总序。如"礼部表"后面的总序，即将历代礼部的建置、沿革，作一简括的综述。

第二部分是"国朝官制"的说明。仍以礼部为例。说明中将清朝礼部的大小官员，自礼部尚书、礼部左右侍郎开始，每种官职的品级，每官设若干人，掌管何事，以及自清初至乾隆时的建置、沿革如何，都作了比较详细的叙述。

第三部分是"历代建置"的说明。这一部分按照朝代顺序，博引群书，包括经、史，政书、类书等各种文献，考证历代这一部门的机构和官职的建置、沿革情况。在每一朝代后面，编撰者都用"谨案"字样，作一小结性的按语，以与清代的建置、职掌比较异同。

《历代职官表》的优点是：用表格形式说明历代职官的建置情况，眉目比较清楚。对官制沿革的说明记述得很详细。缺点是：主要以清代的职官建置为纲，凡是各朝职官的职掌、职务与清代某官对等或基本类似者，即列入同一表格，这样就难免有牵强附会、生搬硬套的地方。而历代王朝之间各种职官具体职务的对应关系，也就不一定十分准确。例如：宋代的三司使是管理"度支、盐铁、户部之事，经天下财赋而均其出入"（《宋史·职官志》）的一种官职；而汉代大司农、南北朝太府卿和清代的管理三库大臣，都是负责一项具体经济职务的官职，与三司使的职务出入很大。《历代职官表》将它们一并列入"户部三库表"，相当牵强。再如总督、巡抚，是从明代才开始建置的，其职权范围与唐、宋的节度使、经略使虽有相似之处，实际上差异却很大。把它们列入同一表格，当作完全相当的建置看待，显然也是不够准确的。

这部书的另一个缺点是没有索引，如果不知道清代官制的具体名目而想利用此书去查找清代以前的各种官职，就十分困难了。

《历代职官表》卷帙较多，道光年间，黄本骥把此书摘录为六卷，删去大部分的考订说明，只留下具体的表格。1965 年中华书局上海编辑所对黄本进行校勘整理，订正不少错误，重印出版。为了便于读者了解历代官制的沿革和表中所列职官的职掌演变情况，另增加了《历代官制概述》和《历代职官简释》两篇文章，并于书后附上索引，甚便检查。

《历代职官表》记述清代官制，只断至乾隆朝为止。到了清代末叶，由于国内外形势急剧变化，官制也发生了很大变动。钱实甫编撰的两本工具书，可以弥补《历代职官表》的不足。这两本书是：一、《清季重要职官年表》；二、《清季新设职官年表》。

《清季重要职官年表》，1959 年中华书局出版。这书原是为了便于了解清末若干重要职官人事变化的情况而编纂的，但从中也可以看出清末中央和地方的各种重要职官建置和职掌的大致情形。

《清季新设职官年表》，1961 年中华书局出版。这书实际上是前书的补编或续编。第一次鸦片战争以后，清王朝设置了很多新衙门。这些新衙门和新职官，如"督办铁路大臣""路矿大臣""商务商约大臣"之类的设置，正是帝国主义国家逐步侵入中国，使旧中国沦为半殖民地、半封建国家，在政治制度方面的具体反映。这书虽是记载官僚人事变化情况的年表，却可以从中看出清末官制的变迁和清室政权逐步走向买办化或洋务化的过程。这对于了解我国最后一个封建王朝崩溃前夕的某些政治制度是有一定帮助的。

《清代各地将军都统大臣等年表》，章伯锋编，中华书局 1965 年 4 月出版。清王朝为了巩固其满洲贵族阶层的封建统治，在全国的边疆地区和某些省份的重要城市，设置将军、都统、副都统等职官，并在西部、北部边疆地区设参赞、办事大臣等职官，构成了控制全国的军事密网，以维持其政权。这本工具书就是检索这些职官的变动情况的，可供阅读各种清代史料时参考之用。全书共分六表，计：一、《将军都统年表》；二、《副都统年表》（一），列入在我国东三省地区的副都统；三、《副都统年表》（二），列入除东三省外的全国各地的副都统；四、《参赞办事大臣年表》；五、《盛京五部侍郎年表》（附：奉天府职官）；六、《各表有关职官变动情况简表》。前三表按照地区，逐年排列；第四、五表按照职官，逐年排列；最末一表则专记本书所载各种职官设置、变动和裁撤的情况。表中起讫年限，除第五表止于1905年（光绪三十一年乙巳）外，其他各表一律起于1796年（嘉庆元年丙辰），止于1911年（宣统三年辛亥）。书末附"人名录"和"字号索引"，前者按姓氏笔画多少排列，有"姓氏检字表"备查；后者按字号笔画多少排列，有"检字表"备查。

这书的优点是：表内各种职官变动情况一目了然，便于查阅；有些内容且可补《清史稿》之类史籍之不足。缺点是：嘉庆以前的将军、都统等职官的分布、变动情况都未列入表中，因此本书仅能供治近代史者参考。有些职官的变动时间，以及有些临时署理和护理人员，因资料缺乏，未能一一详列，也是有待补足的地方。

除上述两书外，最后再介绍一种对于研究现代史有参考价值的职官年表，这就是《辛亥以后十七年职官年表》。

《辛亥以后十七年职官年表》，刘寿林编，1966年3月中华书局出版。

这本书的上限起自1912年元旦南京临时政府成立（各省则起自新督署成立）；其下限，北洋军阀政府中央机构止于1928年6月，武汉政府止于1927年7月15日汪精卫叛变。

本编分三个部分：一、中央之部；二、地方之部；三、国会议员之部。各表都系年排列。

中央之部，共有十八个表。第一、二表是以孙中山为首的南京临时政府的职官表；第三至第八表是北洋军阀政府的职官表；第九至第十三表是反对袁世凯的护国政府的职官表；第十四至第十八表是在孙中山领导下的护法政府和广州政府，以及后来的武汉政府的职官表。

地方之部共有二十八个表，包括各省军政官员的任免变化情况。第一表是辛亥革命时各独立省区建立起来的督署职官表，下余二十七表，则是除当时的二十二省外，还有京兆和四个特别区域以及蒙、藏、青海地方的职官年表。

国会议员之部共有十二个表，包括历届国会议长和全体议员的详细名单。第一表是综括历届国会变化的简表。自第二表起至第十二表，从辛亥革命各省都督府代表联合会开始，按各个时期议会产生的时间排列。

书末附有《人名录》和《字号索引》，均按笔画多寡为序。

表中所列职官任免日期都用阿拉伯数字标明，年份用黑体字。书前"叙例"中有"表中使用的简称"的说明，如"免"即免职，"署"即署理，查检时可先参考这一说明再翻检要查的表格。

第十讲　书目和索引

"书目"是图书目录的简称。大致分为两种。一种是单纯书目，只记载书籍的名称、著作者、卷数或册数、出版或印行者、出版时间等项目。另一种是附有解题或提要的书目，除去记录书名、作者等项，还扼要地介绍书的内容和作者生平；更详细的还包括版本的考证，存佚完缺的情况，以及对书的内容评论等。

书目是指示读书门径、提供研究资料线索的重要工具之一。古代书目的作用，一是告诉我们古代有哪些书，要想寻求某种资料，应该到哪些书里去找；二是通过提要、评论、考证和分类，还可以了解古代学术思想的渊源流别和发展动态。因此，目录学就成为一种专门学问，与图书分类、校勘学、版本考订等科目，都有密切联系，对学术研究工作有重要的辅助作用。读书治学，也必须学会使用"书目"这一类工具书。

"索引"又名"引得"（Index），我国旧时习惯称为"通检"。其性质与目录相似，也是提供学术研究的资料或线索的工具，但又有点不同。一般索引不仅提供书名、作者、卷数、出版时间等情况，还把书的内容，如人名、篇名、专名词、书中涉及的主要问题以及可供研究的重要线索，甚至著作的原文等，按照性质或类目，逐一摘引，分类编排，注明册数、页数，以便读者检索。有些索引是可以单独存在的工具书，有些索引就附在书刊本身的后面。

这一讲里面所介绍的，有些名为书目，实是索引（如《群书检目》）；有些名为索引,实是书目(如《敦煌遗书总目索引》),都依其实际内容,归入各类。由于这一讲内容较多,下面用"壹""贰"标明"书目"和"索引"两大类,与前面各讲略有不同。

壹 书目

中国最早的目录学专著,是汉成帝时(公元前32年至前8年)刘向编撰的《别录》。原书早已散佚。刘向的儿子刘歆,将《别录》删繁就简,撰为《七略》。所谓"略",是把当时西汉王朝宫禁内所藏群书,分成六艺、诸子、诗赋、兵书、术数、方技六类,每类作一简单说明,然后排列书目,称为一"略"。另外编撰提要一种,名为"辑略",总起来称为"七略"。晋初荀勖编撰《中经新簿》,将图书分为甲乙丙丁四大类,是为经史子集四部分类法的滥觞,其书也是最早的书目之一,但失之太简。到六朝刘宋时,王俭撰《七志》,梁代阮孝绪撰《七录》,基本上都按照《七略》的体例而略有所改变和发展。这几种书现在都已不存,只有书名见于《隋书经籍志》。

在宋代以前,私人书目很少,大都是官修书目。这些官修书目基本上都保留在历代的"正史"里。

一 《八史经籍志》

我国现存的书目,最早的是《汉书·艺文志》。班固根据刘歆《七略》的分类方法和所收书目,又进行了一些补充,编成《艺文志》,收入《汉书》,做为正史内容的一部分。所以《汉书·艺文志》实际是一部汉代官修的图书总目。其特点是:

一、提供了图书分类的初步方法。大类分为"六略",除"辑略"外,名称与《七略》相同。在"六略"之下,又分若干小类。如《诸子略》,下分九流十家;《兵书略》下分权谋、形势、阴阳、技巧;《术数略》下分天文、历谱、五行、蓍龟、杂占、形法等。这种分类法名为"六分法",隋唐以前的图书分类,基本上都是根据"六分法"。今天看来,这种分类法已非常古老,但它是后来"四部分类法"的基础。

二、《汉书·艺文志》在每一略的后面都有总序,在每一小类的书目后面也有小序(有人考证,这些序文就是刘歆《七略》中《辑略》的原文,被班固分散在各《略》之后了)。序文中对当时每种学术的源流、性质和发展情况,都做了扼要的说明和论述。这种在书名、著者等记载之外,另加内容提要或评述的方式,为后来的"要籍解题"或"书目提要"之类的体例开辟了道路。

继《汉书·艺文志》之后,很多"正史"都仿照其体例,编撰专门性质的书目,记载本朝收藏典籍(包括当代的著述在内)的情况,这种书目叫做"史志目录"。(也有若干"正史"没有这种书目,如《后汉书》《三国志》《辽史》《金史》《元史》等。)史志目录有两种名称,一名艺文志,一名经籍志,其实性质是一样的。

《隋书·经籍志》是《汉书·艺文志》以后,现存的最早史志目录,它收录了梁、陈、北齐、北周、隋五个朝代所藏的公私书目,总计一万四千四百六十六种,分为经、史、子、集四部;四部之下又分四十七类。这是我国图书目录明确而比较细致的采用"四部分类法"的开始。各部、各类之末,仿照《汉书·艺文志》的体例,附以总序、小序,扼要说明诸家学术源流及其演变。这对于了解唐以前古籍的品类、流变有一定的帮助。

唐代的官修书目,主要有殷践猷等修的《群书四部录》,以及毋煚据以删节而成的《古今书录》。《旧唐书》的《经籍志》和《新唐书》的《艺文志》,都是以《古今书录》为蓝本编撰而成的。不过《新唐书·艺文志》成书较晚,所以补充收录唐代作家的著作比《旧唐书》多得多。例如唐代著名诗人李白、杜甫，古文家韩愈、柳宗元的著作，《旧唐书·经籍志》就都没有著录。以两《志》对照参看，既可看出唐代藏书的概貌，以及古籍传至唐代为止的散佚情形；又可从唐人的著作目录看出当时文化学术的发展情况。除《汉志》《隋志》外，两种《唐志》是现存最早、最完备的史志书目。

宋代的官修书目较多，主要的有五种：一、《崇文总目》，宋仁宗庆历元年（1041）张观、王尧臣、欧阳修等编；二、《秘书总目》，宋徽宗政和七年（1117）孙觌、汪藻等编；三、《中兴馆阁书目》，宋孝宗淳熙五年（1178）编；四、《中兴馆阁续书目》，宋宁宗嘉定十三年（1210）编；五、《宋中兴国史艺文志》，宋理宗绍定四年（1231）编。现在除《崇文总目》还有钞本简目传世外，其余的都散佚了。《宋史·艺文志》主要就是根据这几种书目删并而成。全书分经、史、子、集四大类，收书九千八百一十九部。由于《宋史》的编撰工作很粗糙，《艺文志》中的错误疏漏也较多。但查检宋代以前的书籍，《宋史·艺文志》仍有一定的参考价值。

明代官修书目，主要的是杨士奇等编的《文渊阁书目》，另外还有一种《内阁书目》。但这两种书目所收明朝当代人的著作很不完备。《明史·艺文志》的特点是：断代收录，只收明朝当代人的著作，是史志目录中的变体。

清代张寿荣汇刻的《八史经籍志》，把这些正史中的《经籍志》《艺文志》汇刻在一起，成为一套历代官修的图书总目，便利读者不少。所谓"八史"，指的是《汉书》《隋书》、新、旧《唐书》《宋史》《辽史》《金史》《元史》《明史》。收录的史志则有十种，计：《汉志》《隋志》、两种《唐志》《宋志》《明志》，以及清人补撰的《宋史艺文志补》《辽金元三史艺文志补》二种和《元史艺文志补》。另外，原哈佛燕京学社引得编纂处编的《艺文志二十种综合引得》，也可以参考。

商务印书馆曾把《汉书·艺文志》《隋书·经籍志》《唐书经籍艺文合志》《宋史·艺文志》及《补编》《附编》《明史·艺文志》及《补编》《附编》，以及清黄虞稷补撰的《辽金元艺文志》等，都经过整理校订，重印出版。书后都附有书名索引，查起来比较方便。

清代的官修书目，有《天禄琳琅书目》《续天禄琳琅书目》和《四库全书总目》等。最后一种是二百年来流通最广、使用最多的一部综合书目。

二　《四库全书总目提要》及其他

1　《四库全书总目提要》《四库全书未收书目》《四库全书简明目录》

乾隆年间，清政府为了实行文化统治，控制学术思想，笼络大批知识分子为自己服务，就开了"四库馆"，命令全国地方官把见到的书都送呈候选；最后集中大批人力，编成了《四库全书》。《四库全书总目》就是四库馆藏书的总目录。

《四库全书》的集中和编目，在客观上虽然也起了整理和总结文化遗产的作用，但是通过《四库全书》的整编工作，清代统治者对大批古籍进行了审查、甄辨，把古籍中不利于自己统治的内容，都加以改动和删除，甚至禁止和焚毁。这就严重地摧残了民族文化。这是我们在翻检这部书目时必须注意的。

"四部"是经、史、子、集四大部类，渊源于晋初荀勖的《中经新簿》，确立于《隋书·经籍志》的分类，这在前面已谈过了。所谓"四库"，与"四部"是一个意思。唐代以后，图书分类基本上都采用四部分类法。唐玄宗时，在宫廷中修建了四个书库，分别储藏经、史、子、集四类书籍，这就是"四库"名称的来源。

《四库全书总目》是由乾隆帝弘历的儿子永瑢、永璇和汉族大臣纪昀等"总裁"编纂的。全书二百卷，共著录书籍三千四百五十八种；另有"存目"六千七百八十八种。"存目"指的是四库馆中有目无书的古籍。《总目》所著录的每一部书，包括"存目"在内，都附有一篇"提要"，所以书的全名是《四库全书总目提要》。

《提要》的内容是："先列作者之爵里，以论世知人；次考本书之得失，权众说之异同；以及文字增删，篇帙分合，皆详为订辨，巨细不遗。……"（原书"凡例"）每部书作者的生平事迹、著述渊源，书的内容性质、版本、文字，及其他方面的优缺点，在《提要》中都作了简括的介绍、考证和评论。当然，《提要》所反映的立场观点大都是成问题的，但为后来的研究工作者毕竟提供了不少具体的资料和线索。

《四库全书总目提要》在使用四部分类法方面，是比较细致完备的。在经、史、子、集四大部类之下，各分为若干小类：

一、经部：分为易、书、诗、礼、春秋、孝经、五经总义、四书、乐、小学，共十类。

二、史部：分为正史、编年、纪事本末、别史、杂史、诏令奏议、传记、史钞、载记、时令、地理、职官、政书、目录、史评，共十五类。

三、子部：分为儒家、兵家、法家、农家、医家、天文算法、术数、艺术、谱录、杂家、类书、小说家、释家、道家，共十四类。

四、集部：分为楚辞、别集、总集、诗文评、词曲，共五类。

这四大部类之下共分四十四小类，而在某些小的类目之下，又分为若干子目：一、礼类分周礼、仪礼、礼记、三礼通义、通礼、杂礼书，共六目；二、小学类分训诂、字书、韵书，共三目；三、诏令奏议类分诏令、奏议，共二目；四、传记类分圣贤、名人、总录、杂录、别录，共五目；五、地理类分总志、都会郡县、河渠、边防、山川、古迹、杂记、游记、外纪，共九目；六、职官类分官制、官箴，共二目；七、政书类分通制、典礼、邦计、军政、法令、考工，共六目；八、目录类分经籍、金石，共二目；九、天文算法类分推步、算书，共二目；十、术数类分数学、占候、相宅相墓、占卜、命书相书、阴阳五行、杂技术，共七目；十一、艺术类分书画、琴谱、篆刻、杂技，共四目；十二、谱录类分器用、食谱、草木鸟兽虫鱼，共三目；十三、杂家类分杂学、杂考、杂说、杂品、杂纂、杂编，共六目；十四、小说家类分杂事、异闻、琐语，共三目；十五、词曲类分词集、词选、词话、词谱词韵、南北曲，共五目。总计六十五个子目。

全书的体例是：在经、史、子、集四部之首，各有"总序"一篇；在四十四类之首，各有小序一篇；在某些子目或提要的后面，有时也附以按语，用来阐明各种学术思想的渊源、流派、相互关系，以及划分类目的理由。

《四库全书》的分类方法，在二百年前虽说算是比较完备的，但在今天就不适用了。例如关于"小学"的著作，列入"经部"；关于地理山川的著作，列入"史部"，现在就感到很不适合。而"子部"的内容又是那样芜杂。这样的分类显然不能适应今天的需要。另外，有些类目的含义比较含混，不熟悉古籍的人，不但不易理解，而且也给检索书籍带来麻烦。如郑樵的《通志》和罗泌的《路史》竟列入"别史类"；而《国语》《战国策》等书则列入"杂史类"。"载记类"指的是不属于正统封建王朝而割据偏安的历史，如东汉赵晔的《吴越春秋》、宋陆游的《南唐书》等。单从分类名称来看，是无从理解和区分其内容的。

尽管《四库全书总目提要》在分类和提要方面都有缺点和错误，但通过此书，对于古代学术的发展轮廓，还是可以获得比较全面的认识，所以目前仍有其使用价值。

《四库全书总目提要》的版本很多，清代有武英殿本、杭州刻本、粤东刻本；后来有漱六山庄等石印本数种。商务印书馆有排印本。最便于阅读和查检的是1926年上海大东书局出版的线装排印本。此书由陈乃乾校阅，书后附有清代阮元编撰的《四库全书未收书目》（此书有单行本，以商务印书馆排印本最易得）及陈乃乾编纂的《四库书目索引》四卷，便于读者检索。中华书局有新排印本。

《四库全书未收书目》五卷，共著录书目一百七十五种，每部书也附有提要一篇。其中有些书是很有学术价值的。

《四库全书总目提要》卷帙浩繁，用起来不方便，而且"存目"太多，与四库藏书的实际情况不符。所以清王朝在《总目提要》成书不久以后，又命永璙等把《提要》压缩改写，编成《四库全书简明目录》。《简明目录》的特点是：一、删去"存目"部分；二、著录的书名有三千四百七十种，比《总目提要》还多几种；三、每部书也各有一篇提要，但内容与《总目》的提要并不全同。根据《简明目录》所收的书目，找到原书的可能性更大一些。此书旧有刻本，1957年曾由上海古典文学出版社重新排印出版。

查《四库全书总目提要》的方法有这样几种：

一、略知书籍性质，按照类目直接索检。

二、查大东书局版的书后所附"人名索引"。所有"已收""未收""存目"中的书籍，都按其著作者的姓名排比，依姓氏第一字的笔画为序。一姓之中，先列单名，后列双名。原书无作者姓名的，入"无名氏"。索引分三栏：（一）作者姓名；（二）著作名称；（三）所属类目。一个作者有多种著作的，都集中在一起。如"毛奇龄"条下，共有作品六十一种，都依次排列在一起。这样可以借此考见一个作者共有多少种著作收在《四库全书》里。只要知道一部书的作者姓名，就可知其作者的著作全貌，查起来比较方便。

三、原哈佛燕京学社引得编纂处编的《四库全书总目及未收书目引得》也可以使用，这部引得是用来查书名的。

四、新版《简明目录》和《总目提要》书后附有四角号码人名索引和书名索引，甚便于检查。

2 《四库全书总目提要补正》和《四库提要辨证》

由于清政府编辑《四库全书》有其特殊的政治目的，主持工作者在学术上又有门户之见，所以《提要》中对于古籍的评价和论述，有不少错误失当之处。另外，对许多书的版本源流也没有彻底摸清，有些书则根本未见到原本。清代乾嘉以来的学者，对这些错误的评论和版本考订上的疏漏，提出过不少"匡谬""补阙"的意见。但因《四库全书》是"御纂"的官书，在清代没有人敢对它提出公开的有系统的批评，这些匡谬补阙的意见，都分散在各种著作里，查找起来是相当困难的。

近人胡玉缙从大量的藏书志、读书记、笔记、日记、文集里，博蒐广采，按照《提要》原来的次序，把这些意见分别辑录，汇为一编，名为《四库全书总目提要补正》。胡氏对于《四库全书未收书目》，也做了同样的处理，为读者提供了很多参考资料。同时，作者把自己的论点也写在书中，或补前人所未及，或就有争论的问题表示自己的看法。1940年胡玉缙去世，由王欣夫继续采辑整理，编定为《补正》六十卷，《未收书目提要补正》二卷，总计补正的古籍有二千三百余种。1964年1月由中华书局出版，书后附有补正书名的四角号码索引。

此外，余嘉锡著有《四库提要辨证》（科学出版社1958年出版），对《提要》的谬误、缺失和前人考订未当的地方，提出不少精辟的意见。经余氏考订辨证的书籍，约近五百种。此书原来只有句读，现经中华书局改正一些错字，加标点，重排出版。

做为参考性的书籍评论，这两部书可以与《四库全书总目提要》参照阅读，对读者有一定启发作用。至于运用真正的科学观点对《四库全书》中所收古籍进行新的评价，则非这样的著作所能承担的了。

3 《增订四库简明目录标注》

《增订四库简明目录标注》，清邵懿辰撰，近人邵章续录，1959年12月中华书局初版。

这是《四库全书总目》的一部补充著作。据清末人缪荃孙在书前"序言"里说："……是书之命意，在分别本之存佚，与刻之善否。四库所储，有不应收而收者，有应收而不收者；有所收之本，不及未收之本者；有所收据《大典》（按，指《永乐大典》），而原书尚有旧刻、旧钞者；有无宋、元旧刻，止有明刻为祖本者。……"而《四库全书总目提要》对于这些版本情况，有的阐述不清，有的由于不了解而根本未涉及。本书就是为了弥补《四库提要》的这些缺点而撰作的。凡是《四库全书简明目录》所已收的，本书撰者就其所见版本详加叙述，并考订优劣；《简明目录》所未收的书目，则按照原来类目，分别补充插入。

书后附有所收书名及著者姓名的四角号码和笔画检字两种综合索引。

4 《贩书偶记》

《贩书偶记》，孙殿起辑录，1959年中华书局重印出版。

这书基本上是一部清代以来的著述总目，其作用相当于《四库全书总目》的续编。所著录的书籍共约百余种，包括书名、卷数、作者姓名、籍贯、书籍刊刻的年代等项目。凡卷数、版本有异同，作者姓名要考订，以及书籍内容有待于说明的，间或加上备注。其著录体例的特点有二：

一、凡见于《四库全书总目》者，一概不录；如果著录，则必然是卷数、版本与四库本有不同的地方。著录范围绝大部分是清代的著述，兼及辛亥革命以后，迄于抗日战争以前（约止于1935年）的有关古代文化的著作。其中也包括少数为《四库总目》所漏收的明代著作。

二、非单刻本不录。间有后来又被收入丛书里的，也必属于初刊的单行本或抽印本，才予著录的。因此可以负担起"丛书子目索引"这一类书目所欠缺的一种功能。

本书按照四库分类编次，书后附有书名和著者姓名的四角号码综合索引。

三 丛书书目

1 《汇刻书目》及其续书、《丛书举要》《丛书书目汇编》等

把很多种书汇集在一起刊行，总冠以一种名称，就是"丛书"，又名"汇刻书"。丛书目录（又名"汇刻书目"）是查阅丛书的工具。

我国最早的丛书，是宋代左圭编刻的《百川学海》和俞升孙、俞经合编的《儒学警悟》。其后丛书种类日多，有汇刻一个人著作的丛书，如《船山遗书》《东壁遗书》《春在堂全书》等；有汇刻同一地区著作的丛书，如《湖北先正遗书》《安徽丛书》等；有将内容性质近似的著作汇刻在一起的丛书，如《皇清经解》；还有就是综合性的丛书。

几百年来，丛书的纂辑代有增多，各种丛书中的子目日益浩繁。由于没有一定的检阅工具，利用起来有很大困难。我国第一部丛书目录，是清代嘉庆间顾修编的《汇刻书目》。

《汇刻书目》二十卷，收录丛书二百六十多种，按经、史、子、集四部分类。数量虽然不多，却为后来的丛书目录树立了一个范本。

在这以后，随着丛书的逐渐发展，编撰丛书书目的人也日益增多。与撰辑《汇刻书目》的时间相去不远，还有朱记荣的《目睹书目》十卷，也是最早的丛书目录之一。

旧的丛书目录，大都以顾修的《汇刻书目》为底本，加以增订补充。前后计有：朱学勤的增订本，这个本子后来又有周毓邠的续编本，1919年刊印；陈光熙的增订本，1875年刊印；日本松泽老泉辑的《汇刻书目外集》，1820年印；傅云龙编的《续汇刻书目》，附胡俊章编的《续汇刻书目补遗》，1876年刊印；罗振玉编的《续汇刻书目》，1914年刊印，等等。

在增补《汇刻书目》之外，别树一帜，集其大成的，是清末杨守敬编纂的《丛书举要》。杨氏当时认为顾、朱二目都不够完备，才重新进行编撰，蒐罗较多，但稿未付印，后由李之升在原稿的基础上加以补充，编成《增订丛书举要》六十卷，有1914年（甲寅）自刊本。其后又增辑为八十卷，共收丛书一六零五种，并对初编的错误进行了校正。

以上这些早期的丛书书目，都是分类编排的。

在《丛书举要》之后，又有沈乾一编的《丛书书目汇编》，1928年上海医学书局出版。这书共收丛书两千零八十六种，在编排上首先改用按书名笔画多少排列，每种丛书都记载名称、编者、版本、所收书名及种数等项。这是当时收录最多、体例也比较完善的丛书书目。其缺点是滥入者不少，如《读书杂志》《宋诗钞补》等并非丛书，也被收录在内。

沈书出版以后，续出的丛书书目又有：一、《丛书书目续编初集》，杜联喆编，1931 年震东印书馆出版。这书所收丛书二百余种，都为沈书所未载。二、《续补汇刻书目》三十卷，刘声木编，1929 年北京修绠堂代售。这书的特点是：专门补收《汇刻书目》的续书，以及《目睹书目》《丛书举要》《丛书书目汇编》等所未收录的丛书，共得一千五百八十余种，但也有一些滥入。其后，又于 1930 年编印《再续补汇刻书目》十六卷，1935 年编印《三续补汇刻书目》十五卷，都收入《直介堂丛书》中。三、《丛书目录拾遗》十二卷，孙殿起编，1934 年北京通学斋发行。这书是作者将沈、杜、刘各书目中没有收录的丛书蒐辑在一起编成的，其中所收书目多与刘声木的"再续""三续"书目相重复。

总之，这些旧的丛书目录，本身都不够完备详尽，又互有重复，所以使用时只能彼此参照，互为补充。而且都是以丛书书名为纲，附列子目于丛书书名之后，并没有把子目分类。因此读者只能从中检寻其所收多少书和什么书，却无法检寻某书或某人所著书收在哪一种丛书里。这是旧的丛书目录的最大缺点。

2 《丛书子目书名索引》《丛书子目索引》等

上面所说的那些丛书书目，都是丛书总目的性质。另外还有一批专门检查丛书子目的工具书。主要的有：

一、《丛书子目书名索引》，施廷镛编，1936 年清华大学图书馆印行，共收丛书一千二百七十五种，书名子目四万余条，系以 1936 年 1 月以前该馆所藏丛书为限。全书按书名笔画次序排列。

《丛书子目索引》增订本，金步瀛编，1935 年开明书店出版。这书将前浙江省立图书馆所藏丛书四百六十九种、书名子目一万二千余条，编成索引，按照笔画次序排列。

《丛书子目备检》著者之部，曹祖彬编，1935 年金陵大学图书馆印行。这书系将前金陵大学图书馆所藏丛书三百六十一种、子目六千余条，编成了著者索引。著者姓名按首字笔画排列。书前附有"本索引所收丛书一览表""丛书书名简称表""著者首字检查表"。

这些丛书子目索引，虽然便于检索其子目，弥补了以前那些丛书总目的缺点，但又忽略了丛书本身的全面反映，仍不免有顾此失彼的毛病。而且这几种丛书子目索引，都以一个图书馆所藏的丛书为限，自然很不完备。现在这些索引只能当作参考资料使用。

3 《中国丛书综录》

《中国丛书综录》，上海图书馆编。全书共三册，中华书局出版。第一册出版于1959年，第二册出版于1961年，第三册出版于1962年。这是目前最完备的一部丛书目录。它收录了全国各大城市包括北京、上海、南京、杭州、武汉、广州等地四十一个主要图书馆当时实际收藏的历代丛书二千七百九十七种，古籍三万八千八百九十一种。规模之宏大，体例之谨严，都超过以往所有的丛书目录，基本上反映了我国历代出版的丛书的全貌。

这书第一册是"总目分类目录"，也就是"丛书总目"。以丛书的名称为主，将每部丛书中所收的书名（子目）、作者，都——开列。知道丛书名称，要想查找其中包括哪些著作，就查第一册。全书分为"汇编""类编"两部分。"汇编"分为杂纂、辑佚、郡邑、氏族、独撰五类；"类编"分为经、史、子、集四类；各类之下再分细目。

书后附有"丛书书名索引"和"索引字头笔画检字"，可以检索所有丛书名称，以及各丛书中所包括的子目书名。另有"全国主要图书馆收藏情况表"，可供参考检索之用。

第二册是"子目分类目录"。以子目为单位，按经、史、子、集四部分类，每书著录其名称、卷数、著者，及所属丛书名称。要想查某种书收于哪一部丛书，就查第二册。本册共收子目七万余条，其中一书为两种以上丛书所收，则加以比勘同异，或合并为一种，或分为数种著录。所收书籍的实际总数为三万八千八百九十一种。

第三册是为第二册服务的工具书，包括"子目书名索引"和"子目著者索引"。因为子目太多，故另编索引，以供检索之用。索引按四角号码检字法顺序排列，书前附有"四角号码检字法""索引字头笔画检字""索引字头汉语拼音检字"。

有这样一部书目，一般收在丛书之内的古籍，都可以找得到归宿。但从来没有被收入丛书的单刻本，例如王先谦的《诗三家义集疏》，就不可能找到。使用时这一点必须注意。

四　私人藏书目

宋代以后才开始大批出现私人藏书目录。这与宋代以后印刷术的日益发达和私人刻书逐渐蔚为风气有密切关系。明清以来，私人藏书家日益增多，历代流传下来的私人藏书目，不下数百种之多。这里只将比较著名的几种介绍如下。

1　宋代私人藏书目

宋代尤袤（字延之）的《遂初堂书目》，对于宋代以前古籍的版本情况开始注意。这份书目的特点是，"一书而兼载数本，以资互考"。这是宋代以前的史志书目所没有涉及的内容。它可以代表我国最早著录古籍版本情况的书目。

宋代最有名的私人藏书目，一是晁公武的《郡斋读书志》，全书共四卷，《后志》二卷，赵希弁续辑《附志》一卷；一是陈振孙的《直斋书录解题》，共二十二卷。这两种书目都按四部分类，并都附有提要，间及对书籍内容的评论，为后世提要式书目树立了较好的范例。

宋代以前的官修书目，只著录古籍的书名、著者，很少对每一种古籍进行具体内容和版本情况的介绍，这三种私人藏书目是相当重要的参考资料。

2　明代私人藏书目

明代最著名的私人藏书目是嘉靖年间（公元1522至1566年）晁瑮的《晁氏宝文堂书目》三卷，1957年上海古典文学出版社有重印本。其特点是：一、著录了很多小说、戏曲目录，是研究我国古典小说戏曲的重要史料；二、收藏丰富，颇有罕见的珍本；三、注意版本源流。另外，明代徐𤊹的《红雨楼书目》也著录了不少古典小说戏曲，与晁氏的书目具有同样特点。

高儒编撰的《百川书志》二十卷，也是一部较有特色的书目。这书按经史子集四部分类，所收各书都扼要述其内容。在"史部"中收录了不少小说戏曲书目，而且敢于提出对这些书的独到见解，这在当时是很有胆识的。第六卷野史、外史、小史三门中所著录的演义、传奇书目，是当前研究金、元、明文学的重要材料。1957年，上海古典文学出版社把高氏的《百川书志》和明周弘祖编撰的《古今书刻》合并印行出版。

3　清代私人藏书目

清代的私人藏书目更多。最著名的有清初钱曾（字遵王）的三种藏书目录：

一、《也是园书目》，收录书籍三千八百余种，只记载书名、卷数。

二、《述古堂书目》，收录书籍两千二百余种，除记载书名、卷数外，间或著录册数和版本。

三、《读书敏求记》，收录书籍六百三十四种，其中有很多是《也是园书目》所未收入的善本书，是钱氏藏书中的精华。

这几种书目的特点是：一、收藏丰富。三种书目的总数，即使除去重复，也超过《四库全书简明目录》。二、《也是园书目》继承了明代赵琦美"脉望馆"藏书中的很多钞本和刻本，其中数百种古代小说和戏曲剧本，都是极为珍贵的文学资料。三、《读书敏求记》对宋元古籍的版本情况考订精详，是研究版本学的重要参考资料。

作为研究资料，这三种书目各有短长。但重复既多，又各有不同，应用时不便。所以1958年上海古典文学出版社把这三种书目合编在一起，题为《虞山钱遵王藏书目录汇编》，由瞿凤起编撰。

由于这三种书目的分类和编排次序都不相同，《汇编》就以《也是园书目》为纲，仍按照其原有次序排列。其余两种书目所收与"也是园"重复而版本不同的，即列于《也是园书目》之下。凡是《也是园书目》所未收的，则增补于每类之后。

《汇编》共分为经、史、子、集、三藏、道藏、戏曲小说等十卷。除去重复，收录书籍总数为四千一百八十种。书后附有《述古堂书目》《读书敏求记》原目二种，还附有原书序跋、刻书序跋等。并编有书名和著者姓名的四角号码综合索引。

清初黄虞稷（字俞邰）也是一位书目学专家，他曾编撰过《宋史艺文志补》《辽金元三史艺文志补》等书，并参与修撰《明史·艺文志》的工作。他所编的《千顷堂书目》三十二卷，著录明代的各种著作比较完备，是检索明人著作的重要工具书。

《天一阁书目》是明清之际非常著名的一种书目。明代嘉靖年间，浙江宁波大官僚范钦，蒐集古籍七万余卷，藏于自建的"天一阁"，被称为当时浙东最大的藏书家。范氏曾手编书目，久佚不传。明清之际，宁波遭受兵燹，藏书遗失十分之二。清代初年，黄宗羲曾到阁内看书，钞有目录，现在也已失传。

清代嘉庆年间，阮元编有《天一阁书目》十卷（1808年即嘉庆十三年刻本），由于杂出自众手，遗漏很多。

到了清朝末年，天一阁焚于兵火，藏书大部分被毁或遗失。光绪中叶，薛福成根据阁中所余藏书，编成《天一阁见（现）存书目》四卷，著录书籍约二千种。卷末附以"进呈书目"[①]"范氏家著""石刻碑目"和"新藏书目"等四种。

1914年和1918年，天一阁中藏书又连续被盗，所余书已无几。1930年，杨铁夫又编有《天一阁图书目录》，金陵大学中国文化研究所1932年出版，著录书籍九百六十二种，共七千九百九十一册，只及薛氏《见存书目》的二分之

[①] 清乾隆时编纂《四库全书》，范氏进呈珍本古籍六百三十余种，后来就未被清廷还回，故薛氏另编为"进呈书目"。

一。但此目仓促编成，与藏书实际情况并不符合。

1937年，冯贞群又根据阁内实际藏书情况，经过详细调查整理，编为《鄞范氏天一阁书目内编》。据原序说："幸存之籍，尚有千五六百种。"比杨氏书目多出六百多种，不过其中有很多残本。这部书目分为五部分：一、劫余书目次；二、书藏目次；三、范氏家著；四、附录；五、补遗。全书凡十卷，1940年由"鄞县重修天一阁委员会"刊印。

天一阁藏书虽历经洗劫，所存不足十分之二，但其中仍有很多稀见古籍，保存了不少珍贵的文化遗产和历史资料。以上这些书目仍是可以利用的工具。

清代其他比较著名和常见、常用的私人藏书目，还有：瞿镛的《铁琴铜剑楼书目》、陆心源的《皕宋楼藏书志》、缪荃孙的《艺风藏书记》等。这些书目，有的对版本源流考证比较精详，有的对书籍评论有独到见解，有的收藏稀见的古籍较多，都各有一定的特色。

此外，上海古典文学出版社重印了一批明清私人藏书目，计有：明赵用贤编撰的《赵定宇书目》，清赵宗建撰的《旧山楼书目》，以上系1957年出版。又有：清马瀛著、潘景郑校订的《吟香仙馆书目》、清祁理孙撰的《奕庆藏书楼书目》等，以上系1958年出版。其中《奕庆藏书楼书目》是根据前燕京大学图书馆所藏旧钞本整理付印的。这一旧钞本的外皮题为《鸣野山房书目》，并冠以沈复粲墓表等，实系张冠李戴；而该出版社于付印时竟未发现，仍以讹传讹，题为清沈复粲编《鸣野山房书目》。读者使用时应予注意。

4 当代私人藏书目

当代的私人藏书目，这里只想介绍一种，即《西谛书目》。西谛是郑振铎的别名。郑振铎（1898—1958）是中国著名的文学家，也是国内有数的藏书家。他生平藏书范围很广，其中有很多是珍贵的古籍。郑氏逝世后，他的全部藏书由北京图书馆选编成《西谛书目》，1963年由文物出版社出版。全部按四部分类，共收书籍七千七百多种，通行常见的新、旧版书籍均未列入。计书目五卷，题跋一卷，书目前附书影十种。这是一部研究文学艺术、历史考古等方面较有价值的参考书目。

五 《书目答问》及其他

　　清末以来,还有一本颇为流行的工具书,这就是张之洞的《书目答问》。张之洞是清末大官僚,是当时提倡"洋务运动"的首脑人物。在学术方面,他主张"中学为体,西学为用"。这部《书目答问》编撰的目的,是告诉初学者"应读何书"及"书以何本为善",正是为了引导当时的封建知识分子走复古尊经的道路。这是今天利用《书目答问》为工具书时所不可不知的。

　　此书共收录书籍二千馀部,按经史子集四部分类,每类下面再分子目。类目名称大致与《四库全书总目》相似,但较简略。四部之外,还有"丛书目""别录目""清朝著述诸家姓名略总目"三种附录。

　　《书目答问》对于初学者分门别类地寻求参考书目,的确较为简便。尤其每部书名下面,都详细注明有几种版本;有时还对版本的优劣精粗略加评介。例如《路史》条,先标明:四十七卷,宋罗泌著;然后指出:"乾隆元年罗氏刊本最善""明豫章刊本不全"等,可以做为一般读者选择版本时的参考。

　　《书目答问》刊印于清光绪二年(1876),著录的书籍断至光绪元年。其后有《书目答问笺补》和《书目答问补正》二书,都是以《书目答问》为底本的补充著作。

　　《书目答问笺补》,江人度撰,光绪三十年(1904)刊印。《书目答问补正》,范希曾撰,1931年刊印,后有重印本。这两部书目的分类和编次都按照《书目答问》的原貌,补充的内容有以下这几项:一、补充《书目答问》所不载的版本;二、《书目答问》只著录书名,如果遗漏了作者姓名或书籍的卷数,就为之补充注明;三、校正《书目答问》中的错误;四、清光绪二年以后出版的书,择要补入,在《笺补》的书后,甚至还附有一部分外国著作的译本;五、《书目答问》对版本优劣的评价比较简略,这两种书都有所补充说明。但这两部书本身也还是有错误的，目前国内的版本目录学家有人正在对它们进行匡谬指讹的工作。

《书目答问》书前没有索引，检索不便。孔彦培编有《书目答问索引》，1944年中法大学图书馆印行，可以使用。

《书目答问》之外，还有一部性质与之相近的书目，名为《国学用书类述》，支伟成编撰，1927年上海泰东图书馆印行。

此书的编撰者认为旧的六分法和四部分类法都不够完善，而传自西方的"十进分类法"又不切合中国古籍的实际内容，于是别立分类标准，将古籍分为十六大类，每类之下再分列若干属目。这十六大类是：一、经学类；二、小学类；三、诸子学类；四、义理学类；五、考证学类；六、历算学类；七、术数类；八、医学类；九、艺术类；十、史学类；十一、地理学类；十二、金石学类；十三、谱录学类；十四、文学类；十五、丛书类；十六、佛学类。

这种分类法，有的比四部分类法前进了一步，如将"小学"自"经学类"划出，将"地理学"自"史学类"中分出等。但从今天的角度来看，则其分类方法之不够科学，不能切合时代需要，仍然是显而易见的事。有些书概括不进去，有些又不免枝蔓烦琐，总之是很不理想的。

这书就是按照这十六类编辑而成的一本书目。其体例与《书目答问》基本相同，但收录的书目更多一些。每种书目下面除标注版本以外，有些书还作了简单的提要。另外在某些内容近似的群书之后，还作了概括的说明和评介，如在唐代陆淳的三种著作《春秋集传纂例》《春秋微旨》《春秋集传辨疑》的后面，加按语说："陆氏三种于三传皆加攻驳，因（系）唐以前书，举以备考。"体例比《书目答问》似稍完善。

还有一本《书目举要》，周贞亮、李之鼎合编，1920年刊行，内容却与《书目答问》完全不同。按其性质，应该题名为"历代书目汇编"。它收录的都是历代公私藏书的书目，上起西汉刘向、歆父子的《别录》和《七略》，下迄清末的私人藏书目，共分为十一类，对于专门研究目录学的人用处较大。这书的十一类分法并不科学，录以备考：一、部录之属；二、编目之属；三、补志之属；四、题跋之属；五、考订之属；六、校补之属；七、引书之属；八、版刻之属；九、未刊书之属；十、藏书约之属；十一、释道目之属。每种书目名称下面都注明卷数、著作者和各种版本。有的还注明存佚情况。

六　专门书目

1　经、史、子、集类

一、《经义考》三百卷，清朱彝尊著。本书初名《经义存亡考》，是考证历代有关经义著作存佚情况的专著，不仅开列书目，兼有介绍与评论的作用。其特点是：1. 广泛征引后人对某一种书籍的批评、说明等；2. 朱氏自己的意见也列入；3. 体例分"存""缺""佚""未见"四种，以说明各种著作在流传中的存佚完缺情况。但书中所列"未见"书目，并非全不可见，如宋代杨简、魏了翁论《毛诗》的著作，我们现在还可以看到。这是一部专供研究古代经学的人参考的书目。

朱氏以后，清乾隆时，翁方纲著有《经义考补正》十二卷，补正朱书讹谬之处凡一千零八十八条，可以与朱书参看。朱书以中华书局《四部备要》本最为通行。

《经义考》著录的书名浩繁，检索不便，罗振玉曾编纂《经义考目录》八卷，1933 年刊为单行本，可用以查检朱氏原书。

二、《小学考》五十卷，清谢启昆编著，光绪十四年（1888）浙江书局刊本。这是一部有关中国语言文字学的书目提要，著录的书籍分为五类：1. 敕撰；2. 训诂；3. 文字；4. 声韵；5. 音义。把"敕撰"和其他四类并列，不仅在分类上不科学，而且反映了编著者的封建正统思想。

谢启昆因为《经义考》未收录有关小学方面的书籍，所以编撰《小学考》以补其阙。内容也仿朱氏体例，分为"存""佚""未见"三类，蒐罗相当完备。凡所著录诸书都附有解题,是研究文字、声韵、训诂学的重要参考书。1934 年罗振玉刊行了他所编的《小学考目录》一卷,可用以检查原书。

三、《中国史前考古学书目》,安志敏著,1951 年 6 月燕京大学学报专号之二十三。收录有关中国史前考古学的中、日、西文书目和论文篇目共一千零五十五种,按照书籍和论文的内容性质分为"通论""地域"及"其他"三类。书目依发表年代之先后排列,但在排印后又有所增补。凡是在 1951 年以前发表的有关我国史前考古学的著作,基本上都已蒐罗在内。

书前附有中、日、西文书刊简称表,书后附有中、日、西文著作的作者引得。

四、研究我国汉代历史学家司马迁及其著作《史记》的书目,比较完备的有两种:

甲、《司马迁著作及其研究资料书目》,上海市历史文献图书馆 1955 年编印。其中著录书以该馆所藏者为限,共分四类:1. 著作;2. 研究——这一类又分为考证质疑、增补广征、义例评论、目录校勘等四种;3. 像传;4. 祠墓。书前附有《司马迁年表》。因限于馆藏资料,所以论内容不如下面的一种丰富。

乙、《史记研究的资料和论文索引》,中国科学院历史研究所编,1957 年 4 月科学出版社出版。

此书名为"索引",实际是综合性书目,收集范围相当广泛。编纂者参考了很多书目和有关著作,为研究《史记》和司马迁的生平思想提供了丰富资料。全书分为十大类,每类列出书目、篇目和条目若干。大而至于专书,细而至于唐、宋、元、明笔记中有关《史记》的文字条目,都一一胪列。这十大类是:1. 版本;2. 目录;3. 解题;4. 关于《史记》全书的研究,包括考证、校勘、体例、文章、《史记》与《汉书》的异同等;5. 关于《史记》各个部分的研究,包括本纪、年表、书、世家、列传及其他;6. 司马迁的生平事迹及其学术贡献;7. 稿本和未见传本目录;8. 有关《史记》的非专门著作目录;9. 唐、宋、元、明笔记中有关《史记》的文字条目;10. 外国学术期刊中有关《史记》的论文及专著目录。凡本书收录的每种著作，都详细标明书名、篇名、作者、版本、卷数、刊行年月，各项说明力求详备。

五、《老子考》七卷，王重民编，1927年中华图书馆协会出版。这是专门辑录有关《老子》的著述的一部书目，系参考一百几十种公私家藏书目编纂而成。著录的每一部书都仿《经义考》体例标明其存佚情况。有存书的则注明版本，并辑录其原书的序例题跋，后面加上编者按语。所著录各书按照时代先后排列，书末附有：1. 存目；2. 通论与札记略目；3. 日本著述略目；4.《老子》译书略目；5.《道德经》碑幢略目；6. 传记略目。共六种。这是研究《老子》的一部重要参考书。

六、《王船山著作及其研究资料目录》，湖南省中山图书馆编印。王船山名夫之，湖南衡阳人，是明末清初的著名思想家，也是后来抗清运动的参加者。他与黄宗羲、顾炎武被人称为"清初三大师"。1962年12月，为了纪念王夫之逝世二百七十周年，湖南省中山图书馆编印了这本目录，它是一部比较完备的研究王夫之及其著作的参考书目。

这本书目分为四部分：1. 王船山著作；2. 王船山学术思想研究；3. 王船山传记及其他；4. 王船山著作年表。收录的范围除王氏本人的著作外，凡是研究王船山的专著、论文和有关史料，都截至1962年10月为止。以湖南省中山图书馆和湖南省博物馆所藏的资料为主，根据内容性质大致归类。

七、研究古代道、佛两教经典，也有很多专门书目。主要的可以参考《道藏目录详注》四卷，附"《续道藏》目录"，明代白云霁撰；以及《阅藏知津》四十四卷，清代僧人智旭辑。

八、《楚辞书目五种》，姜亮夫编著，1961年中华书局出版。这是一部提供研究《楚辞》资料的工具书。

《楚辞》是中国古典文学中的宝贵遗产，历代学者写了大批的专门著作和单篇论文。《楚辞书目五种》就是对这些资料所做的汇集工作。

这本书的内容共分为五个部分：

1.《楚辞书目提要》。内分辑注、音义、论评、考证四类，著录书籍二百二十八种。体例仿《经义考》，详载原书序跋，以明著述宗旨。另增"版本叙录"一项，记录有关版本刊刻情况。

2.《楚辞图谱提要》。包括法书、画图、地图、杂项四类，共著录四十七种。

3.《绍骚隅录》。著录汉代以来模拟《离骚》著作的篇名和汇辑的书名，以见屈原作品对后世文学的影响。共著录书籍十九种，篇章一百九十二题。

4.《楚辞札记目录》。著录宋代以来各家读书札记中考论《楚辞》的文字条目，以便检索。共收八百零二题，又书籍一种。

5.《楚辞论文目录》。著录的重点是"五四"以来各家所撰有关《楚辞》及其作者的论文目录，截至1958年为止。在"五四"以前的一些单篇论著也附收在内，共著录四百四十七题。

书后附有书名、篇名和著者姓名四角号码综合索引。

这本书目对于专业研究者很有帮助，但也有缺点：著者在著录诸书时所加评论按语不一定都正确，而且限于著者个人所见，遗漏在所不免。

九、《宋金元词集现存卷目》，清吴昌绶辑录，光绪三十三年（1907）石印本。这书辑录《汲古阁刻宋名家词目》《四印斋所刻词目》及其他宋、金、元作家的单行词集，共二百余种，删去重复，共得一百九十七家。所收词集都注明作者、卷数、版本，材料还是比较丰富的。惜书前无索引，翻检不便，流传也不广。

2 甲骨、金石、书画类

一、《甲骨书录解题》，邵子风著，1935年商务印书馆出版。这是一本影响较大的甲骨文书目，全书收录的有关甲骨文的著述，以专书为主，分为五类。所录论著的内容，以殷墟文字及器物为主；其他有关殷代文化及考订殷商历史的著述，则酌量采辑。至于散见于各处的单篇论文，则另外辑成《甲骨论文解题》，分为十一类，附于书后。

本书收录的专书和论文，每种都载明名称、版本、出版年月、所录甲骨片数、序跋题记及内容提要，有的还加以评介。所收论著的编排以时间为序，书前有略例、目录，书后有书名笔画索引。

这书蒐罗完备，体例严整，评述也比较扼要。但出版时间较早，近三四十年来有关甲骨文的著述情况没有包括在内。

二、《五十年甲骨学论著目》，胡厚宣编，1952年1月中华书局出版。所谓五十年，指的是从1899年殷墟甲骨文字开始被发现的那一年算起，到1949年为止。在这五十年中所有关于研究甲骨文字的专书、论文，都不加检选，全部收录。收录的作者二百八十九人（包括外国学者五十九人），著作八百七十六种，其中专书一百四十八种，论文七百二十八种。著作内容分八类，计为：发现、著录、考释、研究、通说、评论、汇集、杂著。每类之中的论著，以出版年月为序。凡是专著，都注明其卷数、版本；单篇论文则注明杂志报纸的卷期和出版年月。书后附有著者索引、篇名索引和编年索引。

在这五十年中，甲骨文字学的发展非常迅速。截至1949年止，发现的甲骨总数达到十六万一千九百八十九片。与此相适应，各种专门著述也日益增多。这本书目广搜博采，为治甲骨文字及殷代历史提供了丰富的论述材料。但有些与学术研究无关的游戏之作也收入在内，未免失之于滥；而有的重要著作，竟然漏收，如唐兰的《殷虚文字记》就未列入目中。

三、《金石书录目》，容媛辑，前中央研究院历史语言研究所1930年6月刊印，1935年又出增订本。

辑录关于古代金石文字著述的书目，清代有叶铭的《金石书目》，近人有田士懿的《金石名著汇目》、黄立猷的《金石书目》、林钧的《石庐金石书志》等，其中以《石庐金石书志》著录比较完备，撰述亦较详切。

《金石书录目》是这一类书目中最为完善的一种。著录的书目都根据所见、所藏，没有滥入，编辑态度比较谨严。1930年的初印本，著录金石书籍八百二十二种；1935年的增订本增收至九百七十七种。全书以器物的种类区分，共分十类：1. 总类；2. 金类；3. 钱币类；4. 玺印类；5. 石类；6. 玉类；7. 甲骨类；8. 匋（陶）类；9. 竹木类；10. 地志类。每类下面再分子目。所录书目都详列卷数、版本，有的还摘录原书的序跋、凡例及各家评语，可以供金石文字研究者选择书籍时参考。书后有"方志中金石志目""金石丛书目""朝代人名通检""书名通检"四种附录。

四、《六艺之一录》，清倪涛撰，正续二编共四百二十卷，有商务印书馆《四库全书珍本初集》影印本。

本书大量蒐集了历代有关金石书画的著述，分类编目，并作出提要、评述，是一部综合性的书目提要。在撰者的评述中，有不少独到的见解，尤其对于文字、书法、碑帖的意见，尤为精当。《四库全书总目提要》认为这部书"凡六书之异同，八法之变化，以及刊刻墨迹之源流得失，载籍所具者，无不裒辑""唐以后论书之语，未有该备于是者"。这样的评价虽不免过高，但此书的材料丰富，撰者知识的广博，却是事实。

此书正编分为六集：1. 金器款识；2. 石刻文字；3. 法帖论述；4. 古今书体；5. 历朝书论；6. 历朝书谱。续编分为八集：1. 金器题跋；2. 石刻题跋；3. 金石题跋；4. 法帖题跋；5. 续书体论；6. 六书疏略；7. 书论；8. 书谱及书谱续编。由于著录太多，卷帙浩繁，缺少总目，检索不便，原哈佛燕京学社引得编纂处编辑的《六艺之一录目录和引得》可以参考使用。

五、《书画书录解题》十三卷，余绍宋编，1932年北平图书馆印行。此书收录自汉代迄今的有关书画的书籍凡八百余种，每种都附有解题，书后附有著者索引。

六、《四部总录·艺术编》，丁福保原辑，周云青补遗，1957年商务印书馆出版。

《四部总录》是丁福保所拟的计划中按照《四库全书》的分类而汇编的目录书，目的在于补充与修订《四库全书总目提要》。计划未完成，丁氏即逝世。其弟子周云青乃续加订补。《艺术编》是《总录》中的一部分。

《艺术编》中丁氏所编部分，仍按四库分类，分为：书、画、总录、谱帖、传记五个子目。每个子目中的书目按作者时代先后排列，注明书名、卷数、各种不同版本、作者传略和书籍内容提要。凡征引材料都注明出处。体例谨严而眉目清楚。

"补遗"部分，分为"书画总类"和"法帖"二类。"书画总类"按作者姓名笔画多少为先后，并附日人原田尾山撰《支那画学书解题》全目于后。编排次序略嫌零乱。"法帖类"下分三个子目：1. 汇刻丛帖（依帖名首字笔画多少为序）；2. 一人所书之帖（依书家姓名笔画多少为序）；3. 杂录丛考。

这一部分有以下缺点：1. 引文多未查对原书，致字句与原书有出入；2. 分类与体例有很多不一致处，如卷数与册数、帖与碑的分别等。

全书共著录书目约一千五百种。书后附录傅惜华著版画书目二种：《明代画谱解题》《中国版画研究重要书目》。更附有人名、书名笔画索引等。

3　小说、戏曲、音乐、曲艺类

一、《中国通俗小说书目》十卷，孙楷第编著，1957年作家出版社出版。这书共收录宋、元、明、清（截至1911年为止）的白话小说八百多种。前七卷分为四部：1. 宋元部（卷一）；2. 明清讲史部（卷二）；3、明清小说部甲（卷三）；4. 明清小说部乙，其中又分四类：① 烟粉类（卷四）；② 灵怪类（卷五）；③ 说公案类（卷六）；④ 讽谕类（卷七）。后三卷是附录，共三种：1. 存疑目（卷八）；2. 丛书目（卷九）；3. 日本训译中国小说目录（卷十）。书后有"书名索引""著者姓名及别号索引"。

这书所著录的书目，都按作者时代先后排列。只有"讲史"类是按小说内容的朝代为序的。例如"明清讲史部"，即按"古史"（如《盘古至唐虞传》《有夏志传》《有商志传》等）、"春秋战国""两汉""三国""两晋""南北朝""隋唐""五代残唐"等朝代的顺序编次。但在每一朝代的讲史书目中，仍依作者时代为序。

在每种书目下，首先注明存佚情况，包括现存、已佚、未见三类，然后著录作者、版本。有的书名之后，还摘录有关该书的笔记、掌故。对于现存各书，大部分附撰简要的题记，以说明内容的情况。对于孤本、珍本，都注明收藏者或藏书的处所。有些已佚、未见的书目，并其文体、内容也不知道的，则入附录"存疑目"。

《中国通俗小说书目》最初出版于1932年。1957年重印时，虽略有增订，但与近年来新发现的材料相比，仍不够完备。尤其晚清小说著录更少。不过它毕竟还不失为一部有参考价值的旧小说书目。

二、《日本东京所见中国小说书目》六卷，孙楷第编，1953年上杂出版社出版。我国古典小说的旧刻本，流传到日本的很多。其中不少是现在唯一的孤本，或国内少见的珍本。编者曾于1932年到日本去，根据在东京内阁文库、宫内首图画寮、帝国图书馆以及一些私人藏书处所见到的中国古典小说，编成这本书目。

本书内容分为：1. 宋元部；2. 明清部一（短篇）；3. 明清部二（长篇）讲史类；4. 明清部三（长篇）灵怪类；5. 明清部四（长篇）公案类、劝戒类，附"丛书"；6. 附录，分传奇、通俗类书、子部小说三类。总计收录小说九十一种。在每种书目之下，都详细著录版本、版式和插图、作者以及小说撰作的演变情况等。对于一些国内少见的孤本、珍本，还概括地介绍其情节内容，或加以简单的评论。但有些介绍和评论，与原书并不完全相合，可能是仓促写定的缘故。书后附有《大连图书馆所见中国小说书目》，共收录珍本小说十八种。

这书对于治文学史、小说史的人用处较大。

三、《红楼梦书录》，一粟编，1958年古典文学出版社初版，1963年中华书局增订重版。

这是一本有关《红楼梦》的著述和资料的综合目录，收录的资料以有书面记载的为限，共蒐集了从《红楼梦》问世直到1954年10月以前的有关作品约九百种，酌加提要或摘录。从这本目录中可以反映出二百年来《红楼梦》在民间的流传之广和影响之大。

全书分为七大类：1. 版本、译本，著录了《红楼梦》的各种版本和几种外文译本；2. 续书，附仿作（仿作因牵涉较远，又难严格划分，只选录了若干种）；3. 评论，附报刊（评论不包括文学史或文学概论中有关《红楼梦》的部分）；4. 图画、谱录；5. 诗词（不包括追和书中人物之作）；6. 戏曲、电影（包括曲艺，不包括影剧评）；7. 小说、连环画。增订本将戏曲、电影、小说合并为一类，删去连环画，共为六大类。每类之中略依年代先后排列。

增订本在原来的基础上校订讹误，又增补了一些漏收的条目，共计九百七十余种。书后附有书名、人名索引和笔画检字表，较便检索。

1975 年 10 月，南京师范学院中文系资料室编辑了一本"教学参考用书"，题为《红楼梦新编书录》，公开印行问世。

这是一本继《红楼梦书录》以后为研究《红楼梦》而编的工具书。全书正文分三编：甲编是纪念毛主席《关于红楼梦研究问题的信》发表二十周年的文章篇目索引；乙编是鲁迅论《红楼梦》的文章篇名系年索引；丙编是文革以来评论《红楼梦》的书刊资料分类索引。正文以后为"附编"，其中又分三个阶段：1. 乾隆年间到"五四"以前；2."五四"以后到 1954 年 9 月以前；3. 批判胡适派"新红学"到文革以前；每个时期分别选录了比较重要书目和研究资料。另外还有两种附录："《红楼梦》研究论著简介"和"《红楼梦》版本表"，供读者参考。

四、《曲海总目提要》四十六卷，原作者姓名不详，1958 年人民文学出版社将此书整理加工，重印出版。

这是一部重要的古典戏曲书目。旧题清初黄文旸撰，其实黄氏编撰的《曲海》，已经亡佚。其后李斗在《扬州画舫录》中载有《曲海总目》九百八十种。现在的这部《曲海总目提要》，是近人董康根据《乐府考略》并参考《传奇汇考》，加以排比纂录而成。书中共收录元、明及清初的杂剧、传奇等剧目六百九十种（实际只有六百八十四种），每种都注明时代、作者，并作出比较详细的故事提要。由于所收剧目有不少是今天已经失传的作品，因而成为研究古典戏曲的重要参考资料。

原书对杂剧和传奇没有加以区别，新版则把所有杂剧（包括一、二折的短剧）都在剧名下一一注出，未注明的都是传奇（中有少数是早期的南戏）。原书所标各剧的作者，有很多不详和错误，新版则尽可能加以更正或作出考订说明。书末附有索引，以便检阅。

另有《曲海总目提要补编》，北婴编著，1959年人民文学出版社出版。此书从各种不同传本的《传奇汇考》中辑录了《曲海总目提要》所遗漏的或文字不同的提要七十二篇，可以补充正编的不足。

五、《今乐考证》十卷，清姚燮著。此书共收录宋、元、明、清的杂剧、传奇作家五百一十二人，曲目二千零六十六种，以及一部分清代道光、咸丰年间流行的地方戏的剧目。此外作者还汇辑了一些戏曲评论，并对戏曲、曲艺、舞蹈、乐器等方面的发展源流，进行了一些考证。这书收在《中国古典戏曲论著集成》第十集里，1959年出版，是研究戏曲史和音乐史的参考资料。

旧的戏曲书目，除《曲海总目提要》和《今乐考证》外，还有明代吕天成的《曲品》，明末祁彪佳的《远山堂曲品剧品》，王国维的《曲录》等。明初朱权的《太和正音谱》卷首，也附有一部分元明杂剧的剧目。

六、《元代杂剧全目》六卷，傅惜华著，1957年作家出版社出版。这是中国戏曲研究院编纂的《中国古典戏曲总录》中的第三编。《中国古典戏曲总录》专门著录宋、金、元、明、清五朝的南北戏曲家的作品，即包括院本、杂剧、戏文、传奇等古典戏曲的剧目。共分八编：1.《宋金元杂剧院本全目》；2.《宋元戏文全目》；3.《元代杂剧全目》；4.《明代杂剧全目》；5.《明代传奇全目》；6.《清代杂剧全目》；7.《清代传奇全目》；8.《中国古典戏曲研究书目》。已出版的只有第三、四、五编。

《元代杂剧全目》的卷一、卷二，著录元代初期杂剧作家如关汉卿、王实甫、白朴、马致远等人的作品；卷三著录中期作家如郑光祖、乔吉等人的作品；卷四著录末期作家如秦简夫、钟嗣成等人的作品；卷五著录元代姓名无考的杂剧作家的作品；卷六著录元明间无名氏作家的杂剧作品。全书共著录元代杂剧剧目七百三十七种，内元人杂剧五百五十种，元明之间无名氏作品一百八十七种。每种作品都列举其名目、版本、存佚情况、现在收藏处所以及作家小传等。书后有"引用书籍解题""作家名号索引""杂剧名目索引"三种附录，以便检阅。

这是目前为止最为完备的一部元人杂剧总目。

七、《明代杂剧全目》三卷，傅惜华著，1958年作家出版社出版。这是《中国古典戏曲总录》的第四编，全书共著录明代杂剧五百二十三种，内中作者姓名可考者三百四十九种，无名氏作品一百七十四种。

八、《明代传奇全目》六卷，傅惜华著，1959年人民文学出版社出版，是《总录》的第五编。全书共著录明代传奇九百五十种，作家姓名可考者六百一十八种，无名氏作品三百三十二种。

以上两种全目的编辑体例与《元代杂剧全目》相同，是目前比较完备的明代杂剧和传奇的总目。

九、《现存元人杂剧书录》，徐调孚编著，1957年9月古典文学出版社新一版。

元人杂剧有目可考者虽然有七百多种，但剧本保留到今天的并不多，而且剧本的作者有的可考，有的不可考，有的相传为某人所作，但经过考证，其实并不是。另外，同一种作品，现存的版本内容也各有出入。《现存元人杂剧书录》就是为了解决这些问题而编撰的工具书。

编者根据十八种现有的元人杂剧结集，包括《古今杂剧》《元明杂剧》《孤本元明杂剧》《元曲选》《古本戏曲丛刊》等，把现存的元人杂剧编为详细目录，确定各剧的作者，注明现存的版本。在考订作者时，主要依据《录鬼簿》和《太和正音谱》。全书以作者为纲，依照《录鬼簿》所载序列，然后在作者名下列出剧目。在每一剧名下面，先胪列现存版本；凡依据某一版本复印、复排的，便列注于原本的后面。其次注明在《录鬼簿》与《太和正音谱》上是否曾经著录，著录时文字有无异同；如对本剧作者有异说而并不可取的，则略加说明。如旧说某一剧是某人所作，经过考证知道是错误的，便改列在考订后确定的作者名下。在原来的作者名下，仍列该剧名，唯下面注明移在某人名下，以便检索。

无名氏作品则分三类著录：1. 肯定确为元人作品的；2. 著录于《太和正音谱》无名氏项下或《录鬼簿续编》失载名字项下，其中可能有为明初人作品的；3. 元明之际无名氏作品。

十、《晚清戏曲小说目》，阿英编，1954年上海文艺联合出版社出版。这是编者的《晚清戏曲录》和《晚清小说目》两本书目的结集。

《晚清小说目》分创作、翻译二卷，以单行本为主，旁及杂志上刊登的作品，共收录自光绪初年起，至辛亥革命止共约四十年间发表的创作和翻译小说一千余种，按书名第一字的笔画顺序排列，书前有"检字索引"。每种书目著录书名、著者（或译者）、出版时间、版本等项。此书可以补充《中国通俗小说书目》的不足。

《晚清戏曲录》共收晚清（略及辛亥革命以后）出版的戏曲、话剧剧本一百六十一种，包括传奇五十四种，杂剧四十种，地方戏五十一种，话剧十六种。每种剧目均著录作者、版本、出版时间及内容概要。本书以编者亲自收集到的剧本为限，仅知其名者不录。

十一、《京剧剧目初探》，陶君起编著，1957年上海文化出版社出版，1963年由中国戏剧出版社出版增订本。

"增订本"分为甲、乙两编，凡属传统京剧剧目，收入甲编；凡属新编的剧目（截至1961年上半年止），收入乙编。全书共收录京剧剧目一千三百余个，每个剧目均撰有剧情说明。剧目按剧情的历史朝代顺序排列。对某些剧目的演出来源、艺术特点、曾经扮演主要角色的著名演员、表演上的不同流派等，也略作说明。书末附有"剧目索引"。

这书蒐罗比较详备，足供参考。但有些剧目的内容提要只是依据传闻，与剧情出入较大。如杨小楼晚年排演的《康郎山》，书中就没有根据演出实况叙述剧情，只是依《说岳全传》作模棱两可之辞。又如《紫霞庄》一剧，也是杨小楼曾经上演过的剧目，书中竟有目而无提要，这些都是明显的缺点。

十二、《中国古代音乐书目》（初稿），中央音乐学院中国音乐研究所编，1961年音乐出版社出版。

本书收录的音乐书籍，其成书或出版年代自先秦起至1840年止。除音乐专著外，其他古籍中有保存部分重要音乐文献的，也按其有关音乐的内容，分类收入。例如"一般类书"中，即收入《初学记》卷十五至十六的《乐部》和《册府元龟》卷五六五至卷五七〇的"乐制"，卷八五六至卷八五七的音乐家传记等部分。

全书分为三个部分：1.存见部分（现在可以见到的）；2.待访部分（现在虽未见到，但可望发现的）；3.散佚部分（已失传的）。共收录书目一千四百种。

存见部分，每种书籍著录其书名、作者、成书或出版年代、版本及收藏处所、索书号等五项内容。书目按类排列，共分为九大类：1.理论、历史；2.歌曲音乐；3.舞乐；4.说唱音乐；5.戏曲音乐；6.器乐；7.宗教音乐、典礼音乐；8.综合类；9.附录。每一大类中再细分子目，如"歌曲音乐"中又分：《诗经》音乐，乐府音乐，诗音乐，词音乐，其他，共五目。"戏曲音乐"中又分：理论，曲牌谱，曲谱，戏曲目录、提要，共四目。同一类目书籍，按编撰年代先后排列。一书内容涉及一类以上的，在各类中互见。所以一千四百种书名中，重复的也有不少。

待访及散佚部分，各分为：乐论、律吕、古琴、乐府和其他等五类。因未见原书，只能依据书名推测其内容，故只著录书名、作者及出处三项。

书后附有"参考书目目录"及"书名索引"。

古代的音乐书目和建国前编的音乐书目，像这样系统、完备的还比较少。但如果能进一步，选择存见部分中价值较大的古籍，作出简括的内容提要，就会比现在的这本书作用更大。

十三、《中国俗曲总目稿》，刘复（半农）、李家瑞编，1932年前中央研究院历史语言研究所排印本。该所收藏各地传统曲艺脚本，为数不少。刘复等据以编成《中国俗曲总目稿》，共收俗曲曲目六千余种，包括流行于南北十省的传统曲种，其中以北京为最多，江苏、广东两省次之。每种俗曲，各录其开头两行，以代替内容提要。书中著录曲目以标题（曲名）之字数多寡为序。同字数者，以曲名首三字笔画多少为序。书后附有"补遗"。

抗日战争期间，国民党政府把这批宝贵的民间文学遗产自南京运往云南，因保护不周，中途轮船失事，全部沉毁江中。这份《中国俗曲总目稿》从此就成为有目无书的"存目"了。但作为研究资料，这份目录仍有其一定的参考价值。

十四、《北京传统曲艺总录》十六卷，傅惜华编，1962年中华书局出版。这书所收各种传统曲艺作品，以流行于北京地区者为限，但不包括"子弟书"。共收录元、明、清三朝至建国前为止的曲目，约数千种，分为六大类。1. 八角鼓类：包括岔曲、牌子曲（单弦）、快书（连珠调）；2. 时调小曲类：包括马头调、西调、杂调（其他各种牌调）；3. 石韵书（石派书）；4. 鼓词小段：北京传统曲艺中鼓词一类，作品繁多，长篇、中篇、短篇都有，本书著录以篇幅短小者为主，故题为鼓词小段；5. 莲花落；6. 缺失调名杂曲。

各类曲本除著录名目外，并标明作者姓氏，著录书目，曲艺总集、选集，或单行钞本、刻本、排印本，以及收藏者等。对于每曲的内容及题材来源，也有简略说明。但大部分失之过简，从说明中很难看出曲本的具体内容。

所收各曲名目，往往题有别名或简名。无论本名或别名、简名，一律按首字笔画多寡为顺序。凡遇两本名目相同，内容文字或所用韵部却完全不同的，则两本兼收，并各注明有别本。由于曲艺作品形式多样，有篇幅稍长、须分数本的（也称为"回"）；有篇幅较短、独立成段的；有联缀成套的，也有单支小令。在书中都按照其性质分别列出，并在曲名末尾标明"本""段""套""支""回"等字样，以示区别。

书前附有"引用曲目""采用曲艺总集选集目";书后附有全部曲名的四角号码检字索引,及笔画顺序检字表。

本书主要是供给民间文学史和曲艺研究工作者参考的资料工具书。

十五、《子弟书总目》,傅惜华编,1954年上海文艺联合出版社出版。"子弟书"旧名"清音子弟书",是北方鼓词的一个支流。伴奏乐器虽然也以三弦为主,但唱法和一般鼓词有所不同。其歌曲乐调,近半个世纪来已濒于失传。曲本则因无人演唱,又无人重视,也大半散佚。这书共收子弟书的曲目四百余种,每种都注明来源。《北京传统曲艺总录》中没有收录"子弟书"这一曲种,本书可以做为补充参考。

下面谈谈关于几种"宝卷"的书目。

"宝卷"又名"宣卷"(即宣讲宝卷之意),是从唐代"变文"、宋代"说经"系统发展下来的一种曲艺形式。最初以宣讲佛教故事为主,到了明代和清初,这种文艺形式与秘密会社及宗教活动(如红阳教、白莲教等)发生了密切联系,从而成为当时农民起义借以扩大影响的宣传工具。因此就宝卷本身所具有的文艺特点之外,还带有古代农民起义的史料参考价值和宗教思想研究价值。

清代自同治、光绪以来,民间艺人用宝卷形式宣讲历史故事、民间传说和社会新闻(如《岳飞宝卷》《珍珠塔宝卷》等)的日益增多,把以布道劝善为主的宝卷,逐渐变为文学性质的说唱脚本,而宣卷也就转化为民间曲艺的一个曲种。其流行地区以江、浙一带为主,近几十年来已逐渐衰落下来。

明清之际的宝卷,现在已经残存无几。晚清的说唱宝卷,现在还保留一些。不过历代统治者对这些民间文艺只知道摧残、歧视,把它当作历史文献和文学史资料来加以蒐辑、编目,还是"五四"以后的事。1928年,郑振铎在《小说月报》第十七卷号外中,发表了《佛曲叙录》一文,把自己所藏的敦煌变文六种和辛亥革命前后以敷演民间故事为多数的宝卷三十七种,各作一叙录,并注明其年代、版本、作者等。这是我国以正确的态度介绍宝卷的最早的书目。在这以后，著录宝卷的书目，主要有这样几种：

《宝卷总录》，傅惜华编撰，1951年巴黎大学北京汉学研究所出版。此书著录明清两代宝卷共二百四十六种，版本三百四十九种，包括著者自己所藏和北京图书馆、北京大学图书馆、日本东方文化研究所以及郑振铎、吴晓铃、杜颖陶等人所有的公私藏本。每种宝卷都详细著录其作者、来源、版本、卷册数、藏书者等项。书后附有笔画索引。

《弹词宝卷书目》，胡士莹编，1957年古典文学出版社出版。弹词是南方曲艺中的重要曲种，就是现在的评弹。此书是弹词和宝卷的传统曲本的综合书目，共收录传统弹词曲本目录二百七十余种，宝卷目录二百七十余种，版本三百二十八种。

《宝卷综录》，李世瑜编，1961年中华书局出版。这书汇辑了大批过去有关宝卷的材料，经过调查，就现存所有的宝卷作品予以著录。它是一本材料比较完备的宝卷总目，书中共收录明清及辛亥革命以来的宝卷六百五十三种，版本一千四百八十七种。每种宝卷都用表格形式，详细记载其名称、卷数、年代、版本、收藏者和著录出处，颇便于专业研究者的参考检索。

七　其他书目

1 《敦煌遗书总目索引》

敦煌遗书的发现，是我国近代文化史上的一件大事，为史学、文学、艺术、语言、文字、科学、宗教等学术部门提供了丰富的新资料。但由于清政府的腐败无能，对文化遗产不予重视，在这批遗物发现后不久，其中最精华的部分，就被西人斯坦因、伯希和等劫往欧洲。劫余部分又为国内官僚地主分子所窃取，使这些珍贵的历史文化遗产变成了外国和私人的占有物。

建国以后，这一大批文化遗产才得到了适当的保存和利用。原藏在北京图书馆的敦煌遗书八千卷，以及以前流失在外或零星散佚的卷子，迅速集中起来。现在北京图书馆藏的敦煌遗书已接近一万卷,中国科学院图书馆曾经通过交换方式,把入藏在英国伦敦博物院图书馆的七千卷敦煌遗书统摄了一套微型胶片,这对科学研究工作提供了可贵的实物资料。由商务印书馆编印,于1962年5月出版的《敦煌遗书总目索引》,就是在这些资料的基础上,为了适应科学研究的需要而编制的。

据统计,全世界收存的中国敦煌遗书,总数约在两万二千五百卷左右,这部《总目索引》,已全部收录在内。著录的遗书曾经尽可能地检核了原卷的书名和卷数,材料比较准确可信。部分遗书还附有题记或简单的内容提要,甚至著录了部分原文,给各部门研究工作者提供了更多的方便。

《敦煌遗书总目索引》的内容共分三部分:一、总目;二、索引;三、附录。

总目共分为四卷。第一卷:《北京图书馆藏敦煌遗书简目》。北京图书馆旧藏敦煌遗书八千卷,陈垣曾编印《敦煌劫余录》,著录极详。此书依照北京图书馆原藏号码,另编《简目》,而把《敦煌劫余录》原书的页码注在后面,以备参考。第二卷:《斯坦因劫经录》。这一部分共七千卷,现藏英国伦敦博物院图书馆。由刘铭恕根据中国科学院图书馆交换得来的全部显微胶片的原卷内容,编成此卷。第三卷:《伯希和劫经录》。这一部分共两千五百卷,现藏法国巴黎国立图书馆。虽曾有目录发表,既不完备,且有错误。1934至1938年间,王重民在该馆曾统阅一遍,编成了这份目录。第四卷:《敦煌遗书散录》。除以上三大部分外,分散在国内和日本的还有三千卷左右,这里根据旧有的分散的书目汇编为第四卷。

另依全部遗书书名首字的笔画排列(同书名者集中在一起),编成"总目索引"。这就是本书的第二部分。

第三部分是三种附录:一、Giles,博物馆藏敦煌卷子分类总目;二、博物馆藏敦煌卷子笔画检查目录;三、斯坦因编号和博物馆新编号对照表。

2 《清代禁毁书目》《清代禁书知见录》

《清代禁毁书目》（附补遗），清姚觐元编；《清代禁书知见录》，孙殿起辑。1957年商务印书馆合订出版。

清王朝统治者在编纂《四库全书》的同时，把大批不利于自己封建统治的古籍肆行销毁。根据不完全的文献资料统计，当时销毁的古籍将近三千余种，六七万部以上，几乎相当于《四库全书》的全部存书。由于搜缴禁书的工作是在全国大规模进行的，持续了近二十年之久，而且在这以后仍不断有零星的销毁，所以有清一代到底销毁了多少古籍，始终没有完整的统计资料。一直到光绪初年，姚觐元才获得《禁毁书目四种》，即《全毁书目》《抽毁书目》《禁书总目》和《违碍书目》，收入《咫进斋丛书》，为清王朝摧残民族文化的罪行提出了具体见证。光绪末年，邓实又据江宁布政使衙门刊印的材料，增补姚本所无书目，编成《补遗》。但这几种书目只简略地刊列书名、人名，至于各书的卷数、版本、年代，都没有记载。

封建王朝的文化统治的网罗虽然严密，但在民间私自收藏和流传的"禁书"仍旧不少。孙殿起把他自己多年来所见、所知的"禁书"，都详细地注明其卷数、著者及其籍贯、版本的刊刻年代等项，编成《清代禁书知见录》，以便于读者对原书的查考，可以补充《禁毁书目》的不足。

3 两种检索历代人物年谱的目录

古代比较有名的人物，大都有后人为之编著的年谱。这些年谱是考察历史人物的生平活动和著述情况的重要资料。但历代的年谱积累下来，总数有数千种之多，而且分散在各处，寻检很不容易。下面的两种目录，就是专为检索历代人物年谱而编撰的工具书。

一、《中国历代名人年谱目录》，李士涛编，1941年4月商务印书馆出版。本书所收年谱目录，自先秦至近代为止，共收录年谱一千一百零八种，除去重复，谱主共为九百六十四人。编次以谱主所在朝代为序，最晚收至生于清代而卒于1932年的人物。每种年谱下注明编著者姓名及版本，并以中西年历纪谱主之生卒年代。书前附以"年谱合刻一览"（即数人共编在一谱者，如《高邮王氏父子年谱》二卷），书后附有谱主、编著者姓名索引。

二、《中国历代人物年谱集目》，1962 年 12 月杭州大学图书馆资料组编印。本目录所列各谱的时代范围，自先秦以迄现代。凡单刻本、附刻本以及丛书、杂志中所载的年谱，一并收录。如系采自他人专著，则注明出处。

对于若干反面人物的年谱，择要加以按语，作为批判研究的资料。

每种谱目下，标明编著者、版本、出处、谱主姓名及生卒年，并加注公元。各谱均按谱主生年先后排列，生年相同的，再以卒年早迟为序；如生年不详，则据其卒年排列。如卒于清康熙二十年，则排在这一年所生的谱主之后。

这书对于"合刻年谱"都分析著录，不再录其总谱，这一点不及前一种目录便利。但所收材料将近两千种，远比前书为多。

此书末附谱主及编著者姓名索引。

4 《同书异名通检》

最后介绍一种为书目服务的工具书：《同书异名通检》，杜信孚编，1962 年江苏人民出版社出版。

由于我国古籍太多，一部书往往有好几种名称。如果只知道其中一种名称，而又与书目所载不符，寻检原书就比较困难。这书就是专为解决这一问题而编写的。其体例是：

一、收录同一内容而有异名的书籍，所收各书出版年限，截至 1949 年建国时为止。

二、凡一书而有几个异名者，在书中即分列几条。读者只要知道其中一种名称，即可查得其他书名。

三、全书共收录书名三千九百多条，每条下列四个项目：1. 书名，包括卷数；2. 著者，包括时代和籍贯；3. 版本；4. 异名。如：

《清嘉录》　清吴县顾禄撰　清道光十年吴县顾氏刊本　又名：

《吴门风土记》。

四、按书名第一字的笔画多寡的顺序排列。

贰　索引

　　索引的种类很多，主要的有：书语索引，书名、类目索引，篇名索引，人名索引，以及专题资料索引（如《太平天国资料索引》），综合资料索引（如期刊、报纸资料索引）和各种书籍后面所附的索引等。

　　谈到索引，应该着重提一下原美国哈佛燕京学社引得编纂处（附设在前燕京大学内）和中法汉学研究所（即法国巴黎大学北平汉学研究所）。前一机构编纂了一大批"引得"，后一机构编纂了一批"通检"。这些引得和通检，尽管过去有其编纂的特殊目的，但毕竟对文化学术事业提供了方便；尽管在编纂体例上存在着问题，但对于今天的科研工作还是有所裨益的，应该充分加以利用。在这本小书里，除将其中用途较大的单独予以介绍外，还把这两个机构所编制的全部的引得和通检，列成表格，附在这一讲的后面，以便读者参考和利用。下面将各种索引分类举例介绍。

一　书语索引

　　书语索引也可以称为专书索引。作法是：把某一种书的原文，逐节、逐句甚至逐字地按照笔画或类目编成索引，以备读者检索原书之用。除了本节所介绍的《十三经索引》外，前面谈到的那两个机构所编的引得和通检，大部分属于这一类。在这一节中我们只举《尚书通检》为例。

1 《十三经索引》

《十三经索引》，叶绍钧（圣陶）编，1934年开明书店出版，后曾经重印。此书将十三经的原文，全部按句分解，依每句经文第一字的笔画为序，编成索引，以备检索。查法如下：

一、所谓按句分解，并不是以一个句号做为一条，而是以"讽诵时之一停顿为一条"。如"子曰学而时习之不亦说乎"，即析为"子曰""学而时习之""不亦说乎"三条。第一条"子曰"，收入三画"子"部；第二条"学而时习之"，收入十六画"學"部；第三条"不亦说乎"，收入四画"不"部。卷首有笔画检字表。

二、每条下注明书名及篇目。书名、篇目都用简称，书前有"篇目简称表"，可以查对。如《论语·学而篇》，简称为"论学"；《孟子·滕文公上》，简称为"孟滕上"；《诗经·周南·卷耳》，简称为"诗南卷"等。前面所举的"不亦说乎"条下，即注明"论学1"。"1"是第一节。要想知道"不亦说乎"这句话见于何书、何篇、何节，查四画"不"字，查到"不亦说乎"条后，即可知道是出于《论语·学而篇》的第一节。

2 《尚书通检》

《尚书通检》，顾颉刚主编，1936年12月原哈佛燕京学社出版。《尚书》是研究我国上古史的重要资料，由于年代久远，字句僻奥难懂，有时需要逐字进行训释。这本《通检》，就是把《尚书》里所有的单字，都分条做成索引。每字依笔画多寡，按篇次和文字的顺序排列。每条都用号码标明在某篇、某字。如《尧典》开首的"尧"字，在前面标明"○ 1_{00001}"的号码，便是表示这"尧"字是在第一篇的第一字。并在每字之下都注明包含这个字在内的完全句子，使读者检得一字，即可知道这一字在本里的意义和位置。

所有字句都依据江南书局翻刻的相台本伪《尚书孔安国传》，其句读也依据《伪孔传》的读法。《伪孔传》没有明白解释时，则参照唐人陆德明的《经典释文》和孔颖达的《尚书正义》。

书前附有《尚书》原文。书后附有"笔画检字""分韵检字""四角号码检字""皮撷法检字""罗马字拼音检字"等表。

应该指出，日本汉学研究机构在编纂索引方面的成就是相当大的。从 30 年代开始就进行了大量工作。近年来更是益臻完备。如《国语索引》《综合春秋左氏传索引》《金史索引》《册府元龟（奉使部、外臣部）索引》等，《后汉书语汇集成》《金史语汇集成》，以及《文撰索引》等，都已传到中国，入藏于各大图书馆。此外如日本京都大学人文科学研究所编印的《元典章索引稿》，日本横滨市立大学波多野太郎所编的《中国小说戏曲词汇研究词典综合索引》，日本北方土语研究会所编的《北方土语辞典》《中国语文》《北方口语简释》《中国西北方言资料》等索引，日本广岛大学中国文学研究室高桥清所编的《世说新语索引》，日本京都大学东洋史研究会刊行的佐伯富所编《中国随笔杂著索引》等，也都很有用处。《世说新语索引》罗列全书的字词语句，与原哈佛燕京学社引得编纂处所编《世说新语引得》只能查人物事迹的不同。《中国随笔杂著索引》按单字列词语事类，包括了宋明清四十六种随笔杂著的内容。这些书，说明了日本编纂中文索引的范围，正在日益扩大。又近年出版的长泽规矩也所编《明清俗语辞书集成》共五辑，收书自明陈士元的《俚言解》到清郝懿行的《证俗文》等二十余种，影印甚精。汇编同类资料，以便于读者查检研究，亦为十分有益之事，其功德不在编纂索引以下。

二　书名、类目索引

将一部书的类目，或群书（如总集、丛书、类书、结集）的书名、类目，或按笔画，或根据内容性质，编成索引以备查阅的，都称为书名类目索引。除了下面介绍的几种索引之外，举凡附录在本讲之末的《四库全书总目及未收书目引得》《太平御览引得》《道藏子目引得》《佛藏子目引得》以及《毛诗》《礼记》《春秋经传》《尔雅》等注疏的《引书引得》，都属于这一类。

1 《艺文志二十种综合引得》

《艺文志二十种综合引得》，原哈佛燕京学社引得编纂处 1933 年编纂出版，1960 年中华书局重印。这是从二十种《艺文志》《经籍志》中寻检书名和作者的工具书。

这部引得所采用的二十种书，除去《八史经籍志》中所包括的十种史志外，还包括后人补撰的四种：一、姚振宗的《后汉艺文志》；二、姚振宗的《三国艺文志》；三、文廷式的《补晋书艺文志》；四、顾櫰三的《补五代史艺文志》。另外再加上近人朱师辙的《清史稿·艺文志》，刘世珩的《征访明季遗书目》，以及四种禁毁书目，共计二十种。各种书目的名称，都用简称代表。如《明史·艺文志》简称"明"；《清史稿·艺文志》简称"清"等。

体例是首列人名或书名，下注书名或人名，次列艺文志简称，及其卷数、页数。如：

> 朱熹《楚辞集注》"宋" 7/1b（a、b 字母代表上半页和下半页。）

这就是说，朱熹的《楚辞集注》这一书目见于《宋史·艺文志》卷七，第一页的下半页上。

这书有一特点，即书名与人名互为目注，二者并录，以书名为主的，书名为目，人名为注，如：

> 《周易发挥》·王勃

以人名为主的，人名为目，书名为注，如：

> 王勃《周易发挥》

这样，或知人名（作者），或知书名，都可查得出处。此书按"庋擷法"排列，卷首有"笔画检字"。

2 《水经注等八种古籍引用书目》

《水经注等八种古籍引用书目汇编》，马念祖编，1959年中华书局出版。

这是一本综合性的目录工具书，前此尚无人尝试编过。其性质与《艺文志二十种综合引得》相近而略有不同。全目将八种古籍中所曾引用的书名全部摘出，按书名首字笔画多寡为序，依次排列，后面注明出于此八种古籍中的某书。这八种古籍是：一、《水经》郦道元注，简称"水"；二、《三国志》裴松之注，简称"三"；三、《世说新语》刘孝标注，简称"世"；四、《文选》李善注，简称"文"；五、《艺文类聚》，简称"艺"；六、《一切经音义》，简称"一"；七、《太平御览》，简称"御"；八、《太平广记》，简称"广"。这八种古籍所引的书目全部共计七千八百四十种，其中"水"三七五种，"三"二零三种，"世"三九五种，"文"一五五一种，"艺"一四三一种，"一"七八〇种，"御"二五七九种，"广"五二六种。删去重复，共为六千零一种。

所谓引用书名，实际包括篇名在内。凡有作者可以稽考的，都在书名后面用括号标明作者，如《尚书大传》即注以"伏生"。书前有"检字总目"。

3 两种类书的类目索引

一、《太平御览索引》，钱亚新编，1934年商务印书馆出版。全书分为两部分：1. 有关《太平御览》的书名、编者、年代、取材、部类、篇幅、版本等的研究。其中对于各部类的名词解释虽不精确，也还比较有用。2.《太平御览》总目、类目及子目名称的卷数索引。

二、《册府元龟引得》，陈鸿飞编，1933年文华图书馆学专科学校季刊。此书系按笔画多寡排列的子目引得，分为：画数、起笔、门目、部别、卷次五栏，例如：

四画、（起笔）"方正"（子目）"总录部"（部别）卷八七七甲。

另外还有一部吕绍虞、于震寰合编的《册府元龟索引》，系按杜定友编制的"汉字形位排检法"排列，检查不便，兹从略。

三　篇名索引

将一书或群书中的篇目，按笔画或内容性质编成索引，就是篇名索引。由于文化科学事业日益发达，文史研究部门学术论文发表数量日益增多，把论文篇目分类集中编成索引，以备查阅，也属这一类。所以这一节除介绍若干种专书外，比较有代表性的分类的论文篇目索引，也择尤选入予以介绍。可惜自1966年以来的有关论文篇目索引，囿于见闻，未能列入，只能有待于将来修订时增加了。在本讲附录中如《太平广记篇目及引书引得》等也属于这一类，为了节省篇幅，不再分别介绍。

1　《群书检目》

《群书检目》，杨树达编，1934年北平好望书店发行。此书将唐代以前的七十六种古籍，包括《十三经》《史记》《汉书》《老子》《庄子》《楚辞》《文选》等原书的详细目录，重新编次，以便读者翻检。其编次分为两部分：一、部首；二、注音。部首列于上层，注音列于下层。每层著录该书之篇名，并注明在该书之某卷。各书按经、史、子、集分类编次，逐一排列。

例如要查《匈奴列传》在《史记》中的第几卷，可以查"史"部，找到《史记》，再查"匈"字部首，即可查得《匈奴列传》的条目。在条目下注明见于《史记》的卷一百一十或列传的第五十卷。

2　《全上古三代秦汉三国六朝文篇名目录及作者索引》

在第一讲中曾提及，《全上古三代秦汉三国六朝文》已由中华书局重新影印。但原书于各朝文的卷首仅有作者姓名目录，不便查检。这本索引就是为了查这部总集而编订的，索引中的页数悉依中华重印本。这本索引由中华书局编订，于1965年12月出版。

篇名目录以作者为纲，作者名下分系篇目，作者及篇目的次序均依原书。篇目下的数字为影印本的总页数。

原书卷首目录与文前署名间有出入。一人异称，取其习见者，如"班昭"和"曹世叔妻班昭"，即采取前者；两名一正一误，取其正确者，如"审忠"误为"番忠"，即取"审忠"；作者误题者，编撰人就所知酌加改正，如"赵熹"改作"赵熹"。如作者疑不能明，则以"？"为识，如"杨辇（？）"。如果作者是僧人，一律于名号前冠"释"字。原书卷首目录有漏列者，据正文补足；有误列者，则据正文删除。有的篇题误入正文，篇目中就所知酌为复原。可见这本索引的编撰者还是做了一些整理工作的。

作者索引以姓氏的四角号码为序，同姓氏的作者以名字的第一字上两角号码顺序排列。原书各朝卷首作者目录与文前署名有所出入，不论一人异称或一正一误，均以正文为据，而以卷首目录作"互见"，如"定陶傅太后"和"傅昭仪"，则在"傅昭仪"后加括号注明"（见定陶傅太后）"；又如祖冲之误作祖仲之，则于"祖仲之"后加括号注明"（见祖冲之）"。如原书作者一人的姓名有几种异称，索引中都一一列出以为互见。如王叔之有王叔元、王淑之、王叙之、王升之等异名，则在后面四个异名后都各加括号注明"（见王叔之）"。同一朝代的作者姓名相同而时间不同，则于括号中加注年号或字号为别，如"王琨晋（升平）""王琨晋（元康）"；"王沈（处道）晋""王沈（彦伯）晋"。凡帝王一律加冠朝代，如"汉武帝""晋武帝""宋武帝"，以便识别；凡宗室诸王，仅署封号名字，索引以其原署为据，以姓名作互见，如"中山王胜"为原署，另加"刘胜"一条，后加括号注明"（见中山王胜）"。他如僧人虽一律加冠"释"字，但仍将原名作为一条，如"释法明"之外，另出"法明"，后加括号注明"（见释法明）"。这样就给读者带来了方便。在人名索引前，附"索引字头笔画检字"，对不熟悉四角号码的人给予方便。

3 《清代文集篇目分类索引》

《清代文集篇目分类索引》，王重民主编，1935年北京图书馆出版。

此书共收录清代学者文集四百四十种（内别集四百二十八种，总集十二种），把这些文集里的文章篇目逐一编成索引，以供读者查检。全书共分为六个部分：

一、所收文集目录，按时代先后排列，并注明作者和重要版本。

二、所收文集提要，包括作者简历和版本流传情况。

三、文集著者姓氏索引，按著者姓氏笔画多少排列。

四、学术文篇目索引。前有索引分类目录，按文章性质分为经、史、子、集四类，编次完全按照《四库全书总目提要》。

五、传记文篇目索引。前有"传记文目录"和"姓氏检字"。这部分索引的查法，不是以篇名为主，而是以文章里面所记述的人物为主，把他们的姓名排列在最前面。如果想寻找某一人物的传记，先查"姓氏检字"，然后按笔画多寡的先后次序查到这一人物的姓名，即可找到有关此人传记的文章篇目。在篇目后面注明文章的作者及其文集的名称，便可以按书查找。例如要查王念孙的传记材料，先在"碑传甲"项内四画"王"部找到王念孙的名字，即可发现一篇阮元撰写的《王石臞先生墓志铭》，收在《揅经室续二集》里。这一部分可以与《清代碑传文通检》和《历代人物年里碑传综表》清人部分参看。

六、杂文之部。共分书启、碑记、赋、杂文四部分。书启部分按作者时代先后排列，其他部分仍以篇目为主，根据文章性质排列。

4 《国学论文索引》及续、三、四编

《国学论文索引》，一至四编，北平图书馆索引组编，1929 至 1936 年北平中华图书馆协会发行。

一、正编：收录八十二种杂志报章中关于国学论文约三千余篇，将题目编成分类索引。时代自清末断至 1928 年 7 月，前后约二三十年的时间。全书分为：总论、群经、语言文字学、考古学、史学、地学、诸子学、文学、科学、政治法律学、经济学、社会学、教育学、宗教学、音乐、艺术、图书目录学等十七类。下面再分若干小类。篇首附有"本书所收杂志卷数、号数一览"，按刊物名称首字笔画多寡排列。

二、续编：所收论文除少数为民国初年发表者外，其余都是在1928至1930年间的刊物上发表的。所采辑的杂志报章共八十余种，论文约三千篇，编辑体例与正编同。

三、三编：所收国内杂志报章共一百九十二种，约自1928年至1933年5月止，凡有关中国问题的论文统被收入。所收录文章范围虽广，但不免驳杂。

本编的特点是：对较有价值的论文，多附注内容提要；对历代文学家，则略记其籍贯、别号及生卒年代。

四、四编：所收杂志报章二百一十余种，论文篇目四千余条，时代自1933年1月至1935年12月，体例仍依前编，但类目略有更改。

5 《文学论文索引》及续、三编

《文学论文索引》，张陈卿、陈璧如、李维墀合编，1932年1月中华图书馆协会出版。

正编共搜采中国杂志报章共一百六十二种，时间自光绪三十年（1905）至1929年12月。所收论文篇目分上、中、下三编，上编为总论（即文学通论）；中编为分论，依作品体裁分为诗歌、戏曲、小说、辞赋等项；下编为文学家评传。

《续编》为刘修业编，1933年11月出版。除收录1928年至1933年5月之间所出版的杂志报章一百九十三种所刊载的有关文学方面的论文篇目外，还将十种文艺论著中的篇目也摘出编为索引。分类与前编大致相同。

《三编》也为刘修业编，1936年1月出版，共收录1933年6月至1935年12月之间杂志报章二百二十余种中的论文篇目四千余条，分类与前编同。

6 《中国史学论文索引》

《中国史学论文索引》，中国科学院历史研究所与北京大学历史系合编，1957年6月科学出版社出版。

本书是从约自1900年至1937年7月将近四十年内的一千三百多种定期刊物里面，蒐辑了三万多篇史学论文，编成的综合索引。全书分上下两编，共分十七大类。上编专载有关历史科学的论文，分为：历史、人物传记、考古学、目录学四大类，下面再分细目。下编专载有关各种科学历史的论文，分为十三大类：一、学术思想史；二、社会学史、政治学史；三、经济学史；四、文化教育事业史；五、宗教史；六、语言文字学史；七、文学史；八、艺术史；九、历史地理和地理学史；十、自然科学史；十一、农业史；十二、医学史；十三、工程、技术史。下面再分细目。

各类中每篇论文均著录篇名、著者、译者、期刊名称、卷数、期数以及出版年月。有必要时还附以说明。

为了便于检查，除分类编排外，又按笔画多寡编成"标题""人名""地名"三个辅助索引，附于书后。书前载有"本索引所收杂志一览表"。

这是一部供各科历史科学研究者使用的比较重要的工具书。

7 《中国古代及中世纪史论文索引》

《中国古代及中世纪史论文索引》（1945—1955），牛继斌编，北京师范大学1957年出版。

这本索引包括自1949至1955年出版的期刊、报纸上刊载的自远古起到鸦片战争以前关于中国史学方面的论文，所收采的期刊计五十三种，报纸三种，其名称见"本索引所收期刊、报纸一览表"。索引分通论和分论两个部分，各有子目。通论按论文内容分类排列，分论则先按论文所涉及的历史时代顺序排列，然后在每一个时代里再按内容分类排列。通论部分只收一般性论文，属于各个时代的论文，则载入分论中。

这本索引著录的顺序是：1. 题目；2. 作者；3. 期刊或报纸名称；4. 卷期；5. 出版年月日。

8 《解放后中国古代重大历史问题研究论文索引（八种）》

《解放后中国古代重大历史问题研究论文索引（八种）》，中国科学院历史研究所史料编纂组编，1961年出版。

建国后，历史学界在百花齐放、百家争鸣政策的号召下，对历史上重大问题的研究有了极大进展。为了使研究工作更加深入，并进而求得问题的解决，中国科学院历史研究所将研究中国古代史中八个重大问题的论文，编成索引，以供史学界参考。这八个问题是：一、中国古代社会性质和分期问题；二、中国封建社会土地所有制研究；三、中国封建社会农民革命战争研究；四、中国封建社会内部分期问题；五、汉民族形成问题；六、中国资本主义萌芽问题；七、曹操评价问题；八、关于打破王朝体系问题。书中蒐辑的材料从1949年10月到1960年底为止，每个问题内收录的论文，以发表的时间先后为序。著录项目分为五栏：题目、作者、报刊名称、卷期、出版年月日。

9 《中国古典文学评论资料索引》

《中国古典文学评论资料索引》，福建人民教育出版社出版。

这本索引辑录建国后十年来（1949至1959年）国内主要报刊有关中国古典文学的教学和研究方面的问题、文学史问题，以及文学形式、作家作品评价论述的资料，加以分类整理，胪列其篇目和作者，并注明刊载在何时何地何种刊物上。只收报刊上发表的单篇文章，不收单行本论文集里的篇目。

这本索引的缺点是没有把所依据的报刊名称开列出一览表来，因此读者无从得知它所收的文章篇目究竟有多大的范围。

10 《中国古典文学研究论文索引》

《中国古典文学研究论文索引》（1949—1962），河北北京师范学院中文系资料室编，1964年12月中华书局出版。

这本索引收录中央和全国各省市级报纸杂志及各高等学校学报、集刊上发表的有关中国古典文学研究论文的篇目，自1949年建国以后开始，至1962年年底为止。

全书共分三辑：一、关于中国文学史的编写和研究；二、文学史分类研究；三、作家作品研究。第二、三两辑或按文章体裁，或按历史时期先后，按类编排，下列若干子目。每一门类的篇目，又按其文章发表的先后排列。

这书编撰体例较好，先列篇名和作者，后列报刊名称以及出版年月日和卷期。如果论文发表后又收入专书出版的，则注明书名、编著者姓名和出版社名称。但只收入专书而未在报刊上单篇发表的，则不列入篇目索引中。

书末附有"引用期刊报纸目录"，按期刊报纸名称首字笔画多寡顺序排列，同一笔画中，按其性质酌予分类，并注明其出版处、主办者、刊期以及创刊、改名、停刊日期。

11 《石刻题跋索引》

《石刻题跋索引》，杨殿珣编，1941年初版，1957年11月商务印书馆出版增订本。

此书专收论石刻的书籍中的文章篇目，共采辑书籍一百三十七种，内新增三种。其著录范围是：一、所收书籍以论石刻者为主，其专论金文者不录；二、以有关考证者为主，专评书法者不录；三、所收书籍以孤行单本为限，见于文集者不录。著录的石刻至元代为止。

索引内容分为七类：一、墓碑，包括墓碣、墓幢、塔铭、纪德碑等；二、墓志；三、刻经，包括石经经幢；四、造像，附画像；五、题名、题字；六、诗词；七、杂刻，附砖瓦、法帖。每类中的篇目按时代先后排列。其时代不详者则分附于某朝或某一时期之后。

索引前列"石刻名目"，后列"著录书籍及作者"，并注明卷数和页数。

12 《词名索引》

《词名索引》，吴藕汀编，1958年中华书局出版。这是一本检索词牌名称的专著。自从唐宋以来，词调与代俱增，其中同调异名、同名异调的词牌也愈来愈多，不但难记，而且易混。此书编者从万树《词律》、康熙时《钦定词谱》和唐宋以来的诸家词集中搜集了一千八百二十四种词牌名称，编成索引，以备查考。在每种词牌下面，都注明其正名和异名，并标明出处，略述其创调原委。词牌都按其首字的笔画多寡排列，书前有笔画检字目录。

这是一本专供文学工作者使用的工具书。

四 人名索引

这里所说的人名索引，主要是指把一种书或几种书中的人名辑出，编成索引，注明原书的卷数或页数，以备检索。至于专查人名的工具书如《中国人名大辞典》《室名别号索引》等，前面已经谈及，这里不再重复。

下面举出三种对读者较有用处的人名索引工具书。

1 《全上古三代秦汉三国六朝文作者韵编》

《全上古三代秦汉三国六朝文作者韵编》五卷，闵孙奭编，1931年自刊本。

清人严可均编辑的《全上古三代秦汉三国六朝文》，原有《韵编姓氏》五卷，但早已亡佚。清末蒋氅编有一份全目，只是根据原书罗列篇目，用处不大。这本《作者韵编》实际上等于是一部《全上古三代秦汉三国六朝文》的作者索引，在1965年中华书局所编该书的篇目及作者索引（已详前）出版以前，它的使用价值还是比较大的。

《韵编》将原书中的三千三百四十二个作者人名，按作者姓氏首字所属的韵部（依诗韵一百零六韵）排列。全书分为：第一卷，上平声；第二卷，下平声；第三卷，上声；第四卷，去声；第五卷，入声。例如"七阳"韵在卷二，下列杨、张、王、方、梁、唐、姜诸姓。其中"狼牙修国王"的"狼"字不是姓氏，但也依首字韵部排列。在确定姓氏入某一韵部时，态度比较慎重，力求正确。如"繁"字用于姓氏应读如"婆"，即列入"五歌"韵，而不入"十三元"韵；复姓"令狐"的"令"字应读阳平，不读去声，即列入下平声"九青"韵。每个作者姓名条下，均注明所属朝代及其作品所在原书卷数。另外，对于蒋氏书目中的错误如作者姓名、卷数与原书不符等，也做了校正，并加注按语。

2 《全唐诗文作家引得合编》

《全唐诗文作家引得合编》，林斯德编，1932年青岛大学图书馆出版。

这部引得所依据的版本是：同文书局石印本的《全唐诗》和广东刻本的《全唐文》，因为这两种版本比较习见易得。引得采取表格形式，第一栏为作家；第二栏为"全唐诗"，下面又分"函""册""卷""页"四项；第三栏为"全唐文"，下面同样分"函""册""卷""页"四项。找到作家姓名，即可按照栏内所标卷、页寻出其作品。作家姓名按首字笔画多寡为序，单名排列在前，双名在后。凡一人而二书题名互异者，以《全唐诗》所举姓名为正，标为主条。其诗、文的册、卷，页数，均见于主条栏内。如果不是真实姓名，加〔 〕符号；假托的作家，用 * 符号注明，如神祇仙鬼之类。

《全唐诗》和《全唐文》的作家很多，旧刻本都没有作者索引。《全唐诗》有中华书局重印本，而《全唐文》迄未有新本，因此这本引得虽旧，目前仍有其使用价值。

3 《宋元学案人名索引》（附异名索引）

《宋元学案人名索引》（附异名索引），邓元鼎、王默君合编，1936年1月商务印书馆出版。

本书所收人名，以黄宗羲的《宋元学案》传目所载及附传传目所列者为限，另外参照宋、金、元、明诸史本传及《中国人名大辞典》，广搜异名，编为"异名索引"，附于书后。

索引所列的人名后面，先注明《学案》传目前所列的统系，以便查检。异名有不见于《学案》本传的，都载明其出处。人名按照四角号码检字法排列，书后另附姓氏笔画索引。

附表一：
原哈佛燕京学社引得编纂处所编"引得"书目

引得编号	目　录	出版年月	册数	按《四库》分类	版本及说明
1	《说苑》引得	1931.2.	1	子部儒家	据《四部丛刊》本
2	《白虎通》引得	1931.6.	1	子部杂考	同上
3	《考古质疑》引得	1931.7.	1	同上	据海山仙馆本
4	《历代同姓名录》引得	1931.8.	1	史部传记	据1866年刊海宁陈氏慎初堂藏本
5	《崔东壁遗书》引得	1937.3.	1	经部五经总义	据顾颉刚辑点亚东书局本
6	《仪礼》引得（附郑注及贾疏引书引得）	1932.1.	1	经部礼类	《经》《注》据《四部丛刊》本《疏》据上海锦章书局石印本
7	四库全书总目及未收书目引得	1932.2.	2	史部目录	据1926年大东书局排印本
8	全上古三代秦汉三国六朝文作者引得	1932.9.	1	集部总集	据1894年粤中刊本
9	三十三种清代传记综合引得	1932.12.	1	史部传记	1959年中华书局影印重版
10	艺文志二十种综合引得	1933.1.	4	史部目录	1960年中华书局影印重版（三册）
11	佛藏子目引得	1933.3.	3	子部释家	本引得为综合日本刊出之四种大藏经的经名、品名、梵音以及撰译者人名而成。
12	《世说新语》引得（附刘注引书引得）	1933.5.	1	子部小说家	据《四部丛刊》本

引得编号	目录	出版年月	册数	按《四库》分类	版本及说明
13	《容斋随笔五集》综合引得	1933.5.	1	子部杂家	据1894年皖南洪氏重刊本
14	《苏氏演义》引得	1933.10.	1	子部杂家	据《榕园丛书》本
15	《太平广记》篇目及引书引得	1934.1.	1	子部小说家	据1753年黄晓峰小字刻本
16	《新唐书·宰相世系表》引得	1934.3.	1	史部正史	据监本
17	《水经注》引得	1934.5.	2	史部地理	据王先谦合校本
18	《唐诗纪事》著者引得	1934.7.	1	集部诗文评	据《四部丛刊》本
19	《宋诗纪事》著者引得	1934.7.	1	同上	据1746年厉氏原刻本
20	《元诗纪事》著者引得	1934.7.	1	同上	据涵芬楼本
21	清代书画家字号引得	1934.10.	1	子部艺术	据《清代画家诗史》等八种传记编
22	《刊误》引得	1934.11.	1	子部杂家	据《榕园丛书》本。此书为唐末李涪著，内多唐史资料。
23	《太平御览》引得	1935.1.	1	子部类书	据清鲍氏刻本
24	八十九种明代传记综合引得	1935.5.	3	史部传记	1959年中华书局影印重版
25	《道藏》子目引得	1935.7.	1	子部道家	据涵芬楼本
26	《文选》注引书引得	1935.10.	1	集部总集	据商务印书馆影宋本《六臣注文选》
27	《礼记》引得	1937.1.	1	经部礼类	据1926年锦章书局本《十三经注疏》
28	《藏书纪事诗》引得	1937.9.	1	史部目录	据叶氏自刊本、抱灵鹣阁本
29	《春秋经传注疏》引书引得	1937.11.	1	经部春秋	据1926年锦章书局本《十三经注疏》
30	《礼记注疏》引书引得	1937.11.	1	经部礼类	同上
31	《毛诗注疏》引书引得	1937.11.	1	经部诗类	同上

引得编号	目录	出版年月	册数	按《四库》分类	版本及说明
32	食货志十五种综合引得	1938.3.	1	史部政书	1960年中华书局影印重版
33	《三国志》及裴注综合引得	1938.12.	1	史部正史	据同文本《二十四史》
34	四十七种宋代传记综合引得	1939.2.	1	史部传记	1959年中华书局影印重版
35	辽金元三十种传记综合引得	1940.6.	1	同上	同上
36	《汉书》及补注综合引得	1940.8.	1	史部正史	《汉书》据同文本。《补注》据1900年虚受堂校刊本
37	《周礼》引得（附注疏引书引得）	1940.12.	1	经部礼类	据《四部丛刊》本
38	《尔雅注疏》引书引得	1941.1.	1	经部小学	据锦章书局本《十三经注疏》
39	《全汉三国晋南北朝诗》作者引得	1941.3.	1	集部总集	据1916年丁福保校印本
40	《史记》及注释综合引得	1947.12.	1	史部正史	据同文本
41	《后汉书》及注释综合引得	1949.5.	1	史部正史	同上

附："引得"特刊

1	《读史年表》附引得	1931.2.	1	史部正史	始汉迄清、附表二十四张
2	《读史然疑》校订附引得	1932.4.	1	史部史评	据《杭氏七种》本
3	《明代敕撰书考》附引得	1932.6.	1	史部目录	《书考》为李晋华编著
4	引得说	1932.12.	1	同上	专论引得之编纂、附引得引书的引得

引得编号	目录	出版年月	册数	按《四库》分类	版本及说明
5	《勺园图录》附引得	1933.2.	1	史部地理	据米万钟所绘《勺园修禊图》
6	日本期刊三十八种东方学论文篇目引得	1933.9.	1	史部别史	
7	《封氏闻见记》引得	1933.11.	1	子部杂家	据缪氏云轮阁本
8	清画传辑佚三种附引得	1934.1.	1	子部艺术	据乾隆钞本《读书辑略》等三种
9	《毛诗》引得（附标校经文）	1934.10.	1	经部诗类	据锦章书局本《十三经注疏》
10	《周易》引得（附标校经文）	1935.10.	1	经部易类	同上
11	《春秋》经传引得（附标校经文）	1937.12.	4	经部春秋	同上
12	《琬琰集》删存并引得	1938.10.	3	史部传记	原本为宋刊《名臣碑传琬琰集》三编一百零七卷，宋杜大珪撰。
13	日本期刊一百七十五种东方学论文篇目引得	1940.2.	1	史部别史	
14	杜诗引得	1940.9.	3	集部别集	据明刻《九家集注杜诗》；《补遗》用他本。
15	《六艺之一录》目录附引得	1940.9.	1	子部艺术	据商务印书馆影印《四库全书珍本初集》
16	《论语》引得（附标校经文）	1940.11.	1	经部四书	据锦章书局本《十三经注疏》
17	《孟子》引得（附标校经文）	1941.1.	1	同上	同上
18	《尔雅》引得（附标校经文）	1941.6.	1	经部小学	同上
19	《增校清朝进士题名碑录》附引得	1941.6.	1	史部传记	自顺治三年丙戌至同治十年辛未科止

引得编号	目录	出版年月	册数	按《四库》分类	版本及说明
20	《庄子》引得	1947.5.	1	子部道家	据1895年刊郭庆藩《庄子集释》本
21	《墨子》引得	1948.5.	1	子部杂家	据1910年刊孙诒让《墨子閒诂》本
22	《荀子》引得	1950.3.	1	子部儒家	据1891年刊王先谦《荀子集解》本
23	《孝经》引得	1950.12.	1	经部孝经	据渭南严氏重刻唐玄宗注宋岳氏本

附表二：《巴黎大学北平汉学研究所通检丛刊》书目

编号	目录	出版年月	册数	按《四库》分类	版本说明
1	《论衡》通检	1943.1.	1	子部儒家	据《四部丛刊》本
2	《吕氏春秋》通检	1943.5.	1	子部杂家	同上
3	《风俗通义》通检	1943.	1	同上	同上
4	《春秋繁露》通检	1944.1.	1	经部春秋	据抱经堂校定本
5	《淮南子》通检	1944.12.	1	子部杂家	据《四部丛刊》本
6	《潜夫论》通检	1945.12.	1	子部儒家	据《四部备要》本
7	《新序》通检	1946.11.	1	同上	据《四部丛刊》本
8	《申鉴》通检	1947.1.	1	同上	据《四部备要》本
9	《山海经》通检	1948.4.	1	子部小说家	据1881年进呈本及郝氏《山海经笺疏》
10	《战国策》通检	1948.9.	1	史部杂史	据士礼居仿宋本
11	《大金国志》通检	1949.6.	1	史部别史	据扫叶山房《四朝别史》本
12	《契丹国志》通检	1949.4.	1	同上	同上
13	《辍耕录》通检	1950.5.	1	子部小说家	据1923年陶湘覆元刊本

附录一：《康熙字典》部首（共二百一十四部）

一画
一部　｜部　、部　丿部　乙部　亅部

二画
二部　亠部　人部（亻同）　儿部　入部　八部　冂部　冖部
冫部　几部　凵部　刀部（刂同）　力部　勹部　匕部　匚部
匸部　十部　卜部　卩部　厂部　厶部　又部

三画
口部　囗部　土部　士部　夂部　夊部　夕部　大部　女部
子部　宀部　寸部　小部　尢部（尣兀同）　尸部　屮部　山部
巛部　工部　己部　巾部　干部　幺部　广部　廴部　廾部
弋部　弓部　彐部（彑彑同）　彡部　彳部　附：忄同心　扌同手
氵同水　犭同犬　阝部在右者同邑，在左者同阜。

四画
心部（忄同）　戈部　户部　手部　支部　攴部（攵同）　文部
斗部　斤部　方部　无部　日部　曰部　月部　木部　欠部
止部　歹部　殳部　毋部　比部　毛部　氏部　气部　水部
火部（灬同）　爪部（爫同）　父部　爻部　爿部　片部　牙部
牛部　犬部　附：允尣并同尢　王同玉　罒冈并同网　月同肉
艹同艸　辶同辵

五画
玄部　玉部　瓜部　瓦部　甘部　生部　用部　田部　疋部
疒部　癶部　白部　皮部　皿部　目部（罒同）　矛部　矢部
石部　示部　肉部　禾部　穴部　立部　附：氺同水　罒同网
疋同疋

六画

竹部　米部　糸部　缶部　网部　羊部　羽部　老部　而部
耒部　耳部　聿部　肉部　臣部　自部　至部　臼部　舌部
舛部　舟部　艮部　色部　艸部　虍部　虫部　血部　行部
衣部　西部

七画

見部　角部　言部　谷部　豆部　豕部　豸部　貝部　赤部
走部　足部　身部　車部　辛部　辰部　辵部　邑部　酉部
采部　里部

八画

金部　長部　門部　阜部　隶部　隹部　雨部　青部　非部

九画

面部　革部　韋部　韭部　音部　頁部　風部　飛部　食部
首部　香部

十画

馬部　骨部　高部　髟部　鬥部　鬯部　鬲部　鬼部

十一画

魚部　鳥部　鹵部　鹿部　麥部　麻部

十二画

黄部　黍部　黑部　黹部

十三画

黽部　鼎部　鼓部　鼠部

十四画

鼻部　齊部

十五画

齒部

十六画

龍部　龜部

十七画

龠部

附录二：《广韵》二百零六韵韵部

上平声

东第一 独用　　　　　冬第二 钟同用

锺第三　　　　　　　江第四 独用

支第五 脂之同用　　　脂第六

之第七　　　　　　　微第八 独用

鱼第九 独用　　　　　虞第十 模同用

模第十一　　　　　　齐第十二 独用

佳第十三 皆同用　　　皆第十四

灰第十五 咍同用　　　咍第十六

真第十七 谆臻同用　　谆第十八

臻第十九　　　　　　文第二十 欣同用

欣第二十一　　　　　元第二十二 魂痕同用

魂第二十三　　　　　痕第二十四

寒第二十五 桓同用　　桓第二十六

删第二十七 山同用　　山第二十八

下平声

先第一 仙同用　　　　仙第二

萧第三 宵同用　　　　宵第四

肴第五 独用　　　　　豪第六 独用

歌第七 戈同用　　　　戈第八

麻第九独用　　　　　阳第十唐同用

唐第十一　　　　　　庚第十二耕清同用

耕第十三　　　　　　清第十四

青第十五独用　　　　蒸第十六登同用

登第十七　　　　　　尤第十八侯幽同用

侯第十九　　　　　　幽第二十

侵第二十一独用　　　覃第二十二谈同用

谈第二十三　　　　　盐第二十四添同用

添第二十五　　　　　咸第二十六衔同用

衔第二十七　　　　　严第二十八凡同用

凡第二十九

   上声

董第一独用　　　　　肿第二独用

讲第三独用　　　　　纸第四旨止同用

旨第五　　　　　　　止第六

尾第七独用　　　　　语第八独用

麌第九姥同用　　　　姥第十

荠第十一独用　　　　蟹第十二骇同用

骇第十三　　　　　　贿第十四海同用

海第十五　　　　　　轸第十六准同用

准第十七　　　　　　吻第十八隐同用

隐第十九　　　　　　阮第二十混很同用

混第二十一　　　　　很第二十二

旱第二十三缓同用　　缓第二十四

潸第二十五产同用　　产第二十六

铣第二十七狝同用　　狝第二十八

筱第二十九_{小同用}　　小第三十

巧第三十一_{独用}　　皓第三十二_{独用}

哿第三十三_{果同用}　　果第三十四

马第三十五_{独用}　　养第三十六_{荡同用}

荡第三十七　　梗第三十八_{耿静同用}

耿第三十九　　静第四十

迥第四十一_{独用}　　拯第四十二_{等同用}

等第四十三　　有第四十四_{厚黝同用}

厚第四十五　　黝第四十六

寝第四十七_{独用}　　感第四十八_{敢同用}

敢第四十九　　琰第五十_{忝俨同用}

忝第五十一　　俨第五十二

豏第五十三_{槛范同用}　　槛第五十四

范第五十五

去声

送第一_{独用}　　宋第二_{用同用}

用第三　　绛第四_{独用}

寘第五_{至志同用}　　至第六

志第七　　未第八_{独用}

御第九_{独用}　　遇第十_{暮同用}

暮第十一　　霁第十二_{祭同用}

祭第十三　　泰第十四_{独用}

卦第十五_{怪夬同用}　　怪第十六

夬第十七　　队第十八_{代同用}

代第十九　　废第二十_{独用}

震第二十一_{稕同用}　　稕第二十二

问第二十三㮶同用　㮶第二十四

愿第二十五恩恨同用　恩第二十六

恨第二十七　翰第二十八换同用

换第二十九　谏第三十裥同用

裥第三十一　霰第三十二线同用

线第三十三　啸第三十四笑同用

笑第三十五　效第三十六独用

号第三十七独用　箇第三十八过同用

过第三十九　祃第四十独用

漾第四十一宕同用　宕第四十二

映第四十三净劲同用　净第四十四

劲第四十五　径第四十六独用

证第四十七嶝同用　嶝第四十八

宥第四十九候幼同用　候第五十

幼第五十一　沁第五十二独用

勘第五十三阚同用　阚第五十四

艳第五十五㮇酽同用　㮇第五十六

酽第五十七　陷第五十八鉴梵同用

鉴第五十九　梵第六十

　　入声

屋第一独用　沃第二烛同用

烛第三　觉第四独用

质第五术栉同用　术第六

栉第七　物第八独用

迄第九独用　月第十没同用

没第十一　曷第十二末同用

末第十三　　　　黠第十四 鎋同用

鎋第十五　　　　屑第十六 薛同用

薛第十七　　　　药第十八 铎同用

铎第十九　　　　陌第二十 麦昔同用

麦第二十一　　　昔第二十二

锡第二十三 独用　职第二十四 德同用

德第二十五　　　缉第二十六 独用

合第二十七 盍同用　盍第二十八

叶第二十九 帖同用　帖第三十

洽第三十一 狎同用　狎第三十二

业第三十三 乏同用　乏第三十四

附录三："诗韵"（即"平水韵"）一百零六韵韵部

上平声

东 冬 江 支 微 鱼 虞 齐 佳 灰 真 文 元 寒 删

下平声

先 萧 肴 豪 歌 麻 阳 庚 青 蒸 尤 侵 覃 盐 咸

上声

董 肿 讲 纸 尾 语 麌 荠 蟹 贿 轸 吻 阮 旱 潸

铣 筱 巧 皓 哿 马 养 梗 迥 ○ 有 寝 感 琰 豏

去声

送 宋 绛 寘 未 御 遇 霁 泰 卦 队 震 问 愿 翰 谏

霰 啸 效 号 箇 祃 漾 映 径 ○ 宥 沁 勘 艳 陷

入声

屋 沃 觉 ○ ○ ○ ○ ○ ○ ○ 质 物 月 曷 黠

屑 ○ ○ ○ ○ ○ 药 陌 锡 职 ○ 缉 合 叶 洽

说明：上、去、入韵部排列顺序都与平声韵部相对应，缺者以"○"代之。只有去声"泰韵"特殊，在平、上韵部中没有相对应的韵部。每一韵部前面旧有"一""二""三"等数字，如"一东""二冬"……，今略去。

附录四：韵目代日表

一　日	东、先、董、送、屋、	十七日	筱、霰、洽、
二　日	冬、萧、肿、宋、沃、	十八日	巧、啸、
三　日	江、肴、讲、绛、觉、	十九日	皓、效、
四　日	支、豪、纸、寘、质、	廿　日	哿、号、
五　日	微、歌、尾、未、物、	廿一日	马、个、
六　日	鱼、麻、语、御、月、	廿二日	养、祃、
七　日	虞、阳、麌、遇、曷、	廿三日	梗、漾、
八　日	齐、庚、荠、霁、黠、	廿四日	迥、敬、
九　日	佳、青、蟹、泰、屑、	廿五日	有、径、
十　日	灰、蒸、贿、卦、药、	廿六日	寝、宥、
十一日	真、尤、轸、队、陌、	廿七日	感、沁、
十二日	文、侵、吻、震、锡、	廿八日	俭、勘、
十三日	元、覃、阮、问、职、	廿九日	豏、艳、
十四日	寒、盐、旱、愿、缉、	卅　日	陷、
十五日	删、咸、潸、翰、合、	卅一日	世、引、
十六日	铣、谏、叶、		

后　记

　　这本书是根据我自1957年至1964年陆续为北京大学中文系、中国人民大学新闻系和北京市首都图书馆进修班讲授"工具书"的讲授提纲编写而成的，因此在标题上仍沿用"第×讲"的形式做个纪念。书的主要对象是文科各系（包括中文、历史、新闻、图书馆学系，以及哲、政、经、社、法诸系）的大学生、研究生和青年教师。当他们在读书、教学或从事科学研究时，如果需要查找资料或解决疑难，不妨翻翻这本书里的有关部分，或许略有帮助。当然，中学的文科老师和一般高中程度的文化教育工作者也可以用来做参考。我以为，这本书既然为了介绍工具书而写，它本身不过也是一种起码的"工具"，所以我在开始编写时就不希望读者把它从头到尾都看过，而是希望大家"各取所需"，只把它当做"工具"就行了。古人常把这类书叫做"敲门砖"，庄子也说过"得鱼忘筌"的话；这本书如果对读者真能起一点"砖"和"筌"的作用，那我写书的目的就已经达到了。

　　也许读者会指摘：第一，这里面所介绍的不尽是工具书；第二，有些工具书可以不谈，因为它们似已失去时效；第三，书中涉及一些"语文"和"历史"常识，体例不免驳杂，而且溢出了本书的范围。我的看法则是：第一，工具书的范围有狭有广，什么是工具书原是相对的，科学文化愈发展，许多资料性的书籍都会转化为工具书，如果介绍的范围宽泛一些，或许对读者的帮助更大一点。但这本书毕竟不是"书目提要"或"要籍解题"，所以我在编写时自已立了一条"规矩",即这里所谈的主要是供读者查阅、翻检的书,而不是所有文史工作者都必须精读或通览一遍的书(某些书在某一专业的读者看来可能是需要全部或仔细阅读的,如史学工作者对于"二十四史"中的某几"史"或某一"史",但那是另一回事)。这就是我为什么把"十三经""二十四史""全唐诗""十通"之类全都点了名,并把这本书题作"工具资料书"的原因。这也就是说,凡是这本书里提到的资料书,甚至是某些读者需要通读、精读的书,都带有工具书的性质。第二,我以为工具书本身也有它一个"史"的发展过程,所以在谈某一类工具书时,往往追本溯源,把一些已经过时的书名也约略提及,目的在于使读者去翻查图书馆卡片时,不致对某些材料完全陌生。而且同一类型的书连新带旧多介绍几本,使读者在图书馆中就有可能遇到较多的解决问题的机会。至于具体的写法,我自问还是"有话即长,无话即短"的。第三,书中确涉及一些不属于工具书范围的"常识",但我以为这也是"不得已而为之"的。一个新闻系或图书馆学系毕业的同学完全有可能去翻阅《说文解字》,但如果他对"六书"的情形一点也不了解,那么他即使找到了《说文》又该怎样呢?与其让读者另外去设法解决,还不如就地取得简单答案,可能更方便一点。当然,这样写的效果究竟如何,还有待于让这本书到读者中间经过实际考验,这里就不多说了。

还有几件事要交代一下。一、这书前六讲和后四讲可算两个段落,后四讲所谈略比前六讲专门一些,服务的对象因而可能略窄。二、所介绍的书籍大都"就地取材",主要根据北京大学图书馆的藏书,罣一漏万,在所难免。书名"举要",正是这个缘故。三、介绍什么书或为什么介绍这本书,主要是结合个人读书和查书的点滴经验;但遇到两本同一性质的书或某些不易见到的书而仍不惮烦地加以介绍,这是因为它们有某些可取而为他书所不能代替的地方。四、本书写定时,曾尽量考虑与时人著作避免重复,如有些内容与刘叶秋先生写的《中国的字典》《中国古代的字典》和《常用字书十讲》相同,即予以省略或从另外的角度来谈;再如有关诗词格律方面的问题和一些工具书,因为王力教授已写了好几本这方面的著作,这里也就从略了。五、本书系笔者旧稿,于1978年曾增补一次。今年中华书局允为付梓,乃拜托老友刘叶秋先生审定全稿,并由叶秋先生加工润饰,使拙稿生色;又承中华书局编辑同志提出宝贵意见并细心校阅,均此致以谢忱。

1980年10月,北京。

附记:此书于60年代写定初稿,曾由舍弟同宾协同编撰。因此这次付印,仍由两人署名,并感谢他为此付出的辛勤劳动。1981年9月小如校后再记。